中国出版家丛书

ZHONGGUO CHUBANJIA CONGSHU

柳斌杰 主编　卢仁龙 著

人民出版社

出版说明

出版不仅仅是一个充满竞争的商业领域，同时，它也深深打上了“文化”和“思想”的印记。在这个文化场域中，交织着多种力量的动态关系，通过出版物的呈现和出版活动的开展，描绘了一个时代的文化风貌；而回旋折冲于其间者，则是那些幕后活跃、台前无闻的各类出版人。他们自喻“为他人做嫁衣裳”，事实上，却是国家文化传承和历史记录的主要担当者，有出版发展的参与人和见证者甚至称他们所起的作用为保存民族记忆的千秋大脑。虽然扼据出版要津之地，却少见自家行当的人物传记出版。本丛书是第一次规模化地为这个群体中的杰出者系列立传，从一个人到一群人的出版事功中，折射出近代以降出版业的俯仰变迁，同时也见证着出版参与时代文化思想缔构及其背后深广的社会历史内容。那些曾经彪炳于时的出版人，一方面安身于这个行业，以其敏锐犀利的时代洞察力，在市场、经营与创意中躬行实践，标领乃至规划了这个行业的发展，并使之成为国民经济的一个重要门类；另一方面又在“安身”之外，显现出面向社会的公共性关怀与“立命”的超越性关怀，从职业而志业的追求中，服务于民族解放、思想启蒙与文化进步的社会性经营，书写了出版人生的风采、风骨与风流。

本丛书所传写的30余位出版人，均为活跃于20世纪并已过世的出版前辈。中国古代也曾涌现了陈起、毛晋等出版大家，只是未纳入本书的传主范围。丛书在体例上，有单人独传与多人合传之分，但这并不必然意味着对传主出版贡献及其历史地位的轻重判别，许多情况下的数人合传，乃困于传主史料的阙如而不得已的选择，某些重要出版人如大东书局总经理沈骏声、儿童书局创办人张一渠等，也囿于同样情形而未能列入本丛书的传主名单，殊觉憾事。虽说隐身不等于泯灭，但这个行业固有的幕后特征多少带来了出版人身份上的隐而不显、显而不彰。本丛书的出版，固然是想通过对前辈出版事迹的阐幽发微、立传入史，能让同样为人做嫁衣者的当今出版人不至于觉得气类太孤，内心获得温暖，并昭示后来者在人生目标上，在家国情怀上，在出版境界上，追步于前贤，自觉立起一面促人警醒自鉴的镜子；同时更希望通过一个个传主微历史的场景呈现，让更多的人认识到出版在产业之外，更是一项薪火相传的社会文化事业，它对时代文化的接引与外度，使其成为一种任何人都不可忽视的“势力”，在百余年来的社会发展进程中，发挥了不可替代的作用。

故此，我们推出这套“中国出版家丛书”，以展示中国文化创造者的风采，弘扬他们的优良传统和崇高的职业精神，发掘出版史史料，丰富出版史研究和编辑史研究。

“中国出版家丛书”编辑委员会

人民出版社编辑部

二〇一六年四月

目录

前言：文化的追求与奋斗

张元济，是 20 世纪文化领域的出版巨擘。他的一生，充满传奇、功勋卓著。从晚清变法到现代出版，从聚合友人到提携国民，在变革动荡、波谲云诡的时代，他始终以“辅助教育为己任”，耕耘不辍，卓尔不群，成功地谱写了一部辉煌的现代出版史、教育文化史和个人奋斗史。

一、商务印书馆之魂

张元济是近现代中国当之无愧的出版第一人。1901 年，他抱定教育救国之志，毅然放弃在南洋公学的高薪职位，加盟了一个手工作坊式的印刷工场——商务印书馆。半个世纪后，他以一首告别商务同人诗，为自己这一惊世骇俗的举动做了一个绝好的注释：“昌明教育平生愿，故向书林努力来，此是良田好耕植，有秋收获仗群才。”[①]这首诗，不仅向世人展示了他平生的理想，更昭示了这样一个事实——他是自觉地把投身商务印书馆，与变革中国现代教育连接起来，以出版物为实现理想的现实载体，从而开启民智，扶助教育。他走进商务印书馆，不仅走出了一条旧知识分子的现代新路——为新式学堂提供中小学教科书，以迥异于千年蒙学教育的内涵，向最广大的民众提供精神食粮，更是为商务印书馆注入了现代文化出版的灵魂。他亲掌编译所，进一步弘扬国粹，全力建设现代学术，开创科学与文化出版……一系列举措，不仅壮大了商务印书馆，更是成就了中国一个百年文化的著名品牌。商务印书馆之于中国文化界，一如古希腊文明之于欧洲；每每提及商务印书馆，人们唯有尊重和敬仰。

张元济以普及现代知识，提升大众文明为目标，在其半个多世纪的出版活动中，成功地推动、提升了中国教育的现代化。从策划、编辑林译小说到汉译世界名著，他大规模地引进西方思想学说，为封闭的中国社会铺就了一条通向世界文化之门的通道。近百年来，人们舍此而难他求，鸠摩罗什译大乘佛典，玄奘建场翻译梵书，徐光启介绍科学，均不及此。风云际会，在 20 世纪中西文化之争中，张元济以其艰苦卓绝的奋斗，播撒下了极富价值的智慧种子。他通过具体的文化产品和行为，润物细无声，真正地改观了中国人的精神面貌。以最坚实的步伐和坚韧不拔的气概，贡献出了无数的精神成果。他凭借实干的作风，在一个混沌渐开而又华洋杂处的上海，把一个手工作坊拓展为当时中国乃至亚洲最大的文化教育平台集团，建立并发展起了惠

① 《张元济全集》第 4 卷，商务印书馆 2008 年版，第 236 页。

及当时中国几乎每个读书人的文化教育企业。所有这一切，最终不仅见证出了现代中国文化与教育的价值化和产业化，也创建并传承下了一个雄居中国一个多世纪龙头地位的文化品牌——商务印书馆。

张元济是商务印书馆的灵魂。他以渊博的知识、良好的修养成就了自己在商务印书馆的地位，不仅成为业界尊崇的出版人，也成为一个优秀的、顺应时势的管理者和组织者。他的文化胆略与整合能力表现出了一个文化大企业家的格局和品质，他无疑是中国出版界在文化品牌建设和企业经营拓展方面最杰出的代表。

二、现代出版之先驱

真正的知识分子对新知、学理永远都是不断追求的。上海作为西学东渐的核心地，自然吸引了一批又一批文化学人。晚清，处于封建末期，在睁眼看世界，以西方为尚的新时风吹拂下，知识分子纷纷涌入上海，仿效西方的文化传播方式，办报纸、出杂志、建图书馆，试图走出一条与传统中国文化不同的文化新路。在这场新的文化传播与创造中，也给了有胆识、有学力的文人以机会。两者互相激荡，形成了上海较长时期的文化发展与学术繁荣。这一切，为商务印书馆的发展提供了坚实的基础和强大活力，张元济所领导的团队和推出的产品，正好引导潮流，把文化与教育的现代化发展推向了一个又一个高峰。

中国现代出版产业因此发端。张元济在现代出版产业上的伟大贡献是：第一，建成前所未有的编辑系统，综合、系统地推出产品；第二，通过制度设计，完善和巩固了现代出版企业的管理架构；第三，坚持出版产业以普及文化、弘扬传统、沟通中西为主轴，兼顾营业，但绝不放任市场化，从而产生新的现代知识分子群体，他们前所未有地作用于社会各个方面，开始引领出版界走向企业化、制度化、品牌化，最终促进了中国现代出版业的成型与一批现代出版企业崛起。这就是张元济。他的不断努力，坚持不懈以及坚守原则，影响、推动着中国现代出版业的发展与进步。

诚然，现代出版的作用和功能是多方面的，引导、便利读者，传播多元化的思想、知识是其主体，也是其市场化的关键。当出版企业建构以后，其功能的多元化与价值的最大化主要是由企业领导人的取向所决定，很显然，张元济在建构庞大产业过程中，他的价值取向就是从民族的高度，以最严谨、科学的精神和方式，去阐扬、传播固有的文化价值与光辉。同时吸纳前所未有的西方文化智慧与知识，构建新的现代文明与社会。

20世纪上半叶是中国政治、文化变革最巨的50年：千古未有之变。但究其趋势，从时势而言，无非三途：一是变法，二是维新，三是革命。而“变”是其核心。顺势应变，追寻真理，尤其是从西方文化中寻找中国的发展之道，是甲午海战以来的时代洪流，一直延续到今天，从未中断过，同时，在这条道路上，扣人心弦的论争与战斗也始终没有停歇过。全盘西化者一时甚嚣尘上，文明排外者也不乏其人。更值得关注的是，思想界的先锋们在激情澎湃、奋力呼喊之后，不是思想发生陡然转变，就是缺乏真正的建树，尤其是追赶“西潮”的人们，大多停滞在舆论和思想一域，没有取得真正的实绩。这两条道路发展过程中，真正艰苦奋斗并卓有成就者，张元济当之无愧地居于前列。

出版的最高价值和核心功能就是对人类智慧与知识的记录与传承，是人类文化活动的终极记录与推广者，所以，文化与商务必然内生与共存，但作为产业，必然和市场相合。在20世纪初期的现代出版产业中，其居上者，在谋出版之自由表达与文化之取向；其中者，则求产业之发展；其下者，则是谋生得利之工作而已。出版作为文化的重要范畴，它有向上无限拓展的一面，也有向下沉沦于商业甚至庸俗的一面，其外在则与印刷技术、经济发展密切相关联，甚至与国运时局相关。一生耕耘于出版的张元济可谓全部都经历过、面对过、奋斗过、坚持过，他唯一没有的就是向下的沉沦与庸俗化。

三、中华文脉之传承

如果说沟通西学，张元济是一个传播者、组织者；那么，刊刻古籍，他则是一个建设者、参与者和集大成者，其成就之高，贡献之巨，震古烁今，无人能够企及。他在一个革故鼎新的时代，主导的几个重大的文化出版工程：校勘、纂集《四部丛刊》、《百衲本二十四史》、《道藏》，首刊《四库全书珍本初集》以及选印《宛委别藏》，或传不刊之秘，或化身千百，为中华五千年文化继绝学、传薪火，于20世纪乃至今后对中国文化的作用与意义，罕有他人能与之比肩。

出版和学术是一对不可分的孪生体，真正的出版内核依托于学术研究的支撑。张元济所主导的《四部丛刊》、《百衲本二十四史》，通过出版来呈现古代文化的精髓和现代学术的成果。如果说，《四部丛刊》在学术水平上走到了“新善本”的高度，不仅传真传神，而且不断地考定、校勘众多版本，对于古籍的新生和学术文化界的利用，功德无量；那么，《百衲本二十四史》则集合了当时可能知晓求得的一切古本，并以科学的精神、勤勉的态度和深邃的学力对其加以判断、取舍，为后世探求中国历史的本原与确解奠基，成为有史以来的最全面的、精善的史书校订，其学术价值与版本价值等量齐观。

张元济由编书而收书，由藏书利用而致力于出版，由规划出版大项目而进一步广泛搜罗古书。他高度融合自己对古本的嗜爱和文化的敬畏于校勘出版，八方沟通，集合了近现代最广泛的藏书精品，在不断聚合众本的同时，追慕古印、校勘题跋，更借时代之利而用新法刊印，为古籍文献续命。当然，他更立足于现实，在实用、便利的前提下，为《四部丛刊》、《百衲本二十四史》等融入学术的研究与判断，使其成为人们研究学术最为可靠的基础，即学术界可资取用的“底本”。

张元济在编纂、集刻大型古籍文献的过程中，除海源阁藏品因战火所隔未得采用外，几乎发尽了当时公私乃至海外所藏。据不完全统计，竟达 57 种丛书之多，成千上万卷价值连城的古籍因此拂尘而出。在这一辉煌成就的背后，除得益于他早年通过涵芬楼积聚善本外，更多的得益于清末以至民国时代收藏大家的无私支持，与他倾囊而交的同道、民国藏书巨擘傅增湘、瞿启甲父子、刘承幹都是贡献极大者。

中华民族之所以代代不绝，成为世界上唯一未曾中断历史的民族，究其根底就是崇文尚智，留存了大量载有先哲们的智识与经验的文化典籍，这也是中华民族发展历程的核心文脉。张元济为整个中华民族的历史进行了最为深入、细致的探本溯源，使其得以更加真实地再现，让世人不再误解先贤，更不至于虚耗精力而误入尘埃之中。

四、携手时代英才

在张元济的带领下，商务印书馆从一个手工式的作坊迅速崛起，成为一家名副其实的文化机构，创造了一桩又一桩文化伟业。当然，作为偌大一个文化舞台，商务印书馆并不是张元济一个人在独舞。在这位学识渊博、刚毅执着的老翰林的感召下，一批又一批新旧知识分子来到这个舞台，或浅唱低吟，或高歌起舞，不仅开启了自己的人生与事业道路，也创造了商务印书馆的辉煌业绩，不断激荡着中国文化并取得新的进步。

张元济是出版大家，也是一个具有文化理想的文化人，他的“文化眼”引领现代出版进入了一个广阔而又高层次、全方位的领域。他外引西学，内阐国粹，对中国现代文化学术的建立与发展产生了极为深远的影响。他总是不断努力地找寻商业价值和文化价值两者俱佳的选题，把编、译、纂发挥到了极致。十年奋斗终于铸成“文化商务”，可以说，张元济在现代出版业中探索并创造出来了一桩伟业与遗产，书写了出版史的传奇。

人才、产品、品牌是企业内的发展核心，文化才是企业真正确立产品品格与塑造品牌价值的灵魂。入馆前十年，张元济在不断表达他救国、启智思想的过程中，领先于其他工商业和出版者的重要表征就是对文化的追求与确立。可以说，他逐步将商务的文化累积为“文化的商务”。最开始的两大方向是辞书的编纂和公益事业的展开，这不仅让商务成为出版界的龙头，更立足于时代发展，为社会进步贡献出巨大的力量。这便是他作为商务之魂，在出版文化领域难以匹敌的魅力与地位。

作为出版机构，要实现健康发展，最重要的因素就是人才资源。张元济高瞻远瞩，在确立了商务印书馆的出版方针后，他以编译所为基地，广泛网罗海内外优秀人才，实施多样化的产品开发。编译所一时人才之盛，无有出其右者。编译所不仅为商务印书馆提供了源源不断的出版内容，也成为那个时代读书人一方乐土。可以毫不夸张地说，编译所的创立是商务印书馆迅速崛起的发动机和助推器。正是通过编译所，张元济得以携手时代英才，虽筚路蓝缕，艰苦卓绝，各路英才却幸得其所，大展心力。他们用思想、知识和智慧，走出了一条迥异于旧时代知识分子仅靠科举而出仕的道路。他们完全依靠知识能力独立地生存，并通过工业化生产，把知识转化为丰富的产品和卓越的效益，从而使得当时的商务印书馆一跃成为上海的文化核心，也成为北京以外的另一个文化重镇。

在20世纪上半叶那腥风血雨、飘摇动荡的几十年间，商务印书馆之所以能够拥有一支优秀且稳定的团队，首先得益于张元济的知人善任。许多人将自己的一生都贡献给了商务印书馆。张元济自不必说，在商务印书馆终老一生的还有高梦旦、杜亚泉、李拔可、高尔谦、陆尔奎、郑贞文……他们坚守理想，精诚合作，使商务印书馆在时代浪潮、同业竞争中立于不败之地，且快速发展。至于在馆中一生相随的同事、朋友则更是难以详尽记叙。作为灵魂人物和绝对领袖的张元济，不仅成功地组合了梦幻般的团队，且一代又一代、一批又一批与他共同奋斗、打拼，最终共创了文化的辉煌和事业的成就。

张元济不是一个寂寞的人。在他的周围，始终活跃着当时最杰出的人物，在每次轰轰烈烈的大事中，都有他坚定的身影，只不过他不喜欢站在舞台的中央或前台，但他又绝不是配角，总是以特有的方式和手段参与其中。以低姿态的行事方式与高尚的人格魅力，吸纳了最多、最广泛的社会资源，也吸纳了向往文化的专家英才。比如，在漫长的校勘古书道路上，他与一大批藏友、校勘家互为掎角，款意密结，为古文献续命，为后辈学人贡献精善之本而竭尽精力。

张元济性格与其说有些倔强，不如说是正直，但他思想并不保守，还称得上新锐。因此，在他漫长的人生和多姿多彩的事业中，总能与一大批专业人士携手，甘苦与共。文化、学术出版产业成了他与各路精英的联系纽带。这才是他的大品格、真性情。当然，这一切源于张元济对理想的追求、对文化的坚持。而通过携手英才，整合各界与开发资源，终臻大成，是张元济一生的成就与伟大之根本所在！

五、学术与出版交融

张元济虽钟情于旧籍，却以新技术和产业化方式作用于文化资源。他在主持《四部丛刊》、《百衲本二十四史》等几大古籍出版工程中，既继承了传统学术的规范，又创造了新的出版范式。他从品牌建立到汇聚善本，再辅之以校勘题跋，用多元化的方式传承，长久而又规模化地贡献给学术界、文化界。不仅学术文化价值超越往古，且规模之大至今无人能及。特别是在《四部丛刊》的辑印上，他用现代技术一次传刻了数以百计的宋、元刻本。这不仅是学界前所未有的事业，使爱好国学、深研故典的人如入宝殿，琳琅满目；更由于校勘精湛，使学界有可信赖取资之本，且四部皆具，自成体系，超越过往丛书规模。

就出版范式而言，张元济对古籍出版采取多元手段，包括影印和排印。影印本中又有缩印和原样仿制影印，将丛书品牌化，印制精美。缩印本虽求一律，但详计原来规格，形式完善不足，又以不同的出版方式提供给读者，使好之者视为新古董，学界视之为新善本。此一创举独领风骚几十年。随着《续编》、《三编》的接续推出，更是扩大了规模，巩固了品牌。终于把典籍传承推到了一个前所未有的高度。

清代古籍版本目录学大家云集，成就显著。到了晚清、民国时代，出现了集大成的版本目录学大师，他们成为清代学者研究成果的直接继承人。如果要讲究中国古籍版本目录学的学术正统的话，缪荃孙、杨守敬、傅增湘、张元济、罗振玉、王国维、董康、陈垣、余嘉锡诸人都是公认的学术核心人物。尽管张元济自称“夙未深研经学”，但他在古籍学术上的功底之深，见识之著，足与硕学鸿儒媲美，尤其是他考校典籍，直接乾嘉诸老之席，读其撰著、考校、题跋诸文，更见其学识精深。

在内忧外患，皇权失落的年代，新思想的呐喊如闪电击破长空，康、梁之说引发社会激荡。陈独秀、胡适之说转变了一时风气，但真正受冲击、受影响的多限于年青士子，并没有在整个社会发酵。现代教育的推广和普及，才使追求民主、科学、自由、平等乃至爱国主义得以真正在中华大地落地生根。国学的固守并没有退潮，相反，从成果和业绩来看，清末民初二十年间反有勃兴之势，不仅有超越乾嘉学术的疆域，更涌现出了大批的成果。因为传统学术本身就有科学精神内核，尚实、严谨是学术的生命。而这些则是并不精熟传统学术的西学先锋所不曾理解和认识的。

综观中国传统学术领域，最少接受西方学术思想、学术概念浸润的，应该说是古籍版本目录学了。这一学问的研究对象在西方世界无法比对，在中国近三千年的学术流变中，已经形成了自己完整的学术体系、方式方法、话语规范和写作模式。张元济就是这一学统与文脉的继承与弘扬者，他无心以“张元济著”的方式来呈现所学所研，他将他的学识与精神散置于数以万计的经典重生之中。张元济是一个隐然的学术巨匠，当不为虚！

六、巨人思想与高尚人格

张元济低调、坚毅、实干。他以教育为本，以文化结缘，几十年的奋斗，不仅为商务印书馆积累了大量的文化资源，也为他与时俱进提供了最好的营养。我们从他一生的交友行事中，可以真切感受到他那高尚的气节，凛然的风骨，以及充满魅力的人格风范。他是公认的学贯中西、博古通今式的人物，但他却没有留下大部头的著作。观其一生，可用购书、藏书、读书、校书、印书五个面来概括。就著书而言，他生前出版的学术著作只有《校史随笔》、《涵芬楼烬余录》，顾廷龙帮助整理了《涉园群书题跋集录》。然而，他却在特殊时期写就了一本特殊之作——《中华民族的人格》。此书是他整理《百衲本二十四史》后所辑录其中择取和阐释，间寓心得，由此我们也看到，张元济正是中华民族美好人格的当代实践者和最好的体现者。从他身上所体现出来的伟大人格，是一份宝贵的遗产。

商务印书馆发展起来后，作为当时超大型文化机构，不仅在上海具有举足轻重的地位，而且对书业发展起着风向标的作用。因此，要建设好、把握好、发展好这样一个文化机构，没有深刻的思想指导和庞大的资源支撑，势必会在风雨中飘摇失落。

张元济思想上积极维新，主张变革，但不支持革命；学术上不限门派，不分东西，学公羊，刊古籍，但也习白话、重西学；商业上追求价值利益，但不为商业利益所驱使。多元的文化思想，不同的资源力量，只要在他的价值判断和尺度范围之内，他都予以支持，林译古文与伍译白话共刊，严复西方学理与共学社通俗叙述并举。《四部丛刊》专门搜集珍稀之本，与《国学基本丛书》排印双行，无一不体现了他的大格局、广视野。

张元济的选择、努力和奋斗，全部注入了商务印书馆发展的全过程，并形成商务印书馆的企业文化，一如蔡元培打造新北大，奠定其崇尚自由、民主之风一样。他不仅仅是个出版家，他的工作空间与精神疆域显然要大得多，一如说他是藏书家又非一般的藏书家，是实业家又非一般的实业家一样。张元济的角色身份是多元的，出版家、工商业巨子、学者、教育家、维新与立宪派的革命者……重叠于一身。在民族、文化、国家、事业、政治五者之间，当张元济走出政治之后，便始终在前四者之间辛勤耕耘、发挥作用，终成世纪大家。他无意于做一个巨人，却有着自觉的文化担当，在经历了艰苦卓绝的磨炼后，自然而然地成了一个世纪巨人。

纵观张元济的一生，他并没有成为风云际会的潮流人物，他始终沉潜在他博大的事业中，坚守在他努力的书林里，历经风浪而不变，屡遭挫败而不悔。他那份执着的坚守，成就了商务印书馆——中国现代出版文化的重要品牌。

张元济的成就是多方面的，是可歌可泣的。然而，本书的主旨并不是写一部全面的传记，而仅仅是着眼于张元济的出版成就，通过考察他在出版领域奋斗的历程、人格的养成、事业的展开以及与朋友和团队的关系，来了解张元济真实而巨大的感染力、作用力、影响力，以及他对那个时代和行业的作用与贡献，从而为文化史、出版史提供真实的历史。当然，这其中也不能没有我们的选择和评述，以供人们思考和启发。是故，这本书名为《中国出版家·张元济》。

楔　子

初涉出版

——南洋公学岁月（1897—1902）

一、南下

在任何时候，历史人物的命运与发展必然和国运、时势相连，在大变革时期尤为突出，有些人虽被洪流猛烈吞噬后，沉寂一时，但总是肆力改变时势和命运，最终成为历史人物。

年轻的张元济，一个试图参与改变国家发展方向的人，当他踏上人生仕途顶峰之时，正是维新思潮高涨之际。可他的命运很快就被时局彻底改变，意气风发的仕途戛然而止。

清光绪十八年（1892），24 岁的张元济中进士后，即授翰林院庶吉士。其后曾任刑部贵州司主事、总理各国事务衙门章京等职，仕途平稳，波澜不惊。

然而，19 世纪末的最后十年是国家与个人都经受苦熬的时代。面对甲午海战的惨败，内忧外患的世局，怀抱救国济世理想的张元济和当时大多数年青士子一样，毅然走上主张维新变法的道路。在康有为等维新派的积极推动下，1898 年 6 月 11 日，光绪皇帝颁布“明定国是诏”，启动变法。6 月，御史宋伯鲁奏请废八股，开学堂，光绪谕准照办。史称“维新变法”。新政期间，张元济积极参与变法，多次上递封奏，康有为请开懋勤殿，推荐十名顾问官，张元济名列其间。9 月，戊戌政变失败，以“戊戌六君子”谭嗣同、杨深秀、杨锐、刘光第、林旭、康广仁以及康有为、梁启超、王照等人为代表的新党，或被西太后逮捕杀害了，或被免职查办，剩下的新党有逃往日本的，有逃往上海租界的。10 月，没有被追逃的张元济，被朝廷宣布“永不叙用”。

参与戊戌变法，成为张元济一生的转折。就在这一年的冬天，年满 32 岁，居京为官近七年的张元济，在失落和无望中，将所办通艺学堂全部资产交付京师大学堂，然后携母将妇，在寒风凛凛中离开京城，开始了他新的人生，并开启了他一生的事业：教育与出版！目的地：上海！

从此，官场少了一个潦倒的政客，文化界多了一个济世的英雄。

张元济为何没有回浙江故里而是去了上海？这缘于李鸿章的关照。当他被革职之后，李鸿章主动派幕僚于式枚登门慰问，并询问今后打算如何。失落和绝望是他这个时期无法表达的心情，对刚刚发生的朝政巨变和个人变故，他无法理清思绪，茫然不知所措。李鸿章这时主动为其联络上海的门下盛宣怀。张元济虽不知李出于何意，倒也乐从。不管怎样，生活的现实急需他去安顿。

张元济后来回忆说：“我到了上海，盛宣怀来找我，说李中堂已来信介绍，现在请你在南洋公学办理译书的事。”[1] 栖身上海是他新的选择，译书、办学是他新的职业，过去的政治生涯，以及人生理想于他而言，只能归零，因为朝廷已经宣布“永不叙用”了，他只能以新的心态面对现实、面向未来。

他没有选择回老家浙江办学，而是选择落脚上海的考量还有一层，这里离朝堂时局已很遥远，却与开放、新学最近。他对上海也不陌生，诸多的新老朋友在上海已有一席之地，他曾尊之为师，同样主张维新的汪康年在此办报有年，在京中多有来往的八闽才子郑孝胥此时也留居上海。这些社会贤达构成他的资源，为他的发展提供的不止是一种支持。

有了李鸿章的主动介绍，他当然知道到南洋公学从事译业是可能的，希望尽早投入工作的他，在离京抵沪的路上，专程到天津拜访了严复，对预估自己即将从事的译书办学事宜多作咨询。严复早就引他为同道，自然极力支持其从事译书业。他们相约，一起为西学尽力。张元济无疑获得了精神上的慰藉与满足！

1899 年 3 月，张元济被盛宣怀聘为译书院院长。南洋公学成为他从庙堂向民间坠落的人生驿站，译书成为他栖身和谋生的新职业。他在落地租屋数月之后，终于重新开始了工作。

一种全新的生活状态在张元济面前展开，秉性敦厚的他，与其他戊戌党人不同，没有义愤，没有悲泣，也没有沉沦，而是认认真真地做起了译书之事。这是他立足上海，从事出版的前奏，也是他讲求西学新知的延续、开局。

---

① 《张元济全集》第 5 卷，商务印书馆 2008 年版，第 235 页。

二、执掌译书院

南洋公学是1897年由盛宣怀在上海创办的，办学目标是培养学生既“通达中国经史大义”，又精于“工艺、机器制造、矿冶诸学”，当然走的是“中学为体，西学为用”的路子。开学时，最先设立“师范院”，为学校培养自己的师资。这是中国师范教育的开端。

19世纪70年代以后，资产阶级改良思想逐渐盛行，清末进行社会改良的主要活动与维新的重要举措就是仿西方模式创办大学，为维新大事培养维新人才，南洋公学、北洋大学堂、京师大学堂和山西大学堂得以相继成立。

盛宣怀，字杏荪，别号愚斋，江苏武进人。因入李鸿章幕，得李充分信任，委派其参与洋务，先后担任过招商局会办、电报局总办、海关监督，凡淮系洋务派所办轮船、电报、纺织等主要企业，悉由其一手掌握。1896年，盛宣怀又得张之洞厚顾，获取芦汉铁路督办权，以上海为基地，遥控汉阳铁厂、大冶煤矿、萍乡煤矿，以及新创轮船、电报、银行等事业，李、张两人皆系晚清重臣，此时虽权势互有消长，但盛宣怀依托于两威之下，其声势之大，地位之显赫，无与伦比。也就在这时候，南洋公学成立了。这是最早由国人自办的大学之一，即后来的上海交通大学。

盛宣怀认为，兴学乃自强之急图，而译书尤为兴学之基础。

为了解决图书资料和教学用书的匮乏问题，1898年初，盛宣怀奏请朝廷在南洋公学创办译书院，选译东洋、西洋的名著印行，供学生和国内人士阅读。是年底，朝廷核准，择址于上海虹口。所拟《南洋公学试办章程》第七章第二节："师范院及中上两院学生，本有翻译课程，另设译书院一所，选诸生之有学识而能文者，将图书院，购藏东西各国新出之书，课令择要翻译陆续刊行。"

1899年4月，张元济正式就任译书院院长。当年秋天，译书院迁到提篮桥。自此，张元济开始了在南洋公学三年多的历程。

南洋公学译书院本身就是出版机构，《南洋公学译书院试办章程》第一条言："公学课程专重政治，本院译书同斯宗旨，凡兵事、法律、理财等门尤为先务。"公学之创办本意也是培养新人才，提供新知识，南洋公学译书院当时所译书目均为日本的军事书籍，状况平平。比较起30年前江南制造局译馆由傅兰雅、林乐知、徐寿、华蘅芳、李善兰等主持所译的格致之书，似乎进展不大。盛宣怀当然不满，翘首以待张元济这位李大人推荐的"新学"人才。

张元济到来之前，南洋公学译书院已出版过八种译作，拟定选译的约20种，盛宣怀开始所以言"东学"，主要是日本雇员完成的军事类作品，如《日东军政要略》、《军队教育方针》、《战术学》等，主要体现盛宣怀"以练兵为实务"。张元济下车伊始，也是遵循盛宣怀："选取各务、赋税、度志以及矿山、银行各章程，督饬专员赶紧翻译，总期日积月累，与学校相为表里，务使东西学得中学阐发，而无偏颇，则中学得东西学辅翼而益昌明。"①

张元济执掌译书院后，果然不负所望，勤耕细作以展其学。期间，对公学翻译出版事业推动甚大，到1901年7月，盛宣怀向朝廷奏报译书成果时，译书院已经出书14种，另有15种都已译成，已准

① 《愚斋存稿》卷五，思补楼版。

备付印。1902年10月刊印的译书院译书教材方面有：《格致读本》、《中等格致读本》；《化学》、《代数设问》、《心算教授法》、《物算笔算教科书》、《几何》、《本国中等地理教科书》、《万国地理教科书》、《蒙学课本》、《习字范本》；《名学教科书》、《法律学教科书》。1904年，南洋公学译书统计已达67种，拟定选译7种，此时，张元济虽已离开一年，但与他在译书院的前期努力是分不开的。

张元济主持译书院译书，范围及内容主要受托于盛宣怀乃至李鸿章之意图，张元济早就热心西学，在遵循盛宣怀技术实用主义的译书出版方针的同时，向西学拓展，并重点在思想和西政方面，他出版了如英国琐美尔的《万国通商史》、勃克鲁的《英国文明史》、日本松平康国的《美国宪法史》、美国韦尔生的《政群源流考》。他在译书院第二年，自行自择，出版了本不属于译书院选书范围——严复的《支那教案论》一书，风靡一时，1903年竟出现了盗印翻印之本，政府不得不出台禁令"盗印"。张元济成功劝说盛宣怀，出巨资购买严复所译《原富》一稿，《原富》的出版更是推向了一个新的高潮，首刊虽然只有上卷，但一时达官贵人，朝廷上下，均乐求之而不得。全书五卷印完时，首卷存货无几。

三、特班插曲

译书院工作刚走上轨道，南洋公学总理何嗣焜突然病故。张元济被指派兼任南洋公学代总理（代理校长）。张元济上任伊始，即着手筹办南洋公学特班，为此他呈文盛宣怀说：

“去岁变法诏下，人心奋起，海内明达之士必多有志西学，亟宜于南洋公学设立特班，以待成材之彦他日学成，可备朝廷器使等因。”“窃维数年以内，风气顿开，硕彦名流大都喜通彼学，徒以学堂有限，肄习之门浅尝辄止，良堪悯惜。兹奉钧谕，增设特班，广招秀出之材，俾跻大成之域，满满多士，钦感同深。”这是他继通艺学堂后又一次教育的创举。① 他亲拟章程：“凡学识淹通、年力健强者，均可入学。有无出身勿论，曾习西文否勿论。”② 他的提议得到了盛宣怀的支持。

于是，张元济亲自主持特班的招生考试，先笔试，后面试，共取学生 42 名，年龄都是二三十岁，在中国文学方面有相当根基的人。开学前，正巧蔡元培辞去绍兴中西学堂之职来到上海，张元济邀请他出任南洋公学特班总教习，蔡元培欣然同意。

蔡元培、张元济不仅生于同年，而且 1889 年乡试同年，1890 年会试又是同年。科考使他们得以初识，张元济为第十名，蔡元培为第 23 名。三年后的 1892 年，他们重逢殿试，同列二甲，张元济为第 24 名进士，蔡元培列为第 34 名。数年间，他们两人共同经历过十年寒窗到春风得意地走到了科举的顶点，并得以同朝为官。第二年散馆考试后，蔡元培在翰林院任编修，张元济则任刑部贵州主事，两人相交频仍。戊戌变法失败，蔡元培请求辞官，早于张元济一步离京南下。如今，他们又一起在南洋公学共事，岂非乐事！ 6 月，蔡元培到任，这个特班顺利开学了。

南洋公学特班在蔡元培、张元济教育观念指导下，开始实行新的

① 《张元济全集》第 5 卷，商务印书馆 2008 年版，第 16 页。

② 《张元济全集》第 5 卷，商务印书馆 2008 年版，第 17 页。

教育法，学生接受新式教育。全新的观念、内容让南洋公学的学生眼界大开，思想为之一变。他们大都走上了一条与旧式文人读书取功名完全不同的道路①。

23岁考入上海南洋公学特班的黄炎培在《八十年来》中这样记载入校的片断：“我所投考被录取的是上海南洋公学特班，考试的那天，我吃了一惊。大堂点名时，一名身材高大的西洋人直立着，西洋人自然穿西装了，奇怪的是，西装的帽子上加一粒蓝色的顶珠。中国的学校考试，怎么有西洋人参加呢？可见得清朝末期一切措施的情况了。后来知道，这西洋人是监院，名福开森，交了试卷后口试，口试我的一位，后来知道是张元济。至今还记得他当时问我：你信宗教没有？信哪种宗教？我答：什么宗教都没有信。他说：好。后来我和他在师友之间亲密相处了几十年。”② 黄炎培是新式教育的最早受益者，这也为他日后提倡新教育打下重要基础。

四、出版《原富》

严复译《原富》的出版与传播，是张元济出版人生的首次精彩亮相。虽出版过程有些曲折，但最终畅行天下，影响国人，对中国近代思想启蒙意义非凡。

---

① 佛学大师李叔同、北大校长胡仁源、国民党元老邵力子、文学家谢无量等，都是特班的代表人物。

② 黄炎培：《八十年来 · 第二时期》，文汇出版社2000年版，第54页。黄炎培，1878年生，江苏川沙（今属上海市）人。

张元济创办通艺学堂，得到过严复支持，张元济自京师南下时，特意到天津拜访严复，两人有过深切的交流。严复对张元济进入译书院感到欣慰，并寄予厚望。此行，张元济了解到严复近期的译书计划：正在翻译《原富》，之后，将译斯宾塞尔《群学》、穆勒《名学》以及柏格森诸书。“夫译书并非易事，果能年出大书一部，以饷士林，俾学者得浏览思议，其有益亦非少矣。”[①]张元济不仅深受其益，更怦然心动，然而最大的收获还是严复向张元济推荐了他最喜欢的学生——伍光建。一个与他同年出生，受过长期西方教育的人。

张元济抵上海后，正式就任译书院院长的前一个月，多次致信严复，请教编译范围、选目之事。张元济一到任译书院，最关注的是谋求出版严复所译《原富》，以期尽快分享给国人，让西方思想、观念、学说迅速的传播，让国人的视野更开阔。经过几个月协商和张元济的不懈努力，严复终于答应将《原富》译稿交由张元济出版。

原来，早先张元济在天津拜访严复时，知道严译《原富》不久即可完稿，十分重视，希望能为之出版，严复却告知已列入北洋书局出版计划，张元济心中不免失落。不过，严复译稿完成后抄写了一份给张元济。张元济读后深感价值重大，于是谋划由南洋公学出版此书，并提出以两千元巨款购稿，以求优先获得出版严译《原富》的条件。严复惊闻张元济这样的“狂举”，心中“感谢至不可言”，答应转圜此事。张元济得严复如此一诺，他立刻上书盛宣怀：“严又翁所译《原富》发挥新理，深切著明。三百年来，泰西多各国商务之盛，无不导

① 王栻主编：《严复集》第三册，中华书局1986年版，第529页。

源于此。果能融会贯通，岂特睥睨桑孔。”[①] 后因北洋书局“悠缓延定，殆无成期”。1899 年底，张元济终于成功转手。1900 年初，他们俩正式商定，不仅原诺两千元照付，另给版税 20%。张元济此举，在译界树立“千金市骨”之典。这对既需财路，又是知音的严复来说，快何如哉！只有努力赶稿，结果就在年底，《原富》甲部先期由南洋公学出版发行，1902 年底全书五部出完。

为《原富》的译介和编辑出版，两人反复交流。1899 年到 1902 年，严复给张元济写过二十封信，其中有十多封都是讨论此书的翻译出版事务。期间，严复曾两次有事南来，自然常相过从，讨论译事不知凡几。书编完后，张元济和郑稚辛一道，为此书编制中西编年及译人名、地名及物义索引，既为严译增添了内涵，也为后来商务印书馆翻译出版标准化打下了基础。对于《原富》的出版，张元济可谓是费尽了心思。

早年曾抄读过《天演论》的梁启超，时流寓日本，在海外一读到《原富》，就在《新民丛报》创刊号（1902 年）上撰文介绍，高度评价说：“严氏于中西学，皆为我国第一流人物，此书复经数年之人力，屡易其稿，然后出世，其精善更何待言。”[②] 梁启超所言“经数年之人力”，不无彰明张元济之功绩。梁启超是当时的风云人物，《新民丛报》又是最具影响力的读物，严复之书声誉日隆，加上桐城派古文大师吴汝纶写了序文，高梦旦等也撰文推波助澜，严复的此译与其名作《天演论》一样广为人知。

① 张人凤、柳和城编：《张元济年谱长编》，上海交通大学出版社 2011 年版，第 93 页。

② 梁启超：《绍介新著：〈原富〉》，《新民丛报》1902 年第 1 号。

五、告别公学

张元济在南洋公学短暂的出版实践，成也《原富》，出走也与《原富》一书处置失当有关。1902年，南洋公学由于经费短绌，译书院及东文学堂相继停办。张元济在严复《原富》全部出齐后，年底即申请辞职离开。

关于张元济的离职，通行的说法是与监院福开森的矛盾，而导火索则是南洋公学执事者对严复《原富》一书措置失范，他们以经费不足为借口，少报印数，克扣版税，而张元济为之奔走，均不得妥善之结果而产生情绪。其实，张元济的离职最重要的原因与其策划的《日本法规大全》投入达六七千两经费之巨，但项目无法继续有关。尽管他向盛宣怀奏明“自行撙节”，但所言预算已超过公学常规的一半，盛宣怀不同意增拨经费，只同意用以前三年用剩之款相抵，更担心“翻译不精，转移笑柄”①。张元济本不擅日文，翻译如此巨著，自然也感到力不从心。此书之译成，只有留待未来了。

张元济在南洋公学三年，主持译书院是正职，完成旧事，规划新作，校印推广乃其职事，办特班、东文学堂以及在外投《外交报》均为余事，因此，出版是他的主业。但南洋公学毕竟是一个半官方的学校，与官办书局及教会从事出版也不同，只是一种功能建设和组织机构，张元济只是主事和担责而已，其自由度和创造力无从谈起，这肯定是年轻的张元济所不乐求，离开并不会感到什么遗憾。但他今后的

① 张人凤、柳和城编：《张元济年谱长编》，上海交通大学出版社2011年版，第188页。

生命与事业——出版，与这三年的实践密不可分。用现代说法就是，张元济的职业训练已经完成，正如商务印书馆前期几位创始人在美华书馆得到印刷技术、经验一样。

张元济在南洋公学期间，也是他思想转变、职业转变、身份转变、理想得以形成，并得到具体实践的时期。思想观念上，他从为士绅精英讲西学转向为社会大众启蒙教育；出版上，从翻译日本强国、强兵改制之书，转向倡导西方民主、经济、博爱之术。在这几年的探索中，他与朋友、同道互相切磋，逐步形成了自己的思想和发展方向。

译书和出版，本是出版的两个环节，张元济到上海的前三年，都经历了，并且也精熟这个领域了。这期间，两类工作的共同特点是组织实施，前者尤其注重内容，后者则接触产品成型。对这些烦琐、具体的工作事业的肩负，自然使风华正茂的张元济无暇构架经国变革伟业，但这对此时个性尚不倔强的他而言，也许是一种很好的调适，新的工作促成了他的人生方向转变。南洋公学这个平台为他提供了思考、掌握和抉择的时机。

张元济在南洋公学的三年，正是中国历史发展变化最快、最大的三年，也是上海出版界、文化界崛起、激变的三年。他虽有南洋公学这个平台，也亲身从事出版实践，但从事的却是与前期几乎完全不同的领域。从维新变革到西学出版，最后他毅然决然地放弃这个半官方平台，完全投身到自由自主的出版阵营之中，不仅显现出他的勇气与胆识，也充分彰明了他的学识、思想、资源以及因此而改变和发展的一个前所未有的世界——现代出版。在他的引领和奋力下诞生，最终实现或部分实现了他欲改变中国的理想。

正如黄遵宪在《己亥怀人诗》第四首《钱塘张菊生》中写道：

金华讲殿共论思，圣祖文宗旧典贻。指问鸡栖庭下树，可容别筑凤凰池。[①]

黄遵宪与张元济并无深交，在张元济入驻南洋公学一年之时，如此期许，可谓知音。只不过两年后，张元济别筑的并非“凤凰池”，落地处只是作坊式的商务印书馆，但数年乃至十数年后，在张元济真心用力下，商务印书馆真正凤凰涅槃，成为开启民智之先锋，现代出版产业之巨擘！

译书院的出版工作因与京师大学堂上海译书分局合办，张元济离开第二年基本停止，张元济主事时所签约亦中止，他经手的一部分作品库存转移到了商务印书馆。张元济最用心用力看好的《原富》一书外界早已盗版，但他到馆后，即向南洋租印了一千部，既是对译书院的交代，更是对严复作品的推广及商务的业务促进。

人生，有时的一次放弃，是为了更大的进取，张元济离开南洋公学，投身商务印书馆，便是如此。

① 钱仲联：《人境庐诗草笺注·己亥杂诗》，上海古籍出版社1981年版。

第一章

追寻理想

——现代出版的开拓（1902—1920）

一、投身商务印书馆

张元济虽然不是商务印书馆的草创者，却是这个最初的手工作坊式印刷工场发生丕变的设计者、领航者，他是商务印书馆发展成为现代文化重镇的灵魂人物。

译书院的工作使张元济有与编书、印书打交道的机会，而且由于人手很少，有时他必然是捋起袖子自己干。张元济在《南洋公学译书院已亥年总报告册》中写道："沪上印书，自以商务印书馆为最，惟办理不免迟滞。"[①]之后，

① 张人凤、柳和城编：《张元济年谱长编》，上海交通大学出版社2011年版，第91页。

因印刷业务的关系，张元济与商务印书馆创始人夏瑞芳得以相识、相交。

（一）馆史创业传奇

夏瑞芳，字粹方，江苏青浦县（今属上海）人，1871年出生，11岁因家贫随父母至上海为人帮佣，后得人之助，入教会所办的清心书院读书，期间他学会了英文，还信奉了基督教，并结识了后来一起创业的鲍咸昌兄弟和高凤池等有着共同信仰的人。18岁，因丧父辍学，先在同仁医院学护理，一年后到《文汇西报》馆学排字，后转入《字林西报》、《捷报》做工作。多年的雇员生涯使夏瑞芳感到极为痛苦，因不能忍受《捷报》的英国总编辑 Mr.O’Shea“生性极躁，对于工友，每多轻视侮慢之事”，产生自谋生意的决心，于是，他约鲍咸昌兄弟和高凤池一起合资自营印刷厂，以期解脱外国所加诸的束缚[①]。他们都有在印刷厂工作多年的经历，熟谙此道，只是20多岁的年轻人，相互之间情谊甚笃，宗教信仰相同，都曾在基督教会主办的墨海书馆工作，可谓“年少知己”，同时还有同乡、同事、好友的关系（鲍咸恩还是夏瑞芳的小舅子）。亲情、友情及专业配合让他们对创业充满信心，选择以印刷开业，自然是信心满满。于是，性格开朗，又能吃苦耐劳的夏瑞芳被众人推为总经理。

1897年2月11日（清光绪二十三年农历正月初十），商务印书馆正式创立，设置印刷所于江西路德昌里。最初的资本大约为4000

① 张蟾芬：《余与商务初创时之因缘》，《商务印书馆九十五年》，商务印书馆1992年版，第14页。

元，实收只有 3750 元，每股 500 元，大股东是天主教徒沈伯芬，占两股，夏瑞芳、鲍咸昌兄弟、徐桂生各一股，高凤池、张桂华、郁厚坤各半股。他们起初从印刷事务起家，购置三台小印刷机，租有两间房，业务上以代印商业账册、广告单为主。1898 年，在商务创立的第二年，出版了第一本书——《华英初阶》①。

此书由旧识世交，也是姻亲的谢洪赉，将英国人为印度人编写的课本翻译成中文，配课文单字与汉语释义。不料这本汉英对照的教科书出版后非常畅销，第一版印行 2000 册，不到 20 天即已售罄，其后一版再版，共修订了五六次，销数近百万册，“此书出版，行销极广，市利三倍”②。

《华英初阶》是当时国人第一本英语学习书，也成为少年胡适、梁漱溟、叶圣陶和后来成为商务掌门人的陈原学习英语的入门书，可见其传播之广与久。面对这份意外的惊喜与收获，他们再接再厉，出版了比《华英初阶》内容上更高一层的《华英进阶》，两书并发，畅销全国，达十年之久。

商务印书馆的创办和《华英初阶》及《华英进阶》的旺销，实际也是环境与时代的反映。19 世纪末，因“五口通商”而兴盛起来的上海，虽开埠不久，但一批批本土人才离开洋人的工厂，怀抱着产业化之梦，自己创业，开始新的人生。夏瑞芳就是其中一位杰出代表，而且是一位来自底层的代表。夏瑞芳和他的朋友创办商务的时

① 高翰卿：《本馆创业史》，《商务印书馆九十五年》，商务印书馆 1992 年版，第 1—13 页。

② 蒋维乔：《创办初期之商务印书馆与中华书局》，张静庐：《中国现代出版史料》，丁编下卷，中华书局 1955 年版，第 398 页。

候，并非什么划时代的大事，虽然创业前几年均有百分之二十五以上的扩张，但也是当时印刷和出版方面的小兄弟，名不见经传。成功的企业家，不但要能审时度势，还要掌握先机。夏瑞芳当时已敏锐地觉察到，在华洋杂处的上海滩，求新求变的人们对于掌握英语有着巨大的需求，他果断地跳出藩篱，他看重读者的需要，而且眼光敏锐而准确，显示了非凡的市场嗅觉。当时供人们学习的英文课本有七八种，但都为英文，对初学者十分不方便。出版《华英初阶》、《华英进阶》等中英文学习读物，用以满足当时社会上学习英语，进而学习西方科学文化的需要，可谓抓住了时机与市场。

这两本书不但使商务掘到了第一桶金，使商务在印刷作坊林立的上海滩站稳了脚跟，成为异军突起的印刷商，也坚定了夏瑞芳涉足出版业的信心。他认识到，要想壮大业务，不能只限于印刷业务，应当进军出版业，从此，他更大规模地编辑出版各类图书。

不过，他还是坚定地夯实印刷能力，初步显现夏瑞芳胆识与谋略的是 1900 年大手笔收购修文印刷局。该印刷局原本为日本人在上海所开设，“凡大小印机，铜模，铅字切刀，材料，莫不完备，于是大加扩充，宛然成一有规模之印书房”。[①] 收购修文印刷局后，商务不仅成长为颇具规模的印刷商，而且技术大大领先于同行，有了一定的印刷生产规模和图书出版两个优势，这使其获利甚厚。创业三年，成为在华人印刷界首屈一指的企业。更为让人称道的是，期间夏瑞芳先后聘请沈知方、俞志贤、吕子泉担任业务顾问，借助这些推销能手的力量，为商务的图书发行打开了广阔的市场。同年，他还把触角延伸到

① 高翰卿：《本馆创业史》，《商务印书馆九十五年》，商务印书馆 1992 年版，第 4 页。

外地，在武汉设立分馆，这是商务分馆设立之始。1902 年，重建新厂，开始立足于棋盘街做图书发行。

继生产能力与技术一步一个台阶的发展之势，他们在图书产品上发力，出版谢洪赉译注的《华英初阶》和《华英进阶》后，1899 年出版了《商务印书馆华英字典》① 和《华英国学文编》,1900 年出版了英汉对照本《华英地理问答》，都是以英汉对照为主导的产品。期间，除主攻英语学习也利用技术优势翻印过《通鉴辑览》、《纲鉴易知录》等旧书，因成本低廉而行销极广，还承印维新派所办的《昌言报》和《格致新报》等大宗业务。尤其是夏瑞芳大胆承印尚属于禁书的谭嗣同的《仁学》，充分显示出其惊人的胆识与文化担当。

企业拓展如何在新领域中获胜，或规避风险，完全取决于领导人的能力与资源。追寻做强做大的决心，让夏瑞芳面临着风险与危机。时逢国内兴起一股求知的热潮，翻译书籍盛行，各书局均抢着翻译出版日本的教科书、各种学科的书籍，市场前景看好。夏瑞芳也受时风感染，想把握住这个机会。但在开始阶段有些操之过急，盲目地请人翻译了不少日文书，出版后因质量粗滥而无人问津，这自然也给他带来了烦恼。此时，夏瑞芳想到了已经熟识的张元济，于是大胆地前往南洋公学以向张元济请教为由，请他代为审查所采用的稿件。张元济不计身段，为之审查稿件，发现内容欠佳，翻译技巧不好，难以修改润饰，并不赞成出版。夏瑞芳听闻，只好作罢！深陷困境之中的夏瑞芳产生了自己创办编译部的想法，并邀请张元济主其事。面对夏瑞芳

① 据邝富灼所编《华英字典》修订。

的真诚相邀，张元济产生了加盟的念头，也感觉到唯有这样自主发挥才有实现素志的可能。

（二）扶助教育

清光绪二十八年（1902）初，应商务印书馆经理夏瑞芳之邀，张元济辞去南洋公学译书院之职。张元济曾经回忆道：

> 光绪戊戌政变，余被谪南旋，侨寓沪渎，主南洋公学译书院，得识夏君粹方于商务印书馆。继以院费短绌，无可展布，即舍去。夏君招余入馆任编译。余与约："吾辈当以扶助教育为己任。"夏君诺之。①

短短数句话，除了把他本人的际遇说明外，也将他们两人的关系明确道出，特别是他们约定"吾辈当以扶助教育为己任"，更让人感到一股救国为民的豪情壮志。

张元济投身商务印书馆也有其必然性。1901 年 10 月，他在给盛宣怀的信中说："国家之政治全随国民之意想而成。今中国民智过卑，无论如何措施终难骤臻上理。国民教育之旨，即是尽人皆学，所学亦无取高深，但求能知处今世界不可不知之事，便可立于地球之上。否则未有不为人奴，不就消灭者也"。"中国号称四万万人，其受教育者度不过四十万人，是才得千分之一耳。且此四十万人者，亦不过能背

① 《张元济全集》第 4 卷，商务印书馆 2008 年版，第 392 页。

诵四书五经，能写几句八股八韵而已，于今世界所应知之事茫然无知也。”[①] 这是他关注民众教育的先声。1902 年 1 月，他发表了《答友人问学堂事书》，这是一个他对教育的纲领性文字。第一条就说：“勿存培植人才之见”，第二条讲：“勿标讲求西学之名”，这是他所倡导的办学宗旨。接着，他提出“勿以洋文为常课，勿以外人主持学事，勿沿用洋人课本，”教育的宗旨：“今设学堂，当以使人明白为第一义”，“汲汲于教育之普及，无良无贱、无智无愚、无长无少、无城无乡，无不在教育之列也”。[②] 张元济认为，必须开展广义的教育和文化活动，才能从根本上提高民族的素质与觉悟，“盖出版之事业，可以提撕多数国民，似比教育少数英才为尤要”。国民教育就是大众教育，成为张元济投身出版乃至人生方面的重要一环。“国民教育之旨，即是尽人皆学，所学亦无须高深，但求能知处今世界不可不知之事，便可立于地球之上。”[③] 这些虽然只是理念，但教育理念的确立正是他寻找实验场的推动力。

这些观念表明，张元济是中国近代普及教育的先行者。普及教育要展开，必然以提供好的教科书来实现。张元济早在深思熟虑后得出的以出版推动教育、开启民智的理想信念，才促使他果决地放下了一个传统翰林的架子与面子，与一群有着务实精神的下层工人为伍，联手开创出了一番不朽事业。

检字工人出身的夏瑞芳创办的商务印书馆，吸引了一位身为翰林的学者名家共创大业，成就了 20 世纪中国文化的一曲绝唱。一般认

① 《张元济全集》第 3 卷，商务印书馆 2007 年版，第 204—205 页。

② 《张元济全集》第 5 卷，商务印书馆 2008 年版，第 23—25 页。

③ 《张元济全集》第 3 卷，商务印书馆 2007 年版，第 461 页。

为，出身翰林、满腹经纶的张元济显得保守、平和，而从他投身商务这个抉择来看，足见其胆识和卓见。身份如此显赫，竟不顾身段去投身于一个手工作坊，几乎放弃了所有的优势条件、庞大资源，去开创一份全新的事业，去执着地实现教育救国之梦，尽管后来创造了巨大的辉煌，但对于当初的取舍，无疑需要胆识。在事业和命运抉择上，张元济投身商务是抱有崇高目的的，但同时和夏瑞芳一样，都是具有超人胆识的人。

陈叔通在《回忆商务印书馆》中有较长一段文字描述他们两人的关系：

> 夏办商务印书馆有雄心，觉得只承印一些东西没有多大发展，而在给教会印书中，见到书的市场不坏，也心想出版一些书本。此意先告诉了张，张曾代理过南洋公学堂堂长。他在南洋公学译书院觉得衙门式的机关牵制很多，并不得意，也有意个人活动活动，终于时机成熟了。夏有一天便与张开谈，问张既在译书院不得意，能否离开，我们来合作。张说你能请得起我这样大薪金的人吗？夏说你在译书院多少薪金，我也出多少。于是双方言定，夏管印刷，张管编书。①

其实，早在张元济入馆之前，夏瑞芳已开始追随张元济。张元济办《外交报》，他是股东之一，也是报纸的承印者。《外交报》是一份非商业化的杂志，办报《章程》上明确写道：“本报由同人集资创办，

① 《商务印书馆九十年》，商务印书馆 1987 年版，第 133 页。

自合股后，盈亏相共，永无异说，并不得中途将股本抽回，至收据股单亦不得转达相抵押。”“本报之设，志在裨益时局，启发明智，非为牟利。初办三年，不给官利[①]”。

张元济大约在 1901 年底，就入股投资了商务，据说那时他曾劝许夫人卖掉首饰，兑银入股。可见其对夏瑞芳的信任。据另一位与夏瑞芳一起创业的高凤池回忆，当张元济和印锡璋愿意投资时，曾共同聚会过，讨论合资办法，并商议成立有限公司，议定原发起人每股按照原数升为七倍，共计资本五万元。[②] 足见张元济对商务创立与发展这几年价值的认可。

通过两年的沟通交流，他们走到一起，既有因缘，也是水到渠成之事。夏瑞芳敬重张元济的学术涵养，张元济则佩服夏瑞芳的经营能力，知识分子不擅事务的本性，自然也为张元济选择与夏瑞芳合作发挥了至为重要的作用。

张元济的到来，首先确定商务的发展重心从印刷为主转变为文化产品供应为主，并以“开民智、培国元”为商务发展的战略目标。从此，张元济把以出版扶植教育、开启民智的社会理想移植到了商务的沃土之上。得翰林之助，让夏瑞芳更加意气风发。

启蒙思想家严复为这个时代引入西方思想的三大课题：开民智、兴民德、鼓民力。而民智又为强国之首，民德和民力非公器不能为，所以，张元济以“兴民智”为要务，以商务平台为依托，发轫于此而不止于此，故商务得此而勃兴。

---

① 《张元济全集》第 4 卷，商务印书馆 2008 年版，第 20 页。

② 庄俞:《三十五年来之商务印书馆》,《商务印书馆九十五年》，商务印书馆 1992 年版，第 722 页。

（三）立足出版

极具才干的夏瑞芳，因张元济的加盟更加大了发展步伐。机会再次眷顾这个年轻人，清光绪二十九年（1903），他听闻有日本金港堂欲在沪设立印书馆，资本极为雄厚。[①]夏瑞芳觉得这是个绝好机会，他出人意料地打算与之合作经营的这一举措，让商务迅速再次倍增资产规模。

金港堂是日本一家大书店，与文学社、普及会、集英堂并称为日本明治时代的四大教科书出版社。由于发生了日本教科书出版商贿赂审查事件，金港堂受到牵连，发展受到重阻。更为迫切的是，因案而连累的文部省官员小谷重、长尾槙太郎被判处两个月的监禁，金港堂要安排这些人的出路，到上海从事出版工作是不得已的选择，而与商务合作恰好使得他们体面地落脚。

日本出版商金港堂等人计划在中国经营出版印刷业，夏瑞芳顾虑他们的实力和技术会对商务构成威胁，思忖之余，更大胆地构想，一起合作，利用日本资金扩大商务的规模，借助日本的技术改进商务的印刷质量。他决定创造奇迹，更一进步与金港堂主人磋商合作，合资经营改为股份有限公司。夏瑞芳可谓胆大心高，最终达成中日双方各占一半的股份。

高凤池说："当时本馆鉴于中国的印刷技术非常幼稚，本馆虽说是初具规模，但是所有印刷工具能力，只有凸版，相差很远，万难与日方敌对竞争。权宜轻重，只有暂时利用合作的方法，慢慢地再求本

① 《商务印书馆有限公司章程》，商务印书馆，光绪三十二年议定。

身发展，可以独立。”不期夏此主张得到日方的认可，但夏、高等人考虑得更为长远，向日方提出了两个以我方为主的主要条件：“一是经理及董事长都是中国人，只举日人一人为监察人。二是聘用的日人随时可以辞退。”[①] 务实的日方，最终应允了商务的全部要求。

在一个民族矛盾十分突出的时代，他根据自己的切实需求，利用日方的资金、人才，而又坚持自主独立的方针，在当时乃石破天惊之举，今日仍堪称典范。从此，商务印书馆进入了一个新的发展阶段。

合资后的商务印书馆，建造新厂房，添置新设备，由此，商务的营运方向举凡印刷、出版、编辑、贩卖文具等，无所不包，一跃成为大型出版机构。这样的跨越式发展，强烈拓展业务的企图心，当然也有利于达成张元济最初进入商务印书馆的目标：“昌明教育平生愿，故向书林努力来。”

这次合作更具价值的是，正逢张元济着手新教科书的编纂，而作为日本老牌权威的教材出版商——金港堂是日本明治维新时代教科书出版的龙头企业，它对商务的发展战略的认同与支持是最为关键的，而随后曾留学日本三年、作为知日派和新学人物的高梦旦的加盟，也使日方开展工作深感得心应手。这样双方很快融合在一起，抓住启蒙教育革新的良机，共同致力于催生中国的新教育事业。当然这一切都是以张元济的理想和战略为指针，为合作编纂教科书发挥了核心作用。

自张、夏联手之后，奇迹发生了。仅三年多的奋斗，商务印书馆

---

① 高翰卿：《本馆创业史》，《商务印书馆九十五年》，商务印书馆 1992 年版，第 8 页。庄俞另有说法“然本馆与日人合资，本为一时权宜之计，盖以利用外人学术传授印刷技艺。一方更借外股以充实资本，为独立经营之基础”。见《三十五年来之商务印书馆》，《商务印书馆九十五年》，商务印书馆 1992 年版，第 722 页。

焕然一新，规模大增。1905年底，购地30亩，设编译所、印刷所于其上。这年，张元济不到40岁，夏瑞芳才34岁。想当初，张元济以翰林之姿留守朝廷，无非是个杂役，七年之中，所得在见识学识，却无所作为，七年的青春，换来了“永不叙用”，维新启蒙之梦破碎。然而，他来上海仅三年，不仅亲手打造了一个开民智的平台，而且奠定了一个品牌，开启了他的文化人生。他通过教育，以出版物为载体，切实地推动社会的变革与进步发展，使人生重新开启，中国的教育出版从此有了开拓者、领导者。

夏瑞芳从印刷拓展到出版，尤其是在出版上，限于学力和见识，只能是围绕市场需求来发展业务。只有张元济的加入，才真正确定了时代之所需、民族之所愿的出版方针，即“发扬固有文化，保存国粹，介绍西方文化，谋中西文化之沟通，以促进整个中国文化之光大”。[①] 这种历史的选择和坚守，自然带给夏瑞芳事业上的升华。

在商务印书馆早期，张元济和夏瑞芳完全交融在一起，可以说，商务从手工作坊蜕变为现代出版教育机构，发轫于夏瑞芳，而光大于张元济和夏瑞芳两人的合作。其成功所在，就是他们志趣、目标相同并坚定不移地实施。

二、国民启蒙新路

人们都知道，商务印书馆是从创编中国近现代第一套教科书而走

---

① 庄俞：《三十五年来之商务印书馆》，《商务印书馆九十五年》，商务印书馆1992年版，第735页。

向出版之巅的。这个产品由于产生于清末急风暴雨的改革进程中，所以影响至大至广。如果说清末新政是维新，那新教科书则是千年巨变，完全是革命性的，而且因其不断巩固、完善，现代基础国民教育才得以转变与成型。新教科书的推出，对时代、对国家而言，影响巨大，对商务成长壮大居功至伟。

（一）蒙学之变

“辛丑条约”的签订，让国人看到了清政府的腐朽无能，随后又发生了“庚子”事变，更进一步让世人感到国运式微，心中窒息。

1902 年，原本不可一世的慈禧，“西狩”之后归来，痛定思痛，果断着手改革，以前所未有的决心宣布“预约变法”。其中三项改革十分关键：一是废除科举，二是办现代学校，三是向国外派留学生。这三项改革都与教育有关。其中以帝国的名义颁布了《钦定学堂章程》。这个《章程》在教育制度上向西方现代教育看齐，基本上是袭用日本新式教育体制，史称“壬寅学制”。但这个学制还没有来得及真正实施，清廷于第二年（1903）又加改进，拟成具体的新学制，包括初等教育：蒙养院四年，初等小学三年；中等教育：中学堂四年；高等教育：大学三至四年，预科三年，史称“癸卯学制”。1905 年正式废除科举，以完全的新学制终结了旧式教育的历史。这是清末真正具有时代意义的改革。

在清廷颁布“癸卯学制”之前，蒙学教材最通用的是《三字经》、《百家姓》、《千字文》、《神童诗》等。但由于其内容相沿千年不变，故早已不合时宜，处于淘汰之列。清末，一些新式学堂，壬寅学制后有先行者尝试探索摆脱旧式启蒙教育的新路，以新课本取代“三、百、千”，其中有几种编得较好的儿童教材，如上海澄衷学堂的《字课图说》（刘树屏编，1901 年）、无锡三等学堂编的《蒙学读本》（吴敬恒等编）、南洋公学出版的《蒙学课本》（朱树人编）。这些新蒙学课本，多以故事为主，文字浅近，也曾盛行一时，都是现代教科书的萌芽之作。但终究属于探索之作，也只限于民间推广，内容与形式多以仿西方启蒙书为主，文字也脱离不了古文窠臼，不仅与急剧变革中的社会现实相脱节，同样与旧式蒙书乃五十步笑百步，无法让启蒙者广泛接受。

（二）国文教科书

1903 年正月，张元济正式入馆，主持商务印书馆编译所，针对全国上下正在兴起的新学堂运动，张元济主张：“最上速自译编，其次则集通儒，取旧有各本，详加改订，虽未必佳而流弊较少矣。”张元济汲汲于此，不期领先一着，当年清廷颁布的“癸卯学制”，作为破科举、建学校的国家政策，彻底打乱了固有的教育体系，社会上零碎的新式课本自然无法满足全国即将重建的教育体系对新课本的渴求。张元济正是抓住了这个千古之变的历史机遇，迅速集结最强大的力量，着手编纂新式教科书。

新学制教科书的编制和普及，才是真正促进西式教育的最有力支撑，中国现代教育体系的基础从此打下，新式学堂的建立也不再是无米之炊。商务一跃成为编印教科书的最大机构。

出版新式教科书是一项具有革命性意义的伟业。蔡元培在入馆之前就坚定地认为，科举必将废止，新式学堂必将普及。入馆之后，蔡元培就与馆内同人商定编辑教科书，由他拟定计划和编辑体例，并进行编辑。张、蔡两人对时代潮流的高瞻远瞩，为商务奠定了最新的发展方向，他们的现代启蒙教育思想也为编纂教科书发挥了核心作用。

但时局的变化比他们想象得更快，从“壬寅学制”到“癸丑学制”，再到废科举，前后不过三年，整个旧教育制度突然断崖式崩塌。而在“壬寅”到“癸丑”这两年间，他们尚不能专注于馆务，无法彻底与过去事务告别或切割。张元济入馆前后一段时间都是在忙碌中，他除了要应付南洋公学的事务外，还要梳理夏瑞芳原有的旧稿积累，并迅速消化、整理为《帝国丛书》出版。

编辑出版时代所需、国情所适的启蒙读物，也是对张元济一直投身维新理想的最好寄托。更具优势的条件是，商务有一定的资本作为支撑，终于在高梦旦“规定整个编辑计划”的战略方针指引下，以突破《国文教科书》为重点，全面、系统地创建了不仅配合学制，而且极具质量的全科新式教科书：由小学、中学再到教授法。

最初，商务出版教科书并不顺利，也短暂地走过从探索系统化到完全创新的过程。蔡元培担任所长后，开始布局运作的编稿办法是以承包的方式，分别由蔡元培、蒋维乔、吴丹初等人编纂国文、地理、历史三种教科书。这种不采用固定队伍的方法与之前的蒙学教科书编写方式相同。不久，《苏报》案发生，蔡元培因避难离馆，使得整个计划暂时中断。用包办或专办方式，最终只完成了三种作品：杜亚泉的《文字新阶》、夏曾佑的《历史教科书》及伍光建的《西史纪要》，前两本书分别出版于 1902 年和 1903 年，伍光建的《西史纪要》则延宕到1907年才出版。

高梦旦不仅具有同样的先进思想，认可张、蔡对新式教育发展的理念，更主要他具有国际化眼光，对日本现代基础教育有过深入考察和积极思考，加之他专注教育，所以他提供的策略对于张、蔡的办法是颠覆性的：对旧式包办之法急刹车，代之以合议制的方法。对此，张元济、蔡元培自然认同并全力支持高梦旦的主张，根据“学堂章程”颁定，规定整个编辑计划，率先按学期制度编辑教科书。于是，“分修身、国文、算术、历史、地理、格致，每种每学期一册，特别注重国文”。先由蒋维乔、庄俞执笔起草，由张元济、高梦旦和日本顾问长尾槙太郎、小谷重参加讨论和修改。“本馆延请海内外通人名士研究教育问题，知国文科最亟，乃合群力、集众智，商榷体例，搜罗材料”，“由浅及深，由近及远，由已知及未知。”①

一起编纂教科书的蒋维乔回忆道：

> 当时之参加编辑者张元济、高凤谦、蒋维乔、庄俞等，略似圆桌会议，由任何人提出一原则，共认有讨论之价值者，彼此详悉辩论，恒有为一原则讨论至半日或终日方决定者。②

高梦旦坚持合议制原则，他认为一人识力有限，必须互相批改，以求至当。即采用集体的头脑风暴和心灵激荡，佐之以坚忍不拔的努力精神，以及为达到至善至妥为目的的编写方式。而且，他还有着更

① 张人凤、柳和城编：《张元济年谱长编》，上海交通大学出版社2011年版，第139页。

② 《商务印书馆九十年》，商务印书馆1987年版，第57页。

为广阔的视野，没有停留在闭门造车的方式上，而是眼睛向外，多方接触，不仅与刚刚兴起的新式学堂和教育界人士广泛接触，而且尤其注重吸收借鉴日方金港堂在编纂教科书方面的经验，集思广益，融会贯通。经过他们反复讨论、认真修改的《最新国文教科书》终于在1904年推出了第一册。所产生的成果，其质量自不待言。

时距学堂章程颁布已近两年，新式学堂已开始大规模出现，所以该书出版后，不到两周，便销售一空。国文教科书第一册“出版后，不及两周，即洛阳纸贵，不胫而走。”①

让我们记住这些历史性的名字，首册《最新初等小学国文教科书》第一册封面上写着：

> 校订者：日本前文部省图书审查官小谷重，日本前高等师范学校教授长尾槙太郎，福建长乐高凤谦，浙江海盐张元济。编纂者：江苏武进蒋维乔，阳湖　庄俞，阳湖　杨瑜统。

《最新初等小学国文教科书》，与传统蒙学和简单译述外国教材不同，按学期、科目进行编写，课本又分课程、练习诸项，并创造性地加入插图90余幅，并续出了《教授法》。这部从内容到形式令人耳目一新的教科书，受到学校和学生的一致欢迎，使读书人可以学习教书，读书之人也乐于读到此本。

这套最新教科书在教育界和社会上风行了十几年，取得了巨大成功。又过两年，1906年推出《最新初等小学国文教科书》全套十册，

---

① 蒋维乔：《高公梦旦传》，《商务印书馆九十五年》，商务印书馆1992年版，第52页。

另有《教授法》十册相配套出齐。

有道是，"一生二，二生三，三生万物。"费尽这批饱学之士数月而成的《最新初等小学国文教科书》第一册，成了新教科书革命的引擎，也吹响了商务进军文化教育的号角，给清末新政奉献了一份最有价值的成果，为现代教育发展指明了方向，为空空如也的新式学堂雪中送炭，为嗷嗷待哺的学子送去了知识与智慧。一册教科书就这样神奇地打开了现代教育的大门，商务的教育大厦由此崛起于世纪之初的东方。

《最新国文教科书》，甫一问世，风行全国，不仅几乎完全代替了旧式蒙学教材，也风卷残云式地扫荡了清政府颁印的教科书，此后更由小学教科书发展到中学、大学、师范等各类学校的教科书。蔡元培评说："于是书肆之风气，为之一变，而教育界之受其影响者，大矣！"①

《最新国文教科书》推出之后，张元济主持商务编译所根据章程大纲所规定的课程科目继续努力，陆续编印出版了"最新"系列小学教科书全套，内容包括修身、笔算、理科、地理与习字帖等科，大部分还配有"教授法"等教师用书。课文编纂种类齐全，体例新颖，容量合理，符合儿童心理发展规律，成为后来各种初小国文教科书的范本。

（三）最新教科书

《最新国文教科书》一炮打响之后，蔡元培与张元济又很快联手

① 《商务印书馆九十年》，商务印书馆 1987 年版，第 2 页。

推出了一套名为《中学修身教科书》的新式教科书。蔡、张以编纂教科书为手段，开启民智之后，蔡元培眼高一景，最早提倡基础教育中的修身——即人格的养成。“修身”虽然也在清廷颁布学制课程之内，但这在西方和日本现代义务教育中并不存在，蔡元培深知对于国民道德的培养具有潜移默化的作用。因此，把《中学修身教科书》作为最主要的门类来编纂，并亲自主持编纂。

《编辑初等高等小学堂国文教科书缘起》中已经表现：“循序渐进，务使人人皆有普通之道德知识，然后进求古圣贤之要道，世界万国之学术艺能，应几拾级而登，无或损越。”① 张元济正是以此作为编纂《修身教科书》的指导思想，从而也成为该书最显著的特色之一。《最新初等小学修身教科书》共十册，《教授法》十册，从1904年11月，继《国文教科书》之后开始推出，至1906年2月出齐。张元济亲自参加了编纂。

蔡元培、张元济、高梦旦三位朋友共同编纂了影响力极大的《修身教科书》，蔡元培虽然一直在外奔波，但却所撰为多。初小十册由张元济编，高小四册由高梦旦编，中学五册由蔡元培编。初中五册前三册不署编者名，后二册署“蔡振”编，实则为蔡元培编，到1912年修正为上下两卷，始署蔡元培编。

商务印书馆特于《民立报》上刊登广告：“本书为山阴蔡先生留学德国时所著，原本我国古圣贤道德之要旨，参取东西伦理，大家最新之学说，熔中外于一治，说理精透，行文简亮，出版后大受学界欢迎。原书分订五册，今重行修正，合订一册。”此书修正后到1921年

① 张人凤、柳和城编：《张元济年谱长编》，上海交通大学出版社2011年版，第139页。

共发行16版，可见其影响之广。

蔡元培在与张元济联手编纂《修身教科书》（五册）后，于1907年到1908年又独立编纂了《中学堂用修身教科书》五册。这完全是蔡元培用自己研习融化西方伦理学而重新编写出来的，体现了蔡元培在开启民智的基础教育领域对现代人格和观念的关注与重视。

蔡元培离去后，张元济接任编译所所长，继续进行教科书的编辑工作。蔡元培与张元济用实际的行动和有价值的产品，打破了传统封建的启蒙教育，以先进的理念、开放的思想帮助中国的基础教育事业走出黑暗、腐朽的科举时代，并最终奠定了商务印书馆在新教育史和出版业中的龙头地位，所以，称蔡元培为商务印书馆之魂，当不为虚。

中国的传统教育以道德教育为主，儿童识字启蒙中寓有儒家的伦理纲常内涵，是将识字与修身融合在一起。蔡元培、张元济在《国文教科书》之外将修身内容独立编为教科书出版，将知识趣味与传统伦理分开，并专门重视人格的培养。从内容上首先摒弃三纲五常这些陈腐的说辞，大量吸取西方文化教育中的合理成分，向学生讲授反封建的进步思想，具有明显的时代先进性。而国文、修身分科并重，以修身专门立科，倡导品德修养的进步，是对传统人文精神的弘扬与推重，既解决了启蒙者的学习兴趣，也从根本上灌输了人格的引导。

（四）新教科书体系

编译所创编的新式教科书，虽然都是按照当时学制的规定加以编写的，但是，张元济也有自己的主张与取舍。他认为其中的学制有部分是不合时宜的，所以并没有按部颁学制全科推出，如《初等小学堂章程》中规定，“学童每周必须读经十二小时”。张元济就曾经为文加以批评，于是在商务出版的教科书就没有编“读经”这一门学科。自后一直到民国，“读经”从启蒙与初等教育中消失了。20世纪30年代中国曾出现“读经”运动，也只是热闹一场，并没有真正进入课堂。

学制教科书之外，张元济也把与学制并不完全衔接，但仍有启蒙价值的作品推向社会，代表性的是夏曾佑的《历史教科书》和杜亚泉的《文学新阶》。这虽为别例，但也充分表明了张元济对教育产品多元化的追求。

由夏曾佑编写的《中国历史教科书》是张元济进馆后半年推出的，它也是最早开始出版一种教科书。他曾专门为此撰序：“今钦定学堂章程，由大学以至小学，无不有史学一科，而大学复有编纂课本之议，盖益知上诸书之不宜教科矣，编纂新本，迄末颁行，商务印书馆主人辑为是编，以应急需。”[①] 此书编定、出版早于新制教科书，属于包办的成果，张元济虽然没有将其列入新教科书，但实际承载了他自己对历史与教育的观念，所以他在《中国历史教科书》序文中写道：

> 今各省设学堂，一切规制取法泰西。学科、课程虽有损益，然大致无甚差异。盖教育公理固不能背驰也。泰西普通学科，着重舆地、历史。以吾所见，英、美历史课本不下数十种，有本国史，有本洲史，有列国史，有世界史，详略深浅，各殊其用。盖

① 《张元济全集》第5卷，商务印书馆2008年版，第341页。

> 处今日物竞炽烈之世，欲求自存，不鉴于古则无以进于文明，不观于人则无由自知其不足。虽在髫龄，不可不以此植其基也。①

重视历史教育，特别是中国长久受到外国的侵略，更应该让子孙后代了解这一段悲惨的岁月。借由历史教育的方式，让国人得以觉醒，以达到救国爱国的目的，这是张元济主持编译所后所想要达成的志向与心愿。所以对夏曾佑所著《高等小学中国历史教科书》、《中古代史》（上卷），张元济将其独立出版，正是为了取其思想与观念。

《文字初阶》（六册）由具有丰富教育经验和现代意识的杜亚泉包办完成，他以严谨的态度，构建了与旧蒙学课本不同的体系。商务开始是以比肩《华英初阶》为目标，利用新的技术，用图文并茂的方式出版。无论从内容还是形式而言，都是迥乎时人的杰作。

商务新式教科书成功的关键是完全按清朝光绪二十九年（1903）颁布的《钦定学堂章程》所分学级及规定课程而编写。光绪三十一年（1905），清廷正式宣布废除科考制度，各地设立新式学堂蔚然成风，商务已经成型并经前期各地已办新式学堂采用的新教科书，成了他们办学的支撑，自然，商务的课本广行天下，不胫而走，为天下所乐求。这样的良机，在出版史上是空前的，而商务全新系统教科书对昌明教育的助力，播撒在整个中华大地，而且不断发酵、发力，其影响力、作用力不仅是课本的大卖，更是新知与品牌的传播。这样的契机是时代所赐，也是张、夏为之努力所得。

① 《张元济全集》第5卷，商务印书馆2008年版，第341页。

张元济在推出全套教科书过程中又吸收教育界的反馈，进一步把最新系列通俗与浅近化，1907 年推出“简明”系列，1909 年推出“简易”系列小学教科书。“简明”与“简易”系列教科书，适应了当时不同学制与学堂的需要，与“最新”系列同样畅销不衰。[①]

（五）群英加盟

最新教科书的推出与成功，不仅依赖张元济与蔡元培在战略思想上发挥领导作用，还有赖于一批有志于教育改革的参与者，其中发挥作用尤为巨大的两个重要人物是：高梦旦与蒋维乔。

高梦旦，字凤谦，福州长乐人，出生于有着浓厚文化背景之家。兄弟三人，长兄凤岐以桐城派古文学知名，次兄而谦留学过法国巴黎大学，精通洋务。梦旦曾考取秀才。但中法马尾海战后，因感清廷日弱，遂绝意仕途，放弃走科举之路，开始涉猎西学译书，潜心研讨时务。1896 年，在求是书院任教。时值康有为、梁启超提倡变法维新，高梦旦积极响应，在《时务报》上刊文论政，梁启超引为同调，结成忘年交。1898 年，求是书院扩展为浙江大学堂，高任教习。第二年，赴日本，任浙江大学堂留学监督近三年，职事之余，他广泛地考察了日本明治维新以来政治、文化、教育诸方面。尤其对日本的中小学教育进行了广泛的调研考察，认识到日本经济的发达在于大办教育，教育之本在于中小学，中小学教育之重点是教科书。[②]1903 年，他职满

① 《张元济全集》第 10 卷（商务印书馆 2010 年版，第 606—612 页）附录中，编有一份《张元济参与编纂、校订的 60 种商务印书馆教科书目录》。

② 高梦旦：《新字典缘起》，商务印书馆 2007 年影印本。

回国，来到上海，蔡元培将其引荐给张元济。当他看到张元济正在编写小学教科书，他也希望从事文化教育大业，共同的志趣让他们兴奋不已。于是，张元济邀请高梦旦加入编译所并担任国文部长，主持教科书的编写工作。

高梦旦之所以走进商务，不仅因为与张元济的教育理念相符，也是他游学日本归来后的事业追求。如今，看到张元济他们已经开始着手行动，他毅然决定加入进来。他提议的按学部章程学制编书，用合议制方式出产品的方针和办法，成为商务进军教科书之后十年的圭臬。从此，高梦旦不仅把学问和精力奉献给了商务，还以极大的热情和真诚无私的方式帮助张元济，和他一起，共同走过了创造历史而又充满艰辛的一段商务历程。

今天，我们知悉商务教科书编纂历程的史料，最早是蒋维乔留下的文字，他不仅是创立者，而且也是究心专务教科书编纂十余年。

蒋维乔，字竹庄，号因是子，常州人。幼时家境贫寒，生活困顿，考中秀才之后，又苦读于南菁书院和常州致用精舍。虽在旧书院而喜新学，因涉猎了天文、算学、舆地、物理、化学等书籍而“眼界为之一新”，思想观念有了很大变化。为了真正学到他更感兴趣的“西学”，三十多岁又到日本留学，归国后，躬身实验新学，在家开办新式教学堂，自编国文课本。1902 年，他又辞去教职，毅然进入南菁高等学堂学习。热切追求新知与发展的他，不顾身体羸弱，后来到上海，他结识了蔡元培并成为朋友，一起参加中国教育会的活动，创办爱国学社，并担任该校的义务教员，立志“救国之本还在教育”，以为社会谋福利作为人生目标。他走过了当年从旧学科举、留学、教育的生命历程。

1903 年初，蔡元培任商务印书馆编译所所长，蒋维乔和爱国学社等人士也随蔡元培一起加盟商务。最初，蔡元培把编辑教科书的工作委托给蒋维乔、吴丹初等爱国学社的教员。蒋开始着手编辑国文书，“癸卯四月廿七日（1903 年 5 月 23 日），余受商务印书馆编辑蒙小学教科书事，共一千五百六十课，约六月抄竣事。”[①] 蔡离开上海后，蒋受蔡托，来馆专心从事编辑。

就在这年冬天，高梦旦回国后来到商务。蒋维乔认识到，高梦旦全新的思路和深刻的见地才是新教科书的应有的方法和出路，于是他勇敢地接纳了高梦旦对他所编蒙书的否定方案，并放弃了自己包办方式编成的国文课本，加入到合议制的团队之中。

很快，在全新的观念和先进的方式指导下，编译所诸人编成了符合新式学堂各阶段的国文教科书。1904 年出版首册，随后，国文书其他诸册编写的具体工作就落在了蒋维乔身上。1906—1907 年，蒋维乔等人先后编辑出版了《高等小学国文教科书》八册、《简明国文教科书》八册、《女子初小国文教科书》八册、《女子高小国文教科书》四册。随着教科书的出版，蒋又担当了编辑各种《教授法》的工作，同时还编辑过《简明初小中国历史教科书》等多种教材。他一干就是十几年，是商务具体编辑国文教科书最多、参与时间最久的老编辑。在张元济授意下，蒋维乔还编出了一套长久畅销的习字帖。如果说张元济、高梦旦是最新教科书的总设计师，那蒋维乔则是国文教科书的中坚力量和杰出贡献者。

---

① 蒋维乔：《鷦居日记》，张人凤：《张元济研究论文集》，上海辞书出版社 2007 年版，第 118 页。

《最新初等小学笔算教科书》出版于1904年9月，是继《最新国文教科书》出版之后，商务推出的又一门类教科书，是我国第一部科学方面的现代启蒙教育教科书。它的编者就是杜亚泉，也是商务教科书的核心人物。

杜亚泉，浙江绍兴人，他早年的奋斗和求学可谓卓尔不群，考中秀才后，因目睹国势衰微，深感所学无用，放弃科举，退而自学数学、医学、化学等自然科学知识，很快接受了西方科学知识。1898年，蔡元培聘请他为绍兴中西学堂算学教师。1900年赴上海创办亚泉学馆，编印《亚泉杂志》，在青年中志愿普及自然科学知识。这个杂志，每月出版两期，发表的都是数理化的论文，被科学界公认为近代中国最早的科学杂志，杜亚泉是本土诞生的第一位科学“盗火者”与启蒙者。

1901年，张元济办《外交报》，杜亚泉也入股，《外交报》最初28期就是由杜亚泉在上海创办普通学堂时发行的。张元济、蔡元培准备编教科书，首先是委托杜亚泉和夏曾佑负责。由于杜亚泉自己有阵地，只是按蔡元培的方式包办了《文字初阶》。1904年才正式聘请入馆担任理化博物部主任，主持科技图书的编译工作。他撰写数学、格致的中小学教材，相继完成了《高等小学用最新理科教科书》（1904年12月）系列，他前后编译的中学理科教科书有：《格致》、《物理学》、《化学》、《中学生理学》、《中学植物学》，他也成为商务从第一套教科书到第七套教科书承担最久的编纂者。

为商务编写过《华英初阶》、《华英进阶》的谢洪赉在编译所组建后，懂外语的特长使他继续发挥并起到了最大作用，他虽然醉心于基督教传播工作，但因有了一个可以交流的群体。他和张元济、杜亚泉一起，参与编纂了各类教科书，尤以科学类居多，总计有 16 种。① 他用了近四年的时间编完此类书籍，也使商务新学科教科书全套基本告成。他一直工作到 1906 年，最终因太爱自己的传教事业，离开商务，专心教会事业。

（六）新教育时代

商务自 1903 年 12 月按癸卯学制编写课本，到 1904 年 5 月推出《最新初等小学国文教科书》第一册，然后分别编写修身、算术、历史、科学、地理各科，并自第一册、第二册，至 1908 年全套出齐，先后用了五年时间，编纂出版国我国第一套基本完整的初小、高小、中学教科书。

由《最新教科书》闯开道路，商务印书馆编辑教科书的范围遂越来越广。到 1906 年（清光绪三十二年）清廷学部首次审定初等小学教科书，共 102 种，由民营书局发行的有 85 种，其中商务印书馆占 54 种，为总数的 52.9%。营业之盛，冠于全国。新式教科书不仅满足了雨后春笋般办学校的需要，更主要的是从内容到形式的创新和实用，让教师和学生耳目一新，其中涵盖、传导了新知识、新观念、新思想，开创了一个前所未有而且不断演进的大众新教育时代。

---

① 《最新高等小学理科教科书》第 2、3、4 册，《最新高等小学理科教科书教授法》第 1、2、3 册，《最新中学教科书几何学立体部》、《高等小学最新中外地理教科书》，《中外国地理教科书》、《最新地理教科书》、《最新中学教科书瀛寰全志》。有些是他直接翻译外国教材：如《代数学》（[美] 宓尔著）、《物理学》（[美] 何德赉著）、《最新中学教科书代数学》（[美] 宓尔著）、《微积学》、《最新中学教科书物理学》（[美] 何德赉著）。

张元济用不到五年的时间，通过群体的力量，奉献了国家所需要的全套新学制教科书，也可以说对社会的安宁和稳定起到了巨大作用，对现代启蒙教育迅速建立更是作用非凡。同样的历史曾在日本明治维新基础教科书演进中发生过，但日本走了十多年的弯路。更具作用力的是，商务印书馆居于民间，因其教科书各门完整，内容精致，清廷学部在草草推出一两本社会并不认同的教科书之后，最终放弃了统编课本的打算，改为审定以商务印书馆为代表的民间力量所编教科书并加以使用。在强大的团队和资本推动下，商务印书馆的最新教科书自觉承担起了建设现代化基础教育的重任，且不辱使命，加速了废科举、兴学校的文化阵痛，特别是精美的印刷和有效的推广为中国的现代出版业写就了第一道风景。自此，中国现代基础教育产品大都由民间出版，政府审定，一直延续至新中国成立之前，为现代出版业的繁荣和发展奠定了坚实的基础，也让现代出版群体组织产业化、规模化发展有了可能。因为基础教育市场是最大的文化产品市场和利润源，所以，商务后来成为亚洲乃至世界知名的文化企业，也是受益于这一领域。张元济一直到退休之前始终坚持稳固教科书出版，其后继者亦然。兴毁数次，能劫后重生，关键就是有这个市场存在并有掌控的可能。

在这项全新的事业中，商务印书馆不仅取得了巨大的声誉，也获得了巨大的利益，更稳固了团队。这批教科书的编纂者几乎个个终老商务印书馆，但他们在生命事业上的发展，不限于教科书，而是扩大到了整个现代教育文化，乃至学术领域！

教科书系列的成功，不仅让张元济坚信于出版之于教育的意义，更使他坚定地把商务印书馆作为自己安身立命之所在。1904 年，汪康年转告清廷拟请张元济出任外务部职事，张复信表示辞谢："如今时势，断非我一无知能者所可补救。若复旅进旅退，但图侥幸一官，则非所以自待。"几年的实干与业绩，他真切地感到，进入商务后的心情是踏实的："弟近为商务印书馆编纂小学教科书，颇自谓可尽我国民义务。平心思之，视浮沉郎署，终日做纸上空谈者，不可谓不高出一层也。"①

在张元济的心目中，商务印书馆已成为他事业的重心、人生的园地和实践素志的好地方。从此，他以崇高的道德、非凡的才能和渊博的知识，依托强大的团队，通过整合人类的思想资源，生产出非凡的精神产品，既创造了巨大的经济价值，又满足了人们的精神需求，进而塑造了人们的精神面貌。

三、创立编译所

编译所的建立，是商务进入现代出版的关键点，大约在 1901 年底，商务就有了设立编译所的计划，夏瑞芳得到当时尚在南洋公学的张元济认可。1902 年，商务印书馆在长康里设立编译所，夏瑞芳请张元济主持，张元济最初并没有亲自领职，而是请蔡元培担任编译所所长。蔡元培开始以爱国学社的名义与商务合作，并引领一批有志于教育并且有实际经验的人士纷纷加盟或参与，其中有杜亚泉、蒋维乔、钱修智、庄俞、吴丹初等人。这些人均成为后来商务发展的骨

① 《张元济全集》第 2 卷，商务印书馆 2007 年版，第 196—197 页。

干。4 月，蔡元培创办中国教育会，并任会长，“欲生成理想的国民，以建立理想国家”，下设教育、出版、实学三部，希望以教育为手段，通过办学来弘扬民族主义，激发爱国思想。培养革命人才是蔡元培的主导思路，编译所事务对他而言就是一项组织工作。他设计出包办方式来编教科书，他亲自制定体例和要求之后，让大家放开手干，同时他自己担纲撰写数册。他对商务出版事务十分的倾心，与此同时编写了《文变》一书，除选录黄宗羲、康甄等有革新古今思想的文章外，更多地收录了严复、梁启超、蒋智由、杜亚泉、高梦旦以及日本人著译文章，以“知世界风会之所趋”为宗旨，由商务出版，这是张元济进馆后最早经手的出版物。

1903 年 5 月，蔡元培因《苏报》案牵连，只得离开上海，张元济只得自领编译所事务，并开始担任所长一职。但蔡元培并没有放下馆务，他避居青岛时，用日文译出《哲学要领》（德 · 科培尔），1903 年 10 月出版。1904 年至 1905 年，一直忙于革命的蔡元培也不忘著译，尽力参与商务印书馆之事，并把早在 1901 年就译完，但遭烧毁的日本佛教哲学家井上圆了所著《妖怪学讲义录总论》于 1905 年改由商务印书馆出版。该书虽只有一部分，但成为蔡元培个人著作中第一部畅销书。1905 年 8 月，他亲自参与商务刚刚创办的师范讲习所任教。1909 年蔡元培又翻译了德国泡尔生著《伦理学原理》。从此，因从事革命而到处流徙的蔡元培几乎只有商务成为人们联络他的固定地址。1907 年蔡元培去国外后，商务印书馆更是成了他一生漂泊的系缆之绳，从此再也没有解下。

张元济和蔡元培的结合，以及一大批教育界人士投身出版，从某种意义上标志着中国教育和出版的一种自觉结合，为中国的出版注入了崭新的力量，更带来了无限先机。

（一）文化平台

张元济跨入商务的首要工作就是主持编译工作，不久又亲自担任所长，一直到1918年，让位给一直实际主持工作的老友高梦旦。

杜亚泉在《记鲍咸昌先生》一文中写道：

> 时张菊生、蔡鹤卿诸先生，及其他维新同志，皆以编译书报为开发中国急务，而海上各印刷业者皆滥恶相沿，无可与谋者，于是咸踵于商务印书馆，扩大其事业，为国家谋文化上之建设。①

张元济曾自述："余既受商务印书馆编译之职，同时高梦旦、蔡孑民、蒋竹庄诸子咸来相助。"② 通过张元济和蔡元培的努力，最早到来的有夏曾佑、徐珂、孟森、陆尔逵、夏敬观，他们都是思想观念先进而又盛年富学的人，他们都是张元济早年从事文化教育事业的核心团队和真心朋友，而且大多为真才实学之辈。这也是商务早期事业发展的重要基础和保证。

之后，又陆续邀集了各有专长的学者时贤入馆任事，编译所各部门的负责人（国文部）高梦旦、（理化数学部）杜亚泉、（英文部）邝富灼，均是在该学科中有所建树的人。杜亚泉是中国最早受西学教育

① 《商务印书馆九十年》，商务印书馆1987年版，第9—10页。

② 《张元济全集》第8卷，商务印书馆2009年版，第145页。

的科学家，国文部的蒋维乔和庄俞都是有经验的教育家，陆尔奎、方毅在国文字典方面有专长，林志烜擅长古书选校，孙毓修擅长版本，黄蔼农精于书画古物鉴定选印等。英文部人才更多，有颜惠庆、蒋梦麟、郭秉文、黄士复、江铁、徐润全、甘作霖、吴研因、张叔良、周越然等；此外，还有寿孝天、傅远森、余云岫等。招鸾引凤，商务印书馆的人才可谓济济一堂。

这些社会精英在新的事业和理想的平台尽心尽力地工作，使编译所的工作大有起色，不断推出大批的出版物。由此商务在社会上的声望日渐提高，同时也取得了巨大的经济效益，在短短几年之中，资产上升到千百万。

张元济专注编译所事，他在前期仅有数个人的基础上，大力扩张，或因人设事，或以事找人，从数人发展到几十位，从最初的国文部、英文部、杂纂部之设，陆续增设地学部、政法部、杂集部，编译所从三部扩张为数部。这不仅改变了早期商务印刷商的形象，也改变了谢洪赉个人编译英文教科书的单打独斗局面，使商务成为中国历史上第一个建立编辑系统的民营书局，形成了一个真正意义上的现代出版产业。

编译所的组建与发展，对现代出版确立进程起到的关键作用就是促使知识群体的集结。在这场大规模而又持久的集结中，知识分子首次注重群体项目及平台特性，但又不失个性和专长。追求理想是他们的共性，分工协作是他们前所未有的工作方法，个性化研究是他们为之坚持的志趣。

张元济所组合的是一批既出身书香世家，又有很高文化素养者，他们大都受过严格的古典训练，且大多数对维新和变革有较深的参与，对西学也有所涉猎，是当时西方新知识汲取、传播的积极倡导者，甚至是社会风俗自觉的变革者。他们在社会上甚为活跃，作为张元济的朋友而聚集在一起，并由此缔造出一个前所未有的文化平台，奠定了商务印书馆 30 年发展的基础。这是夏瑞芳无论如何也达不到的高度，但他不仅信任张元济，也乐于接纳这些朋友，并付出相当的成本来建设编译所，这不能不说是夏瑞芳的胸怀和胆识。

这批知识分子开始从传统社会的边缘走向社会的中心，逐渐意识到出版的广阔前景并推动出版职业化，在这个过程中，他们不仅产生了足够的自信心，而且找到了自主谋生的安心出路。他们身上所拥有的知识不再作为晋升之阶，而成为谋生的本领与实现理想的依托，由此他们服务社会的方式发生大的改变，并凭借职业化成为近代出版的主角。因此，他们为了理想，放弃为官为宦，放弃吟诗作画，从追求“修齐治平”走向社会，选择从事出版，把做一个出版人不当作他们的快乐与志趣，但他们心中的社会使命感、责任感始终没变。在张元济振民气、开民智、求富强的理想指引下，他们自己身上的文化责任感更加增强，使命与责任是他们区别于同样职业化的商人的根本所在，即依循文化理想和学术传统对社会、苍生尽道义，而不是仅仅是以营利为目的。

（二）团队建设

如果说大学教育是育人，那编译所则是出产品。虽然同是知识群体聚集之所，商务编译所早于北大、清华，而且一直是 20 世纪前二三十年间国内规模最大、活力最旺的知识群体，更准确地说，是以知识为核心的出版群体。对商务而言，当品牌和实力尚没有达到一定高度的时候，人才集结之外资源建设也是至关重要的基础。而这个文化群体建成后，迅速改变和推动了中国出版的转型与现代化的建设，并最终促进了社会进步，也铸就了一个令人敬畏的文化机构品牌——商务印书馆。

作为出版社，主要靠产品质量生存，文化产品的真正制造者是文人。在市场完全竞争的情况下，张元济和他的团队靠理想、学识，组合了当时最强最大的文化资源，并不断扩张与巩固，形成多样化圈层。为了教育，为了出版，为了文化，张元济亲为表率，上至皇族、当政者，下至学生、乡贤，无不倾心而交，千方百计地让一切对于文化有所贡献的人倾力支持之。商务致力于编辑新时期的教科书，吸纳优秀人才共同完成创世纪文化事业，从而迅速造就了文化霸主地位。几十年间，社会上聚集在商务，尤其是在张元济身边的人，可谓极一时之盛。他们在调适和寻找自己的定位后，大多不忘初志，各自奋发努力，充分利用商务的优势条件，商务也逐步发展为文化人的阵地。他们都有着共同的志趣、学术方向和追求，所以一生都不离不弃，终生坚守于商务者尤多。

如果说组建团队并共赴出版职业化道路是张元济为编译所的筑基，而根据各自的优势，结合商务业务的需要发展而发挥、造就他们每一个人之所长，则是张元济作为领导者的能力和眼光。在编译所组织了大批贤才之后，张元济更是注重发挥这些人才之长，扬长避短，如让杜亚泉重点投入到他所擅长而且又为时人所难企及的自然科学课本编纂中去，由蒋维乔、庄俞等国学精湛而又有教育实践经验的人士在国文方面耕耘，让精通外语又专习自然科学的伍光建从事西方课本或英文读物的撰述。商务教科书的编纂力量逐渐达到完美的地步，所以能在新学制颁布后的几年间，就全面、系统出版十分成熟的全套新教科书。

商务印书馆作为一家文化机构，为当时新旧知识分子提供了一个全新的发展平台。他们或客串，或长驻，或为友，不仅成了上海的文化核心，也成了北京以外的另一个文化重镇。

编、译、纂是张元济团队的产品生产方式。通过合作编书，共同纂集，个性化翻译，编译所这个平台成为新旧中外知识人的乐土乃至归宿，也成为中国历史上前所未有的呼唤个性又注重群体的平台。他将文化边缘力量，与原有的文化中心力量成功地结合，重组了新式的传播知识与文化的机制。商务可以说是现代出版业发展的大本营，曾为业界培训过一批出色的出版人才。

张元济创建编译所，为中国文化教育找寻了产业发展之道。编译所的创立既是商务发展史上真正的转折点，也是中国出版文化教育史上划时代的事件。

商务编译所的建立，是晚清出现的第一个以传播知识为功能的文化新组织，他寄托了张元济投身出版的理想，也是他从事现代出版的实践场。编译所同人在张元济率领下，同心同德，一改个人著述传统，围绕确定的文化发展方向，按计划合作编写课本及知识读物。在张元济加盟商务后，编译所大规模扩大产品生产，成为开创性完成全套中小学教科书的核心竞争力创造者。这种新型的布局方式，不仅前所未有，而且在近代中国也罕有。有之，则自编译所始，其后出版界纷纷效仿而设，但也罕有其规模和上乘团队。

编译所组合了擅长传承传统文化的重要人士，也兼顾那些汲汲专注于西方知识与学术两个方面的力量，共同投身于大众基础教育与西方新知识的引入。他们大都致力于做一个述而不作的知识转化者，为当时的新旧知识分子走出了一条新路，也产生了一个全新而令人尊崇的职业——编辑。一直到新中国成立前，商务编译所拥有的知识群体人员总数之多、涌现人才之多，令人称奇。张元济所开拓的现代出版事业构成了中国现代出版的主流。

当然，并不是设立编译所这个机构就意味着踏进了出版现代化，之前的清代官书局也有编译、出版一体的设置，人数和产品也一时称盛，但仅仅是近代化或洋务运动的一个开局，而不是现代出版的先声。只有当商务设立编译所，张元济制定出符合时代发展方向且十分卓越的文化方针，才有可能达成其巨大成就。这个方针就是弘扬旧文化，介绍西洋文化，进而达到中西沟通，促进时代进步与文化的发展，谋国家文化上之建设。这才是现代出版真正的首创精神。

张元济是一个文化理想主义者，他在清朝土崩瓦解和北洋混乱不堪之际，以民间人士的身份接续并承担了为国家文化建设之责，从出版产业意义而言，已成为绝唱。

四、西学与新政

伟大的出版家不仅传播知识，更大的作用是将民众所不知、社会所急需之思想学说，导入社会与民众。张元济便是现代出版的先行者，着力于严复作品及其翻译作品的推广与传播，就是他在现代出版道路上发出的初声。

张元济离开南洋公学时，虽已完成对《原富》的出版，但并没有放下他对西学的追求。他加盟商务后，在出版方向上可以自主、自决，因此他加大步伐，进军西学出版，其中严复西学译作成为他最关注的出版、传播对象。

（一）首创严译品牌

1932 年，严复已去世十多年，张元济也退休十年，张元济将严复的经典译作冠名为《严译名著丛刊》结集出版，包括八部著作：亚当 · 斯密《原富》、赫胥黎《天演论》、斯宾塞尔《群学肄言》、穆勒《名学》和《群己权界论》、甄克思《社会通诠》、孟德斯鸠《法意》、雅方斯《名学浅说》。而此时距商务 1902 年开始经营《原富》一书已逾 30 年。严译一直非常畅销，很大程度上得益于商务的平台与张元济的运作。如《天演论》自 1897 年问世，先后有 30 多种版本，但最为广传的是商务的版本，自 1905 年改由商务出版，到 1927 年印行了 24 次，《群学肄言》到 1919 年印了十次。

严复一系列关于西方思想、经济、政治、伦理、法律、逻辑方面的作品在 20 世纪一开端就如此广为流传，其对近代中国的思想启蒙和观念引进改变与张元济的高度重视和不懈努力是分不开的。

我们先来看看严复译作在商务的出版历程：

1.1902 年，《原富》南洋公学出版后，库存转入商务，并租型印制 3000 册。

2.1903 年，《群学肄言》、《群己权界论》出版，《原富》重版。

3.1904 年，《社会通诠》、《英文汉诂》出版，《天演论》重版。

4.1905 年，《政治学讲义》出版。

5.1905 年，《法意》出版。

6.1905 年，《政治学讲义》著作出版。

7.1909 年，《名学浅说》出版。

8.1912 年，《名学》商务续完，重版（由南京金粟斋译书处购入）。

9.1914 年，《中国教育议》（英·卫西琴）出版。

严复作为“中国西学第一人”是从翻译赫胥黎《天演论》而确立的。当时正逢甲午惨败，《天演论》译文在《国闻汇编》上一发表，便产生了振聋发聩的影响。严复译述并重，借物竞天择、弱肉强食、适者生存的进化论观点加以改造，用以警醒国人，并告诫国人在世界性的近代化浪潮中，在面临深重的民族危机时，要奋起自救、强国保种，否则就要灭国灭种、被人欺压。此译经由各种报刊的转载、摘抄，对当时中国社会各界产生巨大的震动，使“救亡图强”成为智识者的共识。1898 年 6 月，《天演论》正式出版单行本，严复获得大名，成为西学的开拓者。

戊戌变法前后，渴望讲求西学的张元济就以严复为师。南归后，汲汲于在南洋公学推出《原富》。1902 年，张元济加入商务后，感觉时机成熟了，他不甘心南洋公学的推广不力，期待《原富》再如《天演论》一样广为人知，便申请将《原富》库存收入馆中，而且租印 3000 部，肆力推广。1904 年，严复辞去京师大学堂总办，即致信张元济，心想：“于东南择地自立私学，与百十同志为入穴得子之计。”[①] 严复即南下上海，并与张元济毗邻而居，作译与出版的合作自

① 马勇：《严复学术思想评传》，北京图书馆出版社 2001 年版，第 222 页。

然发生。严复先后交付了《群学肄言》、《群己权界论》、《社会通诠》、《英文汉诂》等书稿给张元济。除了译作，1905 年，他随张翼赴英考察期间，也将此行所有演讲辑为《政治学讲义》，回国后即交张元济，于 1906 年出版。在这本书中，严复向国人系统地介绍了西方资产阶级政治学。张元济在 1909 年出版其《名学浅说》之后，又于 1912 年购入原来由金粟斋译书处《名学》（1905 年版）的版权及存书 300 本，并请严复续译完成。这样，这些严译所有重要品种，终于由张元济为之组织出版。

在晚清时期的中国社会追求近代化过程中，知识界出现了许多方案，严复同样致思于此并提出自己的方案。早在 1895 年，严复所著《原强》中关于提高中华民族素质的具体主张时，就提出了“鼓民力、开民智、新民德”等思想。这对张元济影响甚巨，尤其是“开民智”一说，成为张元济一生的核心事业与价值追求。

如何为开启民智而引进哲学，让本具智识的中国人从此真正得以登堂入室，得窥西方学者思想之堂奥，尤其一扫当时空想、比附或自我贬低之风，让东西文化学说实居于同一传播平台之中，这正是张元济所追求的！

张元济入馆之初，也出版了一批实用性、知识性较强，甚至趋于时尚化的西方作品，品种还不少，有讲宪政的，有讲战争的，有讲地理、历史的。这些作品大致着眼于致用的角度，在某种意义上看来显得肤浅，也缺乏系统，尚未触及社会思想层面。严复译著系列化作品的出版，使西学的引进得以在政治法律制度、社会思想、文化背景等各个方面、各个层次全面展开，成为重要的文化力量，为中华文化注入新鲜的养分，并使之在与外来文化的对话中更新、丰富和壮大。正是通过张元济的努力，西方启蒙思想被引进到近代中国，也让商务引进西学迈向一个新高度，开始扮演着传播西方文明先行者的重要角色。

严复从甲午之后到去世，肆力翻译西方经典著作，从《天演论》开始，大部分完成于辛亥革命之前。他所译诸书，都是有的放矢，从译书到译文做得很认真，完全是用做学问的方式来对待译述，而且融入他的研究与述评，故所译皆成经典。如果没有张元济对严复思想的深刻理解和不断奉献，可能不会出现严译持续风靡天下、激荡社会的结果。因此，张元济是严译的催生者和传播者，虽均为译作，但对输入学理、开阔视野、启发民智而言，其作用不啻震撼寰宇！

1931 年，商务重新整理严复译作，定名为《严译名著丛刊》，实为“严译”作品的传承完成了经典性的定格。从此，学界奉此本为权威之本。

（二）维新再努力

张元济亲身经历了戊戌变法运动的失败，但并没有放弃对国家命运的关注。他清楚地认识到，必须引入现代西方的先进思想，改变中国人的传统观念，因为只有思想观念上的革新，才可能促成社会的变革。在戊戌变法后接踵而至的宪政运动中，他久蓄于心中的改革社会的情愫再次萌发，他充分利用图书作为媒介，传播西方政治学说，在引进有关宪政制度等方面着力尤多。

1902 年，张元济利用南洋公学及社会译界力量，率先在商务推出《政学丛书》与《帝国丛书》。这两套丛书，立足点高而眼界开阔。

这是张元济立足商务后引进西方先进政治思想的开始。《政学丛书》包括的作品有：《万国宪法比较》、《宪政论》、《日本明治法制史》、《宪政研究书》、《日本议会纪要》、《新译日本议员必携》、《议会常识论》、《日本预备立宪之过去事实》、《宪法大纲》等，这些作品都是讲述西方现代政治的理念、运作、政治体制和宪法等内容。与《帝国丛书》内容十分相近的作品主要有《明治政党小史》、《埃及近世史》、《帝国主义》、《各国宪法略》、《各国国民公私权考》。其中，《万国宪法比较》一书[①]既涵盖了当时宪政比较发达的英、美、法、德、日等国，也有亚洲、非洲、南美洲、大洋洲等国家和地区的宪政制度，同时详细介绍了君主立宪制度，内容涉及 70 多个国家和地区。书中对世界主要国家的政体异同进行了详细的分析，是这一时期有关宪政方面所涉国家和地区最为广泛的一本论著。对当时的中国来说，君主立宪是较为能被上下接受的方案。张元济用心于宪政书的翻译、出版，以及宪法、公民权、政党、自治政治等西方概念的介绍，使民众有机会了解到西方现代政体制度。此书的出版，向中国人提供了前所未有的世界视野，为以后的政治变革奠定了良好的民众思想基础。从此，宪法和宪政观念书籍的传播，开始形成一种社会舆论，一些智识者也对民主形成一种舆论，这使甲午战败以来的变法思想方向更具体，不再停留在一些所谓变革的提议上，而是逐渐将之提到了政治变革的高度。

1904 年，在中国领土上爆发的日俄战争，让国人猛醒，现代政体才是强国之必途。日本区区岛国打败了沙俄帝国，俄国失败的惨痛教训，让立宪思潮发酵为立宪运动。1906 年，清朝政府在变法上终

① 辰巳小二郎著，戢翼翚译。

于有了实质的步骤，同意着手宪政，并指派五大臣出国考察，这标志着清廷对立宪的认同。这种变化成为甲午以来达成的重大社会变革，也是清廷实际上对戊戌政变的反动。

由维新派和知识精英发起的宪政运动，首先在上海这个最为开放发达而又远离政治的中心迅速掀起，集会、办报、讲学、出书等成为上海宪政运动的重要手段。1906 年 12 月，与张元济关系至好，又是商务股东的郑孝胥在上海发起“预备立宪公会”，亲任会长，张謇、汤寿潜任副会长，张元济参与其中。“预备立宪公会”成立的宗旨是“研治实业，主持清议”，实际上是希望通过预备立宪促进工商实业的发展，以政治的革新来保障和促进新兴民族的商业发展。因此，“预备立宪公会”很快成为以工商业阶层为主体的民间组织，也是宪政运动最大的民间团体。

立宪运动之所以在上海开展得如此波澜壮阔，是因为骨干人物均是有工商背景的文化精英。作为当时上海工商界翘楚的商务印书馆掌舵人张元济亲身参与立宪会，引领包括高梦旦、李宣龚、夏敬观、夏瑞卿、杜亚泉、陆尔奎、孟森等加入其中，使立宪会的干将中商务就占了很大一批，因此商务成为宪政运动的主要阵地。不仅如此，他们还利用自己的阵地，支持鼓吹宪政，普及思想学说。为配合宪政，张元济除大量出版上述知识类译著外，还果断地重新启动自己在南洋公学曾谋划并已着手译介的巨著——《日本法规大全》。

《日本法规大全》的翻译，最早由沈曾植于 1901 年提议，得到盛宣怀支持，由张元济负责，但因经费及译书力量不足被搁置下来。1906 年 9 月，清政府宣布“预备立宪”，为张元济重新翻译《日本法规大全》提供了契机。张元济具有了比当初更为可行的条件：编译所的主将高梦旦当过留日浙江总监，掌握、了解留日人才，译者不足的情况得以解决。于是张、高两人商议，向盛宣怀提出申请，由商务邀请日文水平高的留学生来校订整理出版，此议得到盛宣怀的认可和夏瑞芳支持。为争取时间，一方面高梦旦组织他的同乡、留日学生刘崇杰、陈与年、刘崇佑、陈海超、林蔚章、褚嘉猷、王我臧等十多人补译，另一方面，又由刘崇杰把译稿带到日本，请东京的留学生汪兆铭、何橘时、章起渭等根据日本最新版本进行修改，并加入了 1905 年日本新颁布的法令。经过认真的校订加工，前后耗资上万。《新译日本法规大全》终于于 1907 年 1 月正式出版了，时距清廷宣布预备立宪才四个月。

因为抓住了时机，此书出版之时，正逢国内立宪高潮，张元济表现出长袖善舞的特色，邀请当时声名鼎盛的中日名流为此书作序，中方有载泽、戴鸿慈、吕海寰、沈家本、袁世凯、端方、岑春煊、盛宣怀，日方有大隈重信、织田方、高田早苗。其强大的阵容为此书传播作了最好的背书。

《日本法规大全》的出版不仅为宪政运动提供了重要资料，更为关键的是，利用立宪高潮的大好时机，上下配合，中外沟通，不仅为立宪运动提供了法理与制定法规的权威蓝本，也为商务取得了良好效益。

《新译日本法规大全》尚未出版，国内上自官府，下至机关、团体、学校，争相订购。还未印时已预订了 3000 套，销售额在十万以上。[①] 与此同时，张元济还承担出版了《列国政要》32 册，

① 2008 年，商务印书馆为存资料，将其加以标点重印出版，以供研究近代史及法律史之用。

这是清廷考察各国政治所获资料的汇辑，也是宪政运动的主要成果。

在1906年至1911年立宪进程中，商务出版有关宪政的译述达70多种。不仅如此，张元济还在推出的教科书中，迅速加进了有关宪政的内容，如1907年《最新高等小学堂用最新国文教科书》第一册第一课为“预备立宪”，第二、三、四课为“君主立宪”，第五课为“庆祝立宪歌”。1908年1月，张元济还和朋友一道撰写了《立宪国民读本》一书，继续为立宪事张目。

伟大的出版家本身可能不会直接参与社会重大事件活动，但他却可以制造、引导社会事件，通过产品的选择与传播发挥他的作用，文化教育出版尤其如此，这也是传统出版与现代出版的泾渭所在。张元济从译书院到编译所，完成了人生与职业的华丽转身。从事现代出版业，也带给他之后的无限发展，因为他的事业对行业社会起到了引领作用，他推出的产品为大众提供了前所未有的思想观念以及崭新的知识。西学与宪政系列图书就是最好的见证。

现实的条件不可能让他们达到理想的目的，“钦定”与“宪政”就是一对巨大的不可调和的矛盾，张元济最终所做到的也就是“宪政”等观念的引进和扩大，真正的“宪政”政治随着清朝的灭亡而消失在中华大地上。这种不可落实并执行的“新政”，也许让张元济从此坚决地绝缘于现实政治。他要着力于更广、更有效、更实际的有利于民族真正发展的领域来挥洒他的人生，寄托他的理想与抱负——文化教育事业。他以务实的风格进一步下潜，真正为教育文化出版打开新格局。立宪运动之后，他思想观念经过现实的再一次洗炼，从此他真正完全避开时局，进入商业领域。

五、新都市文化

盛年富学而又已熟稔出版的张元济进入商务印书馆后，其战略核心是编写新教科书，同时也依次全面展开其他业务。因他原来在南洋公学就从事译介，所以他担纲编译所轻车熟路，一上任便立马着手译事，先出了《伊索寓言》，并抓住时机，着力于小说的出版。1903 年编辑出版了《绣像小说》半月刊、《说部丛书》，组织译介《福尔摩斯侦探案》等侦探小说，1910 年创办《小说月报》，1914 年起更别出心裁包装推出《林译小说丛书》，这些作品的社会影响大大超过一般出版物。入馆十余年间，小说出版成为他跟随时势并取得市场收获的重要一步，也初步展现了他作为出版家的经营才能。

（一）“小说界革命”结硕果

维新失败后，困居日本的梁启超大力提倡“小说界革命”。1902 年，他在异域发声，撰写《小说与群治之关系》一文，不仅大力宣扬小说乃文学之最上乘，而且是改良社会、移易风俗、浸染思潮、开启民智的工具，他大声疾呼：“欲新一国之民，不可不先新一国之小说。”[①] 他以他惯用的笔端常带情感的表达方式，将小说的作用夸张到几乎可以治国、改良社会的地步了。在他的小说舆论及其所主编的《新小说》引领下，阅小说、译小说、写小说一时间风起云涌，小说

① 《新小说》创刊号，1902 年 11 月。

作品成了出版者的抢手货。以用“小说”命名的杂志为例，之后五年间，上海出版的这类杂志有 21 家之多，其中影响最大的小说杂志有《新小说》、《月月小说》等。梁启超的以小说启蒙社会的思想，真切地在国内本土发酵为一道文化奇观！

“小说革命论”的最坚定、积极的响应者，也可以说是共同倡导者是夏曾佑。夏曾佑是最早一批加盟编译所的骨干，思想十分活跃，1897 年，他与严复、王修植在天津创办《国闻报》，“通上下中外之情，借采访、选择国内外重要之事”，宣传西方民主政治，抨击科举和旧教育制度；介绍西洋学术，声援戊戌变法。《国闻报》与上海《时务报》南北呼应，声望甚高。1899 年，《国闻报》停办后，张元济想方设法为这位表弟兄在上海谋职。后来朝廷准备提拔他，却因丁母忧而寓居沪上。此时正逢张元济创办编译所开张，他第一个邀请的即是夏曾佑。四五月间，夏正式加入编译所。

作为立身出版而尚未忘怀维新大业的张元济，同梁启超一样也十分认同把小说当作革新、启蒙社会的手段，并把从外移译小说视为实现小说革命的捷径与良方。这种理念正合夏曾佑之愿，于是，他们共同选择对西方小说进行移译，以达到移风易俗、文以载道的“新民”目的。从此商务开始大量出版翻译小说，以开导社会为原则，运用文学的通俗性，开发民智，宣传爱国，唤醒人民，刷新政治，从而达到除弊兴利，富强国家的目的。

1903 年，在“小说革命之说”甚炽之时，张元济创办《绣像小说》，请职业小说家李伯元主编，其办刊宗旨是：“欧美化民，多由小说，抟桑崛起，推波助澜”，“或对人群积弊而下砭，或为国家之危险而立鉴”，“一扫除旧习，一发明新理。门类为章回、弹词、演义、传奇、京戏、小曲，间附翻译”。[1] 夏曾佑在创刊号上继续宣扬其小说革命理论，发表了《本馆编印绣像小说缘起》：

> 欧美化民，多由小说，抟桑崛起，推波助澜。其从事于此者，率皆名公巨卿，魁儒硕彦……察天下之大势，洞人类之颐理，潜推往古，豫揣将来，然后抒一己之见，著而为书，以醒齐民之耳目。或对人群之积弊而下砭，或为国家之危险而立鉴，揆其立意，无一非裨国利民……本馆有鉴于此，于是纠合同志，首辑此编。远者摭泰西之良规，近挹海东之余韵，或手著，或译本，随时甄录，月出两期，籍思开化天下愚，遑计贻讥于大雅。

这是他主张小说革命的又一次宣扬。早在1897年10月16日至11月18日，夏曾佑在《国闻报》发表了《本馆附印说部缘起》（署名别士），主张利用小说，传播思想。他认为小说：“本源之地，宗旨所存，则在乎使民开化……闻欧美东瀛，其开化之时，往往得小说之助。”该文洋洋万余言，一反旧式学者鄙视“稗官野史”之小说的传统，首次提高了小说的地位，且为史书的艺术功能找到了客观依据，对传统史学观念是一种巨大的冲击，被阿英誉为“阐明小说价值的第一篇文字”。该文较之梁启超雄文刊发早了五年。1903年，他又以同样的署名在《绣像小说》第三期上发表《小说原理》这一小说界革命的雄文，虽晚于梁启超发表之《论小说与群治之关系》，但均为倡导“小说革命”的力作。

---

① 汪家熔：《商务印书馆馆史资料》新四期（内刊），商务印书馆2014年版，第106页。

《绣像小说》成为国内出版的小说革命第一种专刊，与梁启超所办《新小说》相仿，但又与同一时期《新小说》及后来出现的《小说林》等其他杂志有很大的不同。它主要刊长篇小说，而且创作多于译作。晚清最好的小说有很多出自此刊，如《老残游记》、《文明小史》、《活地狱》、《邻女语》等。阿英在《晚清小说史》里对它的赞誉颇高，把它列为清末四大小说杂志之一，与梁启超主编的《新小说》、吴趼人主编的《月月小说》、黄人主编的《小说林》并列。

在《绣像小说》创办不久，张元济又推出专载文学翻译丛书——《说部丛书》，开局即是梁启超所译《佳人奇遇》[①] 和极力推崇的《经国美谈》。

《说部丛书》坚持到 1909 年，共出十集 102 种，内容涵盖了翻译的长篇小说、短篇小说、剧本、传记、神话和寓言等，并不限于小说，而是进入广泛的文学领域。《说部丛书》将大众从传统固有典籍阅读中摆脱出来，获得全新的外国文学作品，作为国人最初接触外国文学作品的开始，为读者打开了一扇接触世界的窗口。《说部丛书》不仅对清末民初小说译介起到了引领潮流的作用，还在晚清至民国的文坛上有着不可比拟的作用。

1914 年，商务开始重新编辑出版《说部丛书》，前面所出的作为初集(老版的翻印)，续出的为二集、三集(各百部)，第四集为 22 种，共 322 种，至 1924 年出齐，前后长达 22 年。[②]《说部丛书》的结集在撤回日资之后，应该是基于商业利益的考虑，毕竟引导、满足乃至迎合都市文化消费是出版者市场化的诱因与法则。

① 《佳人奇遇》最早刊登在《清议报》(1898 年 12 月)。

② 《说部丛书》分为 10 集本（共收 92 种）和 4 集本（共收 322 种）。

由于《说部丛书》依托了编译所和社会其他资源，如奚若、许国英(指严)、伍光建(君朔）等当时罕有的翻译人才，所以成为当时“小说革命”的实践成果与新小说出版的标高，更催生和拓展出了林译小说这一文学奇迹。

（二）林译小说创奇迹

世所共知，林纾因出版《茶花女》一书，成为誉满天下的文学翻译家，也因此成为晚清文化与出版的一个文化传奇。

1897 年夏天，林纾的妻子去世，居丧期间，陪他游玩的朋友王寿昌建议他：“吾请与子译成一书，子可破岑寂，吾亦得以介绍一名著于中国，不胜于蹙额对坐耶?”林纾开始并不接受，但在另一好友魏瀚的勉强下，以玩笑的口气答应，但提出要二位朋友请他游石鼓山乃可。[①] 于是，在奇妙的石鼓山之游中，王寿昌手捧法文原著，口译内容，林纾“耳受而手追之，声已笔止”。[②] 哀婉凄凉的故事内容正巧是对中年丧妻林纾的慰藉。他倾注自己情感并用优美的古文述说，让世人看到了前所未见的西方爱情小说——《巴黎茶花女遗事》，给封闭的“天朝”子民展现了天外天的人间奇景，如一池死水中激起了壮阔的波澜——小说冲击着旧礼教。世人突然发现“天朝”之外，竟然会有如此荡气回肠的悲欢离合，同时也发现欧洲文明所标榜的自由、平等尚不全是空谈，它居然有血有肉，体现在人间的现实生活里，为国人所惊叹。

① 参见黄浚:《花随人圣庵摭忆 · 林纾译西书原始》，中华书局 2008 年版，第 370—371 页。

② 《孝女耐儿传序》，《林纾读本》，福建教育出版社 2014 年版，第 235 页。

《茶花女》横空出世，被誉为“外国《红楼梦》”，成了市场上最好的推动力。此书在译成后，经过林纾朋友们的努力，终于赶上“小说革命”兴起，经过改版，广为流行。据说，当时发行量高达 30 万册，可见影响之深、传播之广。林纾在经过了十多年的文人生活之后，偶然间走上了文学翻译的道路。更神奇的是一个不懂外文的人成了最为人所知的“翻译家”，而且从此一发不可收拾。继此，他又译成《黑奴吁天录》，再次引起巨大反响。1902 年，严复出任京师大学堂译书局总办兼考校处总纂，精通英文且重思想学说的严复却礼聘林纾为笔述，并非因为二人是同乡关系，而是严复欲借助《茶花女》译作的盛名。于是，林纾重整行囊，再鼓余勇，踏上了京师之旅，这时他已年届五十。当林纾进入京师大学堂译书局办事，他的好朋友高梦旦也来到了商务印书馆。之前，严复把林纾和侄子严培南合译的《伊索寓言》交给了张元济。就在张元济进入编译所的当年，商务出版了林纾的第一本“林译小说”《伊索寓言》。

让严复意想不到的是，他让侄子与林纾合作的这一举动，造就了现代出版史上林译奇观的开端。从此，“林译小说”开始大规模推出。

张元济与林纾可谓惺惺相惜。张元济在进入商务之前，就对林纾翻译的小说有较高的评价①，执掌编译所之后，对“林译小说”的出版发行也起到关键的作用。凡是林纾投送的翻译小说，一律以最快的速度出版。按每千字六元的稿酬，是一般小说作品稿酬的二至三倍。林纾译书速度极快，非常人所能及。林译在《说部丛书》主体之外，支撑了商务两大期刊的发展。林纾的译作迅速并长期支撑起了《东方杂

① 1899 年四月初六日，林纾致汪康年书中说：“闻张菊生颇称吾书。此君品学皆高，恨未之见。”《汪康年师友书札》第二册，上海古籍出版社 1986 年版，第 1160 页。

志》的文学世界，继而又成为1910年创办的《小说月报》的主体。①

林译小说奇观的造就既得益于时机，也得益于林纾早年的名声及在杭州的社会活动，这些都为他大张旗鼓地从事翻译创造了先导条件。以高梦旦为首的福建人士在商务的壮大，也使“林译小说”作品在商务落地生根并兴盛十几年，成了几乎独此一家、别无分店的买卖。

林纾这个外国文学传播者与作为文化传播机构的商务几乎亲密无间的合作，创造出一道前无古人、后无来者的文化风景。这不仅使合作双方都取得了巨大收获，也使商务创造性、产业化的运作在课本广销之外又获新途。林纾就这样必然、当然地成为20世纪前二十年热闹的文化事件的主角。

应该说，张元济充分认识并挖掘了“林译小说”作品的价值。林译的推出造成一时风气的转变，尤其是对文学与时代变革的关系影响至深。西洋文学有迥异于中国文学的特质。在“林译小说”大规模推出之前，他的朋友夏曾佑、梁启超有关小说革命的理论势必给他以启迪和影响。不然，他不会认同一个不懂外文的林纾来大规模翻译文学作品。这与他选择“严译”是完全不同的，但这就是张元济——一个大出版家的卓识与胆量所创造出的文化奇迹和出版景观。

如果说严复和林纾是制造了惊人思想与文学的巨大威力武器者，那么张元济则是使用和投掷这两颗武器的人。“可怜一卷茶花女，断尽支那荡子肠。”严复此语并不是对不懂外文的同乡作品内容的吹捧，而是对其作品所发挥效力的评价。正因有如此威力，张元济运用无远

① 参见张俊才《林纾评传》“林纾翻译目录”。林纾翻译的小说，绝大部分由商务出版，或发表在商务出版的《东方杂志》和《小说月报》上。

弗届的网络和大规模印刷与投入的优势条件，将其如水银泻地一般地泼洒至中华大地与广大民众的心灵中，为社会启蒙，为大众涤荡心灵。

维新前后，深究于新学与西学的张元济用心于翻译西方文学作品，本是他的文化志趣和追求，而期间积累的资源和资讯也为他着力于译作出版创造了有利条件，所以“严译”、“林译”以及《说部丛书》系列的推出，将商务印书馆在文学译作产品线上推向了一个前所未有的规模。产品线的出版方式，虽是古代中国出版的一种常态与西方出版业的主体，但张元济却能独造胜境，他以系列产品为依托，以译介西方作品为方向，建构起了现代出版的坚实基础。由产品线而丛书化，正是商务以后发展的一个重要特征，也是商务早期稳步并迅速发展的至关重要的因素。

（三）别开生面的“伍译”

在译介西方作品领域，张元济幸运地得到严复、林纾两位译者大家的“专卖”，使商务在思想和文学领域扩张版图，但他有着更广、更远的谋略，就是编译所应该有自己的专业人才。对于这点，从他一开始就十分关注并努力着。

张元济革职南下后，道经天津，恰巧严复向张元济推荐了他最得意的弟子——伍光建，张元济自然乐求。伍光建富于学者气质，又是一位真正精通中西学的现代人物，曾在英国深造过五年，张元济趁机推举伍光建为南洋公学提调，一起共事。张元济离开南洋公学，伍光建并没有离开，但却是编译所初创期重要的外任编译者。作为朋友与知音，特别是为了共同的事业，伍光建总是能急张元济之所急，不遗余力地支持张元济。由于早期商务英文书译撰类主将谢洪赉已经离开，投身教会事业，伍光建高超而精熟的英文水平，比谢而言更是理想人选。张元济充分发挥他精熟英文的优势，委托其借鉴英文各科的课本，编译出了适合中国人学习的科学类教科书。之后，张元济还请他编写了大量的英语学习图书，包括《帝国英文读本》以及系列产品《英文范纲要》、《英文成语辞典》、《英汉双语英文习语辞典》等，以配合国内读者学习英语需要。伍光建的英文水平自然让商务以上出版物有了相当的品质。恐怕连他自己也不曾想到，所学专业虽然不能报效国家，但他对英语学习的贡献却是巨大的。商务因为拥有伍光建这样精通英文的专家编写的教材书，所以迅速抢占了英语学习读物市场，独领风骚，不期又创造出了一个全新的出版领域、一片历久弥新的市场。伍光建为此发挥的作用，自不待言。

张元济知道，伍光建的白话功力相当深厚，但到北洋政府任职后，所从事的不是学术文化上的事情，加之他感到既不通外文，又是古文撰写之路的“林译小说”并非翻译正途，因此执意让伍光建用白话译述西方文学名著，为商务开出一条新途。

大约 1907 年开始，张元济延请伍光建着手用白话翻译外国小说。很快，伍光建衔命而为，成功地用白话体翻译出了大仲马《侠隐记》(即《三个火枪手》)、《续侠隐记》(即《二十年后》，收入《说部丛书》，署名君朔)。因为伍光建的加入，张元济摆脱了依赖“林译小说”的局面，而向真正的翻译文学出版进军。继“严译”“林译”之后，希冀推出“伍译”来寻找外国文学翻译的正途。从此，译述成为他生命的主轴。中华民国建立后，蔡元培任教育总长，邀伍光建任专门司司长，同时受邀的还有蒋维乔、黄炎培和王云五。伍光建由于受到张元济的影响以及挽留，并未赴任，乐同张元济一起编书。①

伍译较之严译，“信”是共同的特征，因为他们都精通英文，“雅”“俗”是他们的分水岭。准确地讲是文、白之分，因为所译内容不同，各自才情不同。而伍译与林译区别在于重“信”，只删不改，林译自由添加，以满足他的创作欲和表现欲。遗憾的是，商务翻译出版史上始终只有“严译”和“林译”两大个人品牌，而没有产生“伍译”。“五四”之后，因白话文大行而取代“林译小说”，伍译作品方广为发行。不过，“伍译”的内涵始终是存在的。

（四）开辟创译小说

开拓者是勇敢的，有些举措甚至是神奇的。张元济对译作出版甚至包容了“创意”作品的方式，今天看来有些离奇，但当时却是一股时代潮流，也是处于发展成长的商务的探索之举。

在“小说革命”与西学受到极力推崇和引介下，社会出现广泛的强国新民的思想主张，西学与域外文学被以各种方式引进。严复、伍光建这样的精译并非当时主轴，因为当时精通英文的人屈指可数，所以产生林纾以古文意译这样的奇观。由于文学作品市场巨大，与此同时的上海出现了完全创译，甚至将故事与人物化入本土语境来启蒙大众的出版物也大量出现，而且影响颇巨，包天笑就是以这样的方式翻

① 他翻译的书绝大多数是文学作品，除最早翻译《侠隐记》、《续侠隐记》外，1928 年，商务开始出版“世界文学名著”丛书，由伍光建所翻译的作品作为主干，收入他的译作十余种。

译域外小说并登上当时文坛，其所译《迦因小传》在当时已和《茶花女》齐名，包天笑随之开始声名鹊起。之后，他的意译作品为商务所出版并创意性地冠以“教育小说”而红极一时，与“林译小说”在市场同样旺销。

《迦因小传》的原作者是英国的哈葛德，在英国文学史上并未受到特别关注。包天笑与杨紫麟合译了原作的半部，在《励学译编》上连载，不期引起了巨大反响。该书于 1901 年由文明书局出版，第二年，梁启超正式提出小说“为文学之最上乘”，这部有点像《巴黎茶花女遗事》的小说得风气之先，受到读者的广泛青睐。

看到半部《迦因小传》的巨大社会效应，林纾也技痒难支，将该小说全本以古文体重新翻译，将自己的译本定名为《足本迦茵小传》，[①]1905 年发行。神奇的现象就出现在这个特殊的时代，只有半部内容的包译本《迦因小传》和大名鼎鼎的林译《足本迦茵小传》，同样广为流传，红遍天下，包天笑的创译小说得以与林译小说分享盛名。

包天笑之所以与商务发生联结，是因为张元济对包天笑并不陌生。1903 年，在张元济出版严译系列译著时，包天笑主持金粟斋译书处，所从事的工作就是出版严复所译《穆勒名学》、《社会通诠》、《群学肄言》等，这些书由商务印刷，也算是有缘（诸书版权后来均归商务）。1909 年，张元济最终达成与包天笑的合作，以千字三元的高价请包天笑为《教育杂志》写教育小说。包天笑不负重托，很快便相继

① 为了区别于包译本，林纾特意在自己的译本中，将女主人公名字的“因”字之上加了草字头，以示完整。

拿出了他那独特的“译”“创”结合的系列作品：《馨儿就学记》[①]、《埋石弃石记》[②]、《苦儿流浪记》[③]，史称教育小说三书，后均出版单行本。其后又相继推出《孤雏感遇记》、《清灯回味录》、《双雏泪》并发表在《教育杂志》。由包天笑创译、商务定名的新概念“教育小说”在当时产生了重大影响，“天笑所为长篇小说，以教育小说为最。”[④]

包天笑创译的教育小说，是通过小说这一形式，将传统道德文化与新型价值观念等问题的种种纠葛，用文学手段表现出来。他抓住国人既热衷西方概念，又喜欢本土表达方式的特点，以“厨子做菜，要博个新鲜”[⑤]为翻译策略，“借他人之酒杯，浇自己之块垒”，不仅将原作归入中国语境中，且声情并茂，极富文学色彩，自然大受欢迎，不胫而走。

作为近代中国继严复、林纾等少数人之后较早从事文学翻译的知识分子，尽管包天笑远没有严、林二人的翻译成就和声誉，但在这场社会文化及文学启蒙运动中，他却以林纾之外无人可以匹敌的译作数量，对介绍和译作外国文学作品起到了同样重要的作用。

作为出版家，张元济深知社会大众需求是多元的，但当时能真正译好的翻译家少之又少，所以，他聘用他所熟悉、了解的杰出人士，让他们用自己的特长和风格从事翻译事业，这也体现了他出版自主、自由的现代出版精神。从“严译”“林译”“伍译”到包天笑创译结合

---

① 《教育杂志》第 3 年第 1 期—13 期连载，1912 年出版单行本。

② 《教育杂志》第 3 年第 1 期至第 3 年第 12 期，1912 年出版单行本。

③ 《教育杂志》第 4 年第 4 期至第 6 年第 12 期，1915 年出版单行本。

④ 芮和师、范博群等编：《鸳鸯蝴蝶派文学资料》，知识产权出版社 2010 年版，第 163 页。

⑤ 包天笑：《钏影楼回忆录》，中国大百科全书出版社 2009 年版，第 241 页。

的“教育小说”系列，不仅形成了商务引进西方作品、传播新知、多元化表达新观念的巨大产品群，而且产生了震撼社会的译作品牌，在20世纪初叶发出异彩的光芒，对文化建设、社会进步的作用非凡，对商务的飞跃更是程功难述。

文化与出版就是这样交织在一起，一方面，文化潮流的递演给出版带来发展的机运；另一方面，出版的呼应进一步加大文化发展的势头，并促进文化在原有基础上实现质的更新。

必须回到历史的环境，才能真切认识到张元济的出版探索意义非凡。因为20世纪初叶，中国仍处于“天朝上国”，人们对七大洲、四大洋的认识还只是遥远的乐土，有限的产品大多只在上海等通商城市流传。而东西方累计了千年的思想、学说、文学生活作品，得商务网络之便，大规模地呈现在人们面前，让哪怕是僻居山野之人也得以窥东西思想之堂奥，享神奇梦幻之世界，社会当然为之一惊。这些东西方作品，经过商务编译所这些学养丰富的编译者加工，作品品质必然超乎当时之作，与本土原有的充斥忠君、敬神、拜鬼、侠情之作相比，自然耳目一新，因而，商务新作的出现大大荡涤了社会的低俗之风。这便是张元济出版的文化良知与社会引导力！

六、文化商务的奠基

教育救国是张元济这一代维新知识分子的一种新使命。在进入20世纪以后，办报、办刊、办出版，成为一种新的社会文化思潮和他们的自觉文化选择。出版成为新的职业选择以至心灵之寄托，也是早期启蒙者自身觉醒并进而唤起民智、开启世界的标志。

作为曾经的弄潮儿，张元济不可能完全放弃对社会变革的探索，只不过他不再直接以言为心声的方式来表述，而是选择用报刊、言论、译介西学等新的工具来促进社会变革之路。

张元济曾以无限的热情和大量的精力追随汪康年办报，并十分认同其以舆情和言论来通达上下、改变社会的道路选择，但张元济看到，一些报刊的政治属性和社会关怀太过于明显，无法真正达到自强与发展之目标，甚至于引发社会的纷争和混乱，他从汪、梁之争中深切感受到了这一点。而且早年的报刊并非真正类同于国外舆论工具那样是维新、变法改革的策论，这更是张元济所不愿看到的空言高论。

他在加盟商务印书馆初期，认识到期刊这一新兴文化载体在传播思想、观念、知识方面的独特作用，参与创办了一系列报刊。他通过《绣像小说》、《说部丛书》的出版，发现期刊比图书更快捷，更有规律性，而且期刊与图书可成为相辅相成的两个产品板块。1904 年，也就是他到商务印书馆的第三个年头，他学习西方出版方式，创办自己的杂志，正式涉足期刊领域，于是《东方杂志》诞生了。①

（一）《东方杂志》与期刊产业

《东方杂志》办刊宗旨宣称："本杂志略仿日本《太阳报》英美两国而费利 Review of Reviews 之体裁。除本社撰译论说，广辑新闻外，

---

① 开始拟名"东亚杂志"，因德国驻上海领事馆德文刊物名叫"东亚杂志"，于是定名为《东方杂志》。

并选录各种官民日报，旬报，七日报，双日报，每日报名论要件。”创刊号上，标举的宗旨是：“启导国民，联络东亚。”[①]这是带有鲜明的启蒙主义色彩和立足东方的办刊立场。鲜明的思想观念与坚定的办刊立场，从一开始就决定了《东方杂志》记录中国社会并走入历史的必然性。

《东方杂志》的创办既是张元济出版理念的体现，也是时代与环境的产物。用期刊表达是观察时局和关注社会的重要手段。《东方杂志》创办之时，正逢日俄战争爆发。日、俄两国居然在受害国的土地上进行战争，争夺控制权，其结果关系到中国东北的命运，这使中国人民更为关注战事的发展。《东方杂志》自然抓住这一社会舆情和重大事件，用心用力。在创刊后的一年时间里，详细报道了日俄战争的全过程。《东方杂志》创办出发点也是配合国内正兴起的立宪运动。积极投入此运动的张元济，就是要建立宣传自己观点和思想主张的阵地，启导民众，建立领袖舆论的权威地位。因此该刊自创办之始，即为立宪摇旗呐喊，俨然梁启超《新民丛报》的副本。这与张元济的维新主张是一致的。

《东方杂志》在立宪运动前后近十年的时间，是当时国内最重视宣传宪政思想的阵地，主编孟森正是追随张謇、郑孝胥主张立宪才加盟《东方杂志》的。首个立宪专刊就是1906年由孟森主持的，思想性成为其显著特性。由于商务核心群体都以极大的热忱投身立宪运动，行动上多采取一致而为。1907年，急于改革的清政府曾多次下电令，急调张元济赴京就职，张均作坚辞，仍与同志者继续携手在上

① 《新出东方杂志简要章程》。

海开展宪政运动。

《东方杂志》从一开始就定位于资讯和新知识的提供，它呈献给读者的是综合性文化产品。张元济是在采用一种有节奏的方式向社会大众，尤其是知识分子或士绅群体提供一种“文化眼”。资讯的集纳只是一个方面，该刊还重视新知新学的承载，编译文学、科学类是其主体内容，有关宪政民主科学观点和思想的传导则是其成长之后的努力。

《东方杂志》的创办及前十年的发展，标志着张元济的文化张力向着广泛、多层面的领域进发，他既始终孕育着思想的观点，更抓住时代的特点，尤其发挥正在不断改变探索和改革的知识阶层的作用。这期间，有几个板块的内容尤其具有历史意义，其中对传统与广义的文学反映和推动最为着力。

《东方杂志》出版的前四年多时间里，小说占据核心的版面，形成与《说部丛书》、《林译小说》互动的局面，其后逐步扩展到广义的文学领域，从1908年第7期起，增加了“文苑”栏，文言的诗文也开始走进《东方杂志》的文学版面，之后在“诗选”“海内诗录”以及“文苑”等栏目的助推下，《东方杂志》的文学世界开始逐渐丰富起来，形成了诗词、散文、小说、剧本等文学种类齐全的格局。这一办刊特色一直坚持到新文化运动期间。

翻译小说与古体诗文并载，使《东方杂志》成为中西文学荟粹的园地。翻译小说自不用说，商务已全面开发，而文言类传统诗词的大量刊发，既是对传统文统的赓续，也是商务内部资源人才及其价值观的掘发。因为就在商务内部及周围，与当时文坛最为兴盛的“宋诗派”有着最为密切和广泛的联结，《东方杂志》自然也就成为宋诗派的主要发表阵地之一。[①] 这期间也是宋诗派影响最显著的时期，共发表了1700 余首诗作。

这个群体的核心人物就在商务或是与商务有关联者，如郑孝胥长期担任商务印书馆董事、董事长；李宣龚则是宋诗派内承前启后式的人物，既深受老辈诗人青睐，又深孚年轻诗人期望，他热心奖掖后学，对宋诗派的广泛传播起到了不可替代的作用。

《东方杂志》能够成为宋诗派的大本营，并让古典诗歌创作者发出最后的幽光，张元济提供的文化平台与空间起到了巨大的作用。趋新是其必然，但作为以产品品种、类型面广取胜的出版机构，对旧文学的眷顾也是一种必然，何况这些作者本身具有很高的学养乃至很深的文化情怀。

当时知识分子并没有如同现在的学科分别，都在综合性的基础上表现出自己的特长与兴趣，所以作为这个群体的平台，其内容就显然庞杂而多元。同时综合性更是其特征，立足于东方及各个领域亦是其格局，所以《东方杂志》在坚守其广博、综合和独特的个性后形成了一种自己的文化品格，并在随后不断调适中树立起大刊、名刊的地位，最终成为一个影响力巨大的文化符号，当然也是商务的一个文化品牌，并引领着商务的期刊阵营。

《东方杂志》的壮大与发展直接得益于张元济的办刊方式。他充分发挥主编的自主性，尤其是文化特性，即以人领刊，通过核心人物去整合社会资源，也支持主编个性发挥。从他委任的主编徐珂、孟森到杜亚泉无一不是如此，尤其是杜亚泉。

---

① 宋诗派是指清末民国初宋诗人群体，主要代表人物有陈三立、郑孝胥、沈曾植、陈衍、陈宝琛等。传统上将这一群体界定为“同光体诗人”。

《东方杂志》在历经徐珂、孟森两位学者之后，到杜亚泉手上才真正成为现代形态的杂志，并大放异彩，从自编、自撰、迻译、稗贩，同人阵地突变为社会公共空间和舞台。

1910年，杜亚泉提出："扩充篇幅，增加图版，广征名家之撰述，博采东西之论著，萃世界政学文学之精华，为国民研究讨论之资料。借以鼓吹东亚大陆之文明。"所议已高出创刊时不止一层，张元济即命杜亚泉担任《东方杂志》主编，以期提升杂志内涵与品位。果然，杜亚泉不负所托，任职伊始，便对《东方杂志》进行了大力的改革，使刊物的宗旨发生了变化，由最初的"启导国民"转为"鼓吹东亚大陆之文明"，从形式、风格、面貌完全改变。这次改版后，《东方杂志》着重刊载自撰或征集的论文及译文，名家学者也纷纷来稿，如严复、梁启超、章太炎等均不断有文章刊布其间。杂志的影响迅速扩大，出现了前所未有的辉煌。《东方杂志》这个时候才真正办成现代意义上的期刊，并确定了以思想、文化和科学启蒙为主导的办刊方针，当然也有了新闻传播性。杂志一面努力介绍西方科学成果，一面宣传自然科学精神和思想，还在杂志上增加"科学杂俎"等栏目，及时传播西方科学知识，这些都归功于科学爱好者杜亚泉。

《东方杂志》1910年起，每期印数可达15000份，销路为全国之冠。后来最多达50000册。在20世纪上半叶，知识阶层人数总量还是十分稀少的时代，这个发行数字是一个巨大的奇观和备受瞩目的成就。

曾在《东方杂志》担任编辑工作的胡愈之评价杜亚泉的工作说：

"先生主编《东方》后，改为大本，增加插图，并从东西文杂志报章，撷取材料。凡世界最新政治、经济、社会变象，学术思想潮流，无不在《东方》译述介绍。而对于国际时事，论述更力求详备。《东方杂志》后来对于国际问题的介绍分析，有相当的贡献，大半出于先生创建之功。”① 杜亚泉对《东方杂志》革新发展起到了关键性作用，从而使其成为中国思想文化界最受关注的阵地。正是其综合性与资料性使《东方杂志》在市场上脱颖而出，成为商务的又一品牌和后来期刊阵营的领头羊，最终造就出近代第一名刊的文化龙头。

在《东方杂志》这个阵地上，先后涌现了一大批卓越的文化名人，前期主编无一不是张元济的朋友，如《东方杂志》创刊后的首任主编徐珂就是他的朋友，徐的传世巨著《清稗类钞》就是杂纂类巨著，完全属于《东方杂志》的杂俎类的放大，也可以说是供《东方杂志》采择的武库。今日读《清稗类抄》，一般人很少关注编者徐珂，印象中他也是清末旧学者。其实他不仅是张元济的挚友，而且一生寄存于商务印书馆编译所。继之者孟森、杜亚泉、钱智修诸人都可以说是该刊的功臣。进入王云五时代，则为胡愈之、李圣五等。他们各自的办刊风格成就了不同时期的《东方杂志》，也正是不同的风格与时代的结合，使《东方杂志》坚持了 44 年。《东方杂志》是新中国成立前持续时间最长的刊物，一度发行量居全国之冠，同时影响巨大，成为国内最有影响力的文化阵地和主流传媒。

《东方杂志》的创办，从思想的反映、文学的推广和知识的介绍出发，最终留给读者及后人的是历史的记录，其思想性并不见强，而其文化力则大大发挥。这正是张元济他们在出版道路上越来越淡然于社会思潮，而更倾心于为社会服务的选择与担当。

① 《商务印书馆九十五年》，商务印书馆 1992 年版，第 65 页。

（二）《教育世界》与《小说月报》

在《东方杂志》作为综合的文化思想类刊物走上正途以后，张元济开始布局期刊产业，一个接着一个地创办新刊，重点是专门化的新刊。他用近十年的时间构建了商务的期刊阵营：1909 年 2 月创办《教育杂志》，1910 年创办《小说月报》，1915 年创办《妇女杂志》，这些与《东方杂志》被现代出版史称为商务印书馆四大名刊，是商务印书馆期刊板块的核心。相继推出的还有一系列更专业和多层的期刊，总计达十多种，但影响力和办刊最久的是经他手创办的这四种。

（1）

众所周知，张元济以教育图书立足，践行的是教育救国之路，但现代教育的兴起和迅猛发展，面临着诸多全新的问题需要解决。20 世纪初，我国现代教育学尚处于起步阶段，最早有《教育世界》、《直隶教育官报》等杂志译介海外教育理论。随着国内办新学的风气日隆，在教科书走向成熟之时，创办一份体现国人探索、交流教育学的专业杂志乃是迫切需求，张元济迟早必会担负起这份责任。

就在这个时期，一个因躲避革命风波而来到上海的年轻人，在上海落脚不久，得机向张元济建议，在新式学堂蔚然涌现，国内兴办新学、传播新知之风气大盛背景下，商务印书馆应充分满足新式教育的需求、教育改革的需求，利用教科书的出版优势，打造一个国人学习教育理论、探讨教育实践、传播教育思想的平台，同时达到推广各类教科书之目的。最好的办法是创办一本与教科书产业相配套的《教育杂志》，引领日益变化发展的新教育。对此商务不仅有责任，也有最大的资源和条件，而且能掌控教育的话语权。

对此，张元济喜出望外，夫复何求？对这个年轻人的建议不仅完全接受，而且立刻委任他创办并出任主编。这个年轻人就是陆费逵，时年 24 岁。

陆费逵当然欣然应命，放弃文明书局的杂务，投身商务并迅速进入角色。1909 年 2 月，由他主编的《教育杂志》得以面世，确立“研究教育，改良学务”的办刊宗旨，以全方位的角度设计刊物，刊物门类有：图画、主张、社说、学术、教授管理、教授资料、史传、教育人物、教育法令、章程文牍、记事、调查、评论、文艺、谈话、杂纂、质疑答问、介绍批评、名家著述、附录等，达 20 个之多。

《教育杂志》的开局就有声有色，但凡教育所涉及的领域无不切入其中，新知新学乃其显著特征。陆费逵是一个富于思想创造、教育理想又具行动力的人。在高梦旦建议下，馆方很快又让其兼领出版部事务，陆费逵不辞辛劳，珍惜这个平台，不负张、高所托，在繁忙的工作之余，大量撰写文章，不断发表他对教育的思考与看法。他有关教育的诸多宏论，对当时的教育界来说不只是一股清风，更是一种指引。办刊初期以西方教育思想与各国教育制度为杂志主干内容，不讲空洞的理论，注重理论与实践的具体结合，对教育事业的发展起到重大影响①。其读者“中学或师范学校的老师为多”。《教育杂志》迅速走红，为商务教育类产品搭建起了另一综合交流的新平台。商务本身在教育与出版领域的龙头地位，加之张元济素以教育救国为要务，使得

---

① 1912 年，陆费逵创立中华书局后，由朱元善主持；杂志形制上仍相沿不改，但注重从别国杂志中吸取精要，凡朱元善选编并交樊炳清等编译所同人编译者，以“天民”在杂志社发表。

《教育杂志》始终是商务的核心。《教育杂志》直到 1941 年 12 月停刊，共出 30 卷。

（2）

清末民初，各种社会思想文化潮流涌现，大都此消彼长，涨退周期甚促。清末“小说界革命”的浪潮也不例外，窜红一时，迅速消退，以前因潮流而创办并名噪一时的小说刊物，大都随着潮落而偃旗息鼓，盛极一时的四大小说刊物陆续停刊，小说革命画上了休止符。

张元济本身不是追赶潮流的人，却是有着深刻洞察力之士，就在此时，他逆势而上，出人意料地于 1910 年 7 月推出《小说月报》，因为他知道，文学始终是大众出版物市场的重要领域，商务要在非教育图书领域拓展，非在文学类产品上做文章不可，这便是他在热潮退后花大力气创办《小说月报》的原因。当然，《说部丛书》、《林译小说》的旺销也促使他在文学产品供给上可以更多元化，而以期刊固化读者，是最好的选择。

《小说月报》创刊由王蕴章主编，每月一册，设立的栏目有：图画、长篇小说、短篇小说、译丛、笔记、文苑、新智识、改良新剧等，题材丰富，内容多样。《小说月报》是在原来《绣像小说》、《说部丛书》、《林译小说》读者基础上诞生成长的。由于拥有大量的作者、译者资源，所以《小说月报》迅速成为小说期刊领域龙头。尤能体现张元济及主编们的文化品位与追求的是，把此刊当成文学精品来办，如当时的小说杂志重视美术设计，与同类小说刊物不同的是同类小说常常用美女来作封面，《小说月报》的封面和插图则以花鸟山水图画为主，朴素庄重，格调高雅，而且用铜版纸，在刊物品质上也迥出同类。

商务从一开始就十分重视产品的新颖，也可以说是艺术化表达，所以它在推出第一种小说时就是用“绣像”的方式，这既是古代小说传统的延续，也得益于技术的进步。《绣像小说》每期均有原创性的配图，当然是从商业上考量，但他此举无疑为读者增添了阅读趣味，当然也扩大了市场，更因为名家主持而成为名刊。正是这些多元的文化要素造就了《绣像小说》市场与品牌效果。李伯元与张元济的合作，标志着职业小说与现代出版产业之合作，并由此形成了一股巨大的潮流，也引发了大规模出版的现象。

《小说月报》的迅速成长也离不开张元济对人才的挖掘和使用，在《小说月报》创办三年后，大约是1912年，张元济结识了恽铁樵，十分赏识其古文与翻译才能，便将他延聘接任主编一职。恽铁樵虽非文学名家，但他的突出特点是发现人才，被后人誉为小说界的“伯乐”，鲁迅、张恨水、程小青都曾得到他的提携，这与张元济重视人才同气相求，张元济应该称得上是“伯乐”的“伯乐”。

恽铁樵后来改行行医了，成为上海滩悬壶名家，他从医心改为救人，也是近代佳话。

从《东方杂志》、《教育杂志》再到《小说月报》，张元济所主导创办的三大重要刊物各有鲜明的办刊宗旨，但从形式上讲都是译、撰并存，文、白共生，内、外文稿同用，而且各大期刊中有些领域是共有的，如《东方杂志》中既有教育，也有文学，同时又与单行本出版相结合，再如《小说月报》与翻译小说。

文学从来就是大众的必需品，而文学中的小说又都成为市民生活中的主体，张元济所率领的编译部门对此也是全力以赴，而文学领域中诸多人才又在社会上，所以早期编译所中真正纯文学人才不多。尽管从科场走出来的同道皆有极深的文学素养，但都不是社会上以虚构题材为职业的文学家，所以张元济采用的是合作制，而主体还是利用编译所力量为期刊供稿。

商务推出了《绣像小说》、《说部丛书》，其后《东方杂志》与《教育杂志》也刊载小说，后来又推出《小说月报》，小说出版构成了商务的新业务方向，与一路高歌猛奏的教科书几乎并行不悖而大有斩获。可以说，张元济加盟商务之后十年的光景，除了教科书外，另一利润源是小说。期间，商务出版的创作小说、翻译小说则以百计，林纾正是在这个时期切入到小说翻译领域并成功地为世人打开了一扇窗户。

期刊作为张元济在教科书之外的另一个重要业务板块，在上海这个大都会，舆论信息和它的交通网络一样发达。当时全国大多数报纸期刊都集中于此，这里是中国新闻业和出版业的发源地。在出版方面最好的选择应是办杂志，而办杂志中又应以小说杂志最为理想。

由于近代城市化的出现，市民阶层的诞生，小说带有很明显的消遣功能，把小说的历史使命和其通俗性、功利价值结合起来考虑，加以同样的重视，具有新观念。小说的内容天地扩大了，再加上域外文学的影响、出版印刷业的发达以及商业化倾向的增强，各种题材类型的小说，特别是翻译小说颇为走红。在清末民初 20 年的小说热潮中，小说作品的出版达到了前所未有的地步。

继《小说月报》之后，1911 年，张元济联合法学界人士及留日学生 24 人，在创办《法政杂志》的基础上，继续助力宪政宣传，为社会谋幸福，以普通政治知识灌输国民，大力宣传君主立宪，重点译述西方法政文章。

清末最后三年，张元济连续创办《教育杂志》(1909 年)、《小说月报》(1910 年)、《少年杂志》(1911 年)、《法政杂志》(1911 年)，这是第一高峰。之后又相继创办了《学生杂志》(1914 年)、《妇女杂志》(1915 年)、《英文杂志》(1915 年)、《英语周刊》(1915 年)等，此为第二个高峰。

商务元老之一庄俞在《三十五年来之商务印书馆》里颇为自豪地写道："定期杂志之属，为阅读界至佳至要之刊物，本馆发行多种。为提高本国学术地位，增进国民知识程度之助，讨论时政，阐明学术者则有《东方杂志》，研究教育以促进步者则有《教育杂志》，谋国内学生界交换知识，互通声气者则有《少年杂志》、《儿童世界》及《儿童画报》等，讨论妇女问题者则有《妇女杂志》，无不内容丰富，材料新颖，见称于读者。"①

(3)

办报，是当年的维新志士的一项志业。维新志士们以媒体为平台，以言论为武器，去推动社会的变革，其中《时务报》风靡一时，影响深远。张元济也参与创办了一系列报刊，除直接入股汪康年、汪诒年的报纸外，参与发起的报纸有《外交报》，其办报风格、内容，与《时务报》不分伯仲。

汪康年作为早期的立言者，虽与西方和中国以后的报业不一样，但也是那个时代中国报业的必然之路。张元济虽也曾创办参与新型

① 《商务印书馆九十五年》，商务印书馆 1992 年版，第 736 页。

报纸，但他稳步探索，并学习借鉴西方的方式。在创办《东方杂志》后，商务又入股《中外日报》，加上新创办的《东方杂志》和张元济自己投入的《外交报》，实际形成了一个时效不同的报刊群体，两报一刊互动，并大力宣传商务新书，尤其是在《中外日报》日销万份的情况下，这对刚刚获得日方资本的商务来说，是一笔投入少且见效快的买卖，而这对汪康年兄弟捉襟见肘的经营是雪中送炭。国文教科书编成的首次广告就出现在《中外日报》上，而且产品发行上也互为掎角。

应该说，因为张元济与汪康年的私谊促成了拥有巨额资本的商务与《中外日报》的合资与合作（三万股本），而商务的股东权益则在《中外日报》的影响作用下，取得了巨大的效益。虽然分红上的不理想导致张、汪两人这场四年之久的合作未以双赢结束，但这场合作却显现出了张元济在拓展事业上的成功。

张元济思想沉稳、作风稳健、中西学皆精，汪康年没有高深的学问和系统的知识，但富于创造。他们寻求社会变革、民众进步的目标是极为相近的。

张元济在入股四年后，汪康年回到上海，借款将商务所持股权收回，让张元济不胜其叹。然而更不幸的是四个月后，《中外时报》被收归国有，汪完全失去了这个付出巨大的心血，而且影响最大的平台，时在 1908 年 8 月。

革命者与维新者最大的不同，一是谋求制度上的建设，一是谋求从文化教育上解决社会问题。两种不同的选择成了中国近现代先驱者不同的道路。张元济一生坚持维新与变革的道路，就是希望通过文化教育解决社会发展与进步的道路。

商务印书馆的系列杂志，后来随着时代的发展，成为重要的产业门类。这让商务印书馆不仅进入早期期刊业，且在发挥舆论作用和知识传播的同时，取得了期刊业经营上的良好收益。这也是汪康年作为探索者的遗憾——他始终没有在报业经营上获得较好的收益。

期刊作为出版的特殊形态，是比书籍更灵活、更快速传递思想观念和知识的载体，在现代出版大门刚刚开启的中国是十分有意义的。因此，张元济抓住这种产业形态，从一个新的层次实施其传播新知的手段，连续不断地创办各类期刊。期刊使商务具有了扩张文化内涵的功能，它与图书形成不同的产品层次和多元的文化供给，从而建构了商务文化产品的立体化体系。全新的产品与多元的内容构成了商务印书馆庞大产业的基本规模和利益源泉。正因为有此雄厚的基础，又能谋求伟大的文化建设和系统的西方学术传入，商务关注到了时代文化建设所需的方方面面。因而，当时风起云涌的各种出版机构往往仅以一个点子或依托某个人的能力，并把出版作为利益场的做法，与商务印书馆相比是不可同日而语的。

除挺进新小说出版，张元济对传统资源的挖掘也很重视。1914年，吴曾祺编印的《旧小说》也是这个时期的作品，同样是皇皇巨著，《旧小说》与《涵芬楼文丛》一样成为重要的配套产品。这就是张元济主导编译所产品研发的策略——将这一领域的产品进行立体化、全方位的规划与市场化。

（三）现代辞书编纂

2015年的岁末，商务印书馆隆重举办了《辞源》（第三版）发布会，也是纪念《辞源》出版100周年。

一个产品在100年之中不断延续新生，第三版1200万字的规模，已是当年初版的三倍，在中国文化史上堪称奇迹。

今日的商务印书馆，文化界和出版界称之为“辞书王国”，而这个王国的缔造者非张元济莫属！这也是张元济主导的编译所留下的宝贵遗产，更是他对于出版向现代转型的重要一环。而这项工作的发轫与确立，与商务的创业与早期发展有关，更与张元济的出版追求有关。

商务印书馆涉足辞书出版，在张元济加盟之前已经试水，也得到张元济大力支持。创业者夏瑞芳等人以印刷起家，也有一定的产品生产能力，尤其是在他们的周围，以教缘的关系，与英语接触尤多，所以主要以英语学习产品进入出版领域，《华英初阶》就是其第一个产品。作为编者的谢洪赉本身是其亲戚，又通英文，自然也认识到英语学习离不开字典，因此早期也有《华英字典》、《字典集成》、《英汉辞林》之纂。创业者是艰难的，出版辞书尤其是外语学习字典，在当时社会刚刚起步学习英文阶段，是一件十分艰难而勇敢的事。作为一个有信仰和胆略之人，夏瑞芳做到了，但也仅仅是做到了而已。

在南洋公学译书院时期，张元济已关注辞书的编纂，曾经建议严复从事英汉辞书的编纂。张元济和夏瑞芳因出版而熟稔后，就是他建议夏瑞芳修订和增补邝其照的《字典集成》为《商务印书馆华英字典》，并帮助夏瑞芳为《华英字典》向严复索要序言，同时向自己的上司盛宣怀索要题签。这部书全称《商务印书馆华英字典》（Commercial press English and Chinese Dictionary），于1899年11月出版，不仅是商务出版的第一本字典，也是中国大陆第一本英语字典，收词达四万多。

在洋务运动和维新变法的推动下，西方的意识形态和价值观随着新的科学技术传入中国。由于当时“各省华英学塾风气渐开，但学者虽有诸书参考，类多词不达意，头绪纷纭。唯字典一书实群书之总汇，在初学、已学者均不可少”。[①] 因此，商务推出的《华英字典》大有市场，当时销量很大。正是靠着《华英字典》和《华英初阶》、《华英进阶》之类的英文学习书，商务的营业开始“有驾同业而过之势”。[②] 第二年，商务又推出了我国第一部双解英汉辞书《华英音韵字典集成》，由转译西方作品而成。

张元济亲自着手辞书工作，始于入馆后第四年，发轫之作是《英华大辞典》。1906 年，张元济聘请曾经留学美国的青年才俊颜惠庆加盟，颜惠庆为商务贡献了一部《英华大辞典》，此书 1908 年出版。这是第一本由中国人自己编成的大型英汉辞书，全书收词达 12 万条，附图 1000 幅，有 3000 页之巨。这部作品不仅开创了中国人自己编英文辞书的先例，也树立了商务辞书出版龙头地位，继此而无人挑战，一直至今，已达百年之久。

1905 年，回国三年并担任上海约翰大学教授的颜惠庆，时常光顾商务发行所，张元济在柜台上认识他后，就急于延聘至馆，颜惠庆虽表示希望继续从事教学，但为张元济所感，同意为馆编词典。张元济求才孔急，迅速登门拜访，并以《英华大辞典》一书相托。颜惠庆欣喜应承，并迅速组织同人合力承担，抓紧赶工，拼力而为，

---

① 汪家熔：《商务印书馆史及其他——汪家熔出版史研究文集》，中国书籍出版社 1998 年版，第 316 页。

② 高翰卿：《本馆创业史》，《商务印书馆九十五年》，商务印书馆 1992 年版，第 5 页。

最终于1908年3月正式出版，书前有严复序，显然是张元济之介。上海约翰书院院长F.L.Hanks Patte也为之作序，并特别说："中国所有有志于新学的学人都将感谢商务印书馆，因为它开创了一项崭新的事业，也将感谢颜博士，因为他成功地完成了这一事业"。[①] 没有张元济对人才的孜孜以求，以及项目创新的吸引力，是不可能产生的。

真正标志着张元济对辞书出版的成就与创造的是从1906年着手编纂《辞源》开始。清末时期，译作报刊中的新名词新概念大量出现，人不知所言为何语；新式学校发展起来后，外来的新词大量增加，过去可资利用的《康熙字典》已不适应这个大变革新时代的要求和新学校的需要，因此编一部新型的国文辞书以解决这些问题，就成为当务之急。张元济正是看准了这个变化与需求，他十分认同编译所同人陆尔奎"国无辞书，无文化之可言也"[②] 的宏论，开始建构现代辞书伟业。1908年在国文部、理化部、英文部之外专门成立了一个辞书部，聘请陆尔奎担任部长，准备编纂一部大型汉语字典——《辞源》，以代替流传了200多年的《康熙字典》。

陆尔奎早年精通国学，擅长文字学，曾受聘于北洋学堂。当时新建立的学校纷纷招请陆尔奎执教，他有感于"一国字书，必无二百年增修之理"，[③] 毅然决然地"辞征辟，挈全家居上海，编辑字典"。以硕学通识的张元济，深知编一部超越《康熙字典》的现代辞书，不仅是一项诱惑，更是一种挑战，张果决地组建辞书部，让陆尔奎主持。

① 《英华大辞典》序。

② 《新字典例言》。

③ 《新字典例言》。

1908年，一项前所未有的大工程上马。这个大胆决定，让陆尔奎付出了一生。

新纂辞书，实际上也是张元济的一种文化发展的自信，更是新旧变革文化标准的重建。《辞源》工程作为商务印书馆汉语类辞书的发轫并取得重大成功，最核心的一条，是因为张元济和他的同事们首先树立起了最高的学术标准和便利于文化的最高宗旨，而且不吝时间和经费的投入。用现代时髦的话说，就是"工匠精神"。仅以《辞源》为例，编纂时间长达八年，从1908年正式动工，到1915年正编告成。编者从几个人逐渐增加到50多人。资金投入则达数万，几近商务印书馆一年营收的三分之一。在这个旷日持久的过程中，张元济、高梦旦作为编译所的核心人物，无一日不劳心费力于其中，一字一句一画，无不严思周虑，由文化名家而成"文化工匠"，亘古未有。正是因为有这种精益求精的文化精品意识，最终锤炼出一个穿越百年，而且至今常出常新的文化品牌。

辞书的编纂在我国文化史上有着2000年的传统，历史上产生了相当数量的字典、辞书，类型各异，正反映了传统文化的广博内容。但综观这些遗籍，陈陈相因等居多，床上架床亦复不少，内容趋同而变化较少。以检字方式为例，从《说文解字》到《康熙字典》，以古为法，以旧为规，古貌古肠，竟以为尚，所变者或只有部类省并及内容繁简而已。而辞书内容所关注者尤千百年以上，罕及近代及当下的知识、概念及学说。

《辞源》编纂者们本身都是旧学精深之士，熟谙旧字书、类书、韵书的优点与缺点，他们又具有现代意识与精湛学问，所以他们在此基础上编纂现代辞书，自然能熔古今于一炉，荟中外之所长，取优汰劣，尤其兼取国外辞书的检索体例长处。1912 年，作为《辞源》的副产品或现代字典的前奏的《新字典》出版了，它不仅是《辞源》的雏形，首次展现了现代辞书的精魂，而且一变千年字典之貌，从释义、体例到配图，完全按现代人所乐见的形式编纂。

就在《辞源》基本编妥之时，时局发生了变化，中华民国成立了，张元济、高梦旦诸人也适时应变。《新字典》甫一出版，深受知识界的欢迎，成为商务印书馆一个品牌工具书。

蔡元培曾评价《新字典》说：

> 近世我国所习用者，有《康熙字典》，其书行世已二百余年，未加增改，不特科学界新出之字，概未收入，即市井通用者，亦间或不具。其释义则直录古代字书，而不必适周于世用，讵合乎学理。且往昔文字之用，每喜沿袭成语，而正名百物，初不求其甚解，故全书不附一图。是皆其缺点之最大者。商务印书馆诸君有鉴于此，爰有《新字典》之编辑，五年而书成，适为中华民国成立之岁。于是重加订正，以求适用于民国……于吾前举《康熙字典》诸缺点，既皆矫正……于民国成立之始，得此适用之《新字典》，其于国民之语言及思想，不无革新之影响。①

它的面世，奠定了辞书字典现代化的基础。此书问世，风行宇内，也振奋了陆尔奎等人。正逢中华民国成立，今日回顾，堪称现代辞书元年。这本书的编纂者署名就是后来《辞源》的队伍，张元济以

① 《新字典》序。

他一贯的风格，让主事者居首，自己则居其中。从此，人们也知道了中国有了自己的辞书编纂专家——陆尔奎。

《新字典》推出之后，他们继续精益求精，以求至善，又历三年，方才定稿，即 1915 年，《辞源》始得问世，在辞书编纂史上，它是真正具有现代意义的第一部大型中文辞书。全书收词目 98994 条，其中单字 11204 条，复词 87790 条，共约 680 万字。《新字典》也同步出版了增订本。

《辞源》在体例上集多种体例于一身：以单字头开头，下分音读，字下统词，然后出释义，佐以书证，尤详出处，检字方式上按传统的部首，继承《康熙字典》214 部分法。它在形式上确是效法西方辞书便捷使用的形式，但在内容上却立足中国本土、以弘扬中国传统文化为宗旨。它收录的全部是中国经、史、子、集等典籍中实际用过的词语，用全新而又明白的语言解释这些词语在文献语境和思想建构中具有的本来意义。

《辞源》在千锤百炼之后，于 1915 年正式出版，陆尔奎诸辈仍不满足，续事不辍，1921 年，推出《续编》。“一则注重古言。一则广收新名。正书为研究旧学之渊薮。此编为融贯新旧之津梁。正可互救其偏。”[①] 一项历时 18 年的文化工程才得以初步告成，陆尔奎为此而耗尽“双目”，几成盲人，他以牺牲健康为代价，给世人以文化的慧力，岂不伟哉。从此，《辞源》定格为知识分子的案头书，成为了读书人、学者得力的文化帮手。类似的故事也发生在关于英语辞书的拓展上。如前所述，张元济最早关注支持夏瑞芳对英语辞书的移

① 方毅：《辞源续编说略》，《辞源续编》卷首，商务印书馆 1931 年版。

译工作，而夏瑞芳主要资源是教会，因此这也算是张元济的勇气和胆识。张元济让陆尔奎组建辞书部同时，1908年延聘邝富灼主持英文部，这位只会英文，不会汉语，留美达27年的专家，从此为商务印书馆的英语类出版物奉献达20年，直至退休。由这样的专才出掌英文部，规划参与编纂英文辞书，自然是国内无双。所以，虽然后来中华书局实施了“超越式跟进”商务印书馆的发展方针，但独有英文辞书这一门类无法效法模仿，遑论其他出版机构。商务印书馆独领英文辞书出版风骚。①

值得补叙的是，张元济自己亲手编了一部极具研究价值和实用价值的《节本康熙字典》，出版于新中国成立前夕。近年，商务印书馆加以重印，才广为人知，可见其对辞书出版事业的牵挂和钟爱。

在经历了这样旷日持久的“文化长征”后，张元济虽然站在了又一个文化之巅，但他更期待“辞书王国”的形成，在他的构拟下，商务印书馆又着手编纂《中国人名大辞典》、《植物学大辞典》专门辞书及多种外国语辞书，包括人名、地名、哲学、医学等自然科学、社会科学专用辞书。从此，适应社会需求与发展的各类辞书，包括专业类现代辞书，在编译所一部接一部地诞生，在编纂方面达到了极致和顶峰。这些辞书的出版，适应了科学普及和科技发展的需要。商务印书馆版辞书工具书蔚为壮观。众多的社会所需、时代所盼、后人感念的各类专业、各种规格的产品构成了商务印书馆辞书板块。在张元济主持编译所阶段，不到20年，出版了将近20种辞书，如英语和汉语类两大顶级品牌——《英华大辞典》与《辞源》；也推出

① 邝富灼：《六十年之回顾》，杨光编：《最后的名士——近代名人自述》，黄山书社2008年版。

了专业化大型辞书，如《植物学大辞典》、《日用百科全书》；还编写了实用性、中小型作品，如《新字典》。这不仅为商务印书馆的出版业务取得了巨大的收益，也为文化的发展树立了典范，为现代知识传播发挥了中流砥柱的作用，是商务印书馆于教育产品领域之外的一次互补与提升。

从《英华大辞典》至《辞源》，商务印书馆的辞书出版达到了一个新高度：既是中国辞书编纂与出版的创新，也是对社会发展所需的积极顺应。这一时期，新时代发展，新的学科、概念、知识爆炸式增长，商务的这两大类综合辞书以海纳百川的气势、精益求精的编辑方式，不断累积并完善，为中外文化的学习者、研究者提供了一条便捷的桥梁。

过去旧辞书仅仅是文人用于敷词摛藻、吟诗作对的工具，而新字典、辞书则成为人们了解知识的老师，了解社会文化需求的桥梁。因为时代的进步及西方文化的进入，人们不可能迅速或全方位掌握所有的学科与知识，只有权威、规范、规模化的现代辞书，才能解决这个瓶颈，这便是现代辞书的独特作用与贡献。当然，任何辞书都有它的时代性、局限性，其文化生命也有其周期性，当时之全备，易成明日之遗缺，张元济和他的朋辈们并没有放弃努力，更没有以逸待劳，只作旧版翻印，而是不断地扩大品种，以赓续辞书的阵地，使产品多层次化，从而扩大其使用范围。商务印书馆在前 50 年中，几乎每年都有新编辞书问世，让几乎所有读书人都可以得到最好的“文化帮手”。

曾经有人说过，20 世纪以来，中国几乎没有没读过商务印书馆出版的书的读书人。这话或许绝对化，但可以断言，应该很少有人没有用过商务印书馆的辞书，直至电子化浪潮的今天也莫不如此。这条道路的开辟者、创造者，当然非张元济莫属。张元济一生的付出和全力的推动，不但成就了商务的“辞书王国”地位，也让中国知识界不再陷入老套而又繁复的《康熙字典》阵营中，旧辞书也从此被归类到文化收藏和研究者的行列当中。

张元济所创构的辞书，总是吸纳最新的知识、观念，用现代人所容易接受的方式对内容进行规范化、经典化，从而使人们产生对新文化与知识的确定和认可，并将这种权威产品推向社会。这种润物细无声的文化传播，为中国的文化树立了与时俱进的标杆，也可以说是所有新旧知识的“压舱石”，这也是商务印书馆的文化血脉一直传承、壮大到今日之“辞书王国”的重要原因。

英文辞书和专业辞书是张元济拓展现代辞书出版业的新版图、新阵地，在英文辞书上，他改变了直接移译，而是注重自己编撰，有些采用双解方式，既彰显了当时对外来文化学习的态度，也建构了中国特色的辞书文化，完全体现了他“沟通中西文明”的文化观。这一道路，一直为百年来编纂外语辞书者所遵循。

辞书是知识的结晶和文化的精粹，与一般知识产品不同，标准、规范、准确、全面是其必需的特质，中外历史上每一部字典辞书的纂成，无不经历漫长的过程，需要巨大的投入，非一蹴而就，而且内容是否能为世人接受，尤其有待检验。张元济率编译所同人以大无畏的勇气，以漫长的奋斗和不懈的坚持，从新标准、新方法着手，革新了千百年辞书的风貌，让社会大众得到了使用便捷、容易接受的文化产品，这也是商务印书馆从知识启蒙到文化建设的跨越与发展之路。张元济所开辟的这一道路，奠定了中国现代出版业的基石。张元济在字典、辞书和专业辞书出版上，不仅精耕细作，而且对时代之变与古今之隔进行意义界定与规范。这项工作对 20 世纪上半叶乃至今天文化出版界的激浊扬清，具有不可估量的意义与作用。

在这十年的奋斗和努力中，张元济从教育救国到引进西学的初愿基本达成，同时他也迈出了更为重要的一步，那就是梳理古今中外文化，着手建构文化的标准，为巨变的时代提供一种可资期待和利用的文化工具，即新字典、辞书。新字典、辞书的编纂，不仅为中国文化与知识重构了框架，而且让商务的出版大厦成为真正雄伟而壮美的文化场景。

七、由出版向文化展开

张元济不仅以高超的战略、广大的布局，在教科书、译作、文学期刊各个领域制造文化产品，而且以内容丰富、观点新颖的产品而广受读者欢迎。商务呈现出作为中华大地上首家真正现代出版企业的勃勃生机，也折射出张元济的文化世界与精神追求。短短的十年间，编译所完成的各类产品累计达上千种，而且由一个又一个前所未有的畅销产品，造就了出版文化前所未有的奇观。

为实现开民智的宏愿，张元济的出版实践路径有三：一是继续译西学，尤以严译为嚆矢，又得先机引入林译。“译界并世数严林”，严、林两译在 20 世纪初的 20 年大放异彩，震撼了中国，激荡了民众，触发了民情，当然也为商务印书馆之实业而筑基，为商务印书馆的馆格而定位。二是编纂新教科书，他抓住了朝廷上下主流废八股科举，民众渴望新知识的变化这一机会，推出全新的、适合于儿童学习教育需要的现代教材工程。其系统性、创新性、实用性一举而夺天下之冠，从根本上改变了教育观念与方式的落后，对千年不变的蒙学教育进行了扫荡式的废弃与鼎革。三是引入大批新旧人才，使商务印书馆从仅是技术、资金领先，一变而为强大的文化阵营，聚集志同道合、中西兼通者一起谋求出版的变革与发展，办期刊、编字典、建图书馆，“文化商务”因此得以确立，现代出版从此兴起勃发。

（一）文化新平台

以夏瑞芳与张元济联袂合作为主，商务印书馆将编译、印刷、发行作三位一体的结合，从 1903 年起业务起飞，逐步成长为 20 世纪初中国最大的翻译出版机构。不同于当时其他出版机构发展方式的是，它在追求商业利润的同时，也有自己的文化追求和文化建树。一个出版家的标志，归结起来就只有一个，那就是他的出版物，出版物体现出版社的宗旨、文化趋向和文化品格，并且把文化理想传达给读者。

商务印书馆前期的经营和管理由夏瑞芳负责，但他在经营大政方针上无不问计于张元济。张主要是制定方针、编辑产品、整合社会资源、引入人才。他们两人共事这 12 年间，由于有张元济的文化理想和庞大资源作支撑，加之合作默契无间，才使商务印书馆登顶。曾主持总务处的陈叔通说：“夏瑞芳是一个有雄心的企业家，夏与张结合，才为商务印书馆成为一个出版企业奠定了基础。”①

① 《商务印书馆九十年》，商务印书馆 1987 年版，第 132 页。

张元济从教科书出版切入，并在他所熟悉的西学与国学领域奋力耕耘，更为卓越的是，他把商务印书馆发展成为一个全方位的知识制造商，举凡新的创造和社会需求者，均不遗余力地刊布流通于社会。夏瑞芳在张元济引领或带动下不仅让商务印书馆得以蝶变，诸如科学、艺术、辞书、法学、教育，都达到了惊人的宽度和维度。此无他，一则没有第三家与之全方面效仿或竞争，有之，也只是在某一专题领域与之错位，或争市场而已，缺乏商务印书馆那样全方位、大规模长久作战的能力与条件。

在夏瑞芳的主导下，开始结网行动。1903 年，商务开始设立外埠分馆、支馆，任务是发行。最早的分馆在汉口和广州，这是极有战略眼光的。汉口是九省通衢，广州为华南中心，上海总发行可以照料江浙两省，汉中和广州之立足就把发行地盘扩展到了大部分文化发达地区。1906 年，又在北京、天津设分馆，1912 年度，分馆广及香港（1914 年）、新加坡（1916 年），这样，在整个沿海经济、文化发达地区商务都有分馆。至 1915 年，商务印书馆在全国建成分支馆达 80 多处，实际数量今天已难考明，可见其布局之多。除分馆外，尚有现批处、特约经销处和众多的经销店，商务形成了覆盖全国的销售网点。这些网布点，销售推广只是其中一个方面，建设与发展进程中，功能日趋多元化，如收购古书、联系资源、发现人才、采购原材料，实际上也成为商务在多地的文化平台，这也是中国近代商业中第一个覆盖全国最广最多的机构，当然最有力地支撑了商务的市场。而从出版文化而言，产品与市场网络这两个有形的载体犹如鲲鹏之有两翅，让商务飞翔于 20 世纪。

1905 年，商务印书馆在北京设立京华印书局，显然是张元济的资源与布局，之后在全国大张旗鼓地设立分支机构，必是张元济所主导的战略方针。分支机构的扩张与发展是商务印书馆初期取得飞跃发展的重要步骤。如北京分馆孙伯恒本身就是一位学养极高、富于收藏的名士，这样的人才入彀商务，如果没有张元济的名望是难以实现的。当然也只有孙伯恒这类富于学识和社会资源的人，才能理解和执行张元济的意图，办成张元济所需之事。

（二）推广文化产品和函授教育

在出版图书期刊等文化产品外，张元济施展了他的文化理想，在商务拓展了两个庞大的系统：一是创办教育机构，如尚公小学、商业补习学校、艺徒学校、师范讲习社、幼儿园以及对象更加广泛的函授学校；另一个是设立文化设施，如电影厂、玩具厂、文具标本仪器厂、印刷机械制造厂、唱片厂、"涵芬楼"（图书馆）。这些具有文化事业性质的长远措施，都是在张元济主持下进行的。

在张元济主持下和董事会的支持下，商务对社会文化公益事业不断投入，已不仅限于生意经的范围。"出版社办文化机构，而不是文化机构办出版社。"① 商务印书馆陈原曾这么概括过商务印书馆的特色，不断建构公益化的机构，这是商务印书馆呈现的另外一个奇景。这个图景表明，商务印书馆是张元济的理想的实验场，是张元济文化理想与商务印书馆扩张发展的共同寄托——"为中国实业造一模范"。②

① 陈原：《商务印书馆创业百年随想》，1997 年 5 月 7 日《人民日报》第 10 版。

② 《张元济全集》第 3 卷，商务印书馆 2007 年版，第 449 页。

庄俞在《三十五年来之商务印书馆》一文中，制有历年筹办公共教育产业一览表，表中详列自1905年至1931年，几乎每年皆有公共教育事业的兴办。清末民初政治动荡、民生凋敝，政府对基础教育及公共文化事业的投入无从谈起，而这又是社会之所必需。过去乡村社会由地方乡贤所积累的基础文化设置，在新生的上海大都市完全空白。因此，张元济就以商务的力量，着手设立函授学校，创办工读学校，并一发不可收地投入一桩又一桩的公益事业。

教育救国是张元济投身出版的初衷，作为企业的核心人物，在企业壮大并稳固后，对社会公共事业的关注和巨大投入必然成为他的主动与积极选择，甚至为此不惜放弃商业利益。商务印书馆于1905年附设小学，1907年改附设小学为尚公学校，还创办了师范讲习社。师范讲习社课程的重点放在教育理论和方法上，如教育学、心理学、教授法、教育管理及教育史等。它的创办对于提高小学教员素质、教育质量、推动教育普及起了极其重要的作用。师范讲习社是我国函授教育产生的起点，同时又为商务印书馆函授学社（校）的创设与发展奠定了基础。

张元济如同亲自参与编辑图书产品一样，他也亲自投身于具体的公益文化活动之中。如1909年，商务设商业补习学校和艺徒学校，张元济亲自担任补习学校校长；1915年7月，创办函授学社，张元济又亲任社长，最多时达2000人。这为未能进入中等、高等或专科学校就读的学生和社会上失学、失业的青年提供了良好的学习机会，同时，也为包括商务员工在内的在职人员创造了继续学习的机会和条件，深受社会各界的欢迎。

商务印书馆创办的函授教育首先是急社会时代之所急，为社会落后和转型中学校建立的不平衡及不及时补上短板。更有文化作用的是函授教育方式，它打破了传统的封闭式教育模式，既满足了社会上读书人的渴求，也最广泛、最深度地建立新型的、开放式的教育模式，为社会发展培养急需人才。当然，也为商务的教育产品拓展找寻到了一个新的增长点。

函授教育方式在近代中国开了先河，在近代中国教育史上具有重要的历史地位。张元济是我国近代新型函授教育的代表，为我国现代函授教育的建构和发展奠定了基础。在张元济的引领下，他的学生、朋友黄炎培则将函授教育与职业教育当作全新的事业，并与商务互动，形成20世纪上半叶社会教育的新风景和有着巨大影响力与作用力的社会启智之路。

商务自身即视为实业，所以在图书产品之外广泛地发展教育实体，但在那个积贫积弱的年代，政府无法承担为社会民众提供公共教育产品的能力，商务则不仅把自己的众多层次与海量作品建设成了没有围墙的大学，而且也为同人、为社会创办了许多公共教育与文化艺术事业。这是它在走向发展与成熟后，主动而积极地服务于社会、贡献于社会的又一项伟业，在这一领域，几乎没有哪一家出版文化机构能与之并肩、媲美。正是这些事业，将张元济教育家的内涵丰富和立体化起来，他从此被社会尊为教育巨匠，他虽然没有具体的教育理论和著作，但他对教育事业的贡献又是无人可及的。

（三）筑就涵芬楼

涵芬楼，这个由张元济进馆第二年（1904）开始措手的资料室，与随后设立辞书部的“文化种子”，因商务的发展和张元济的文化情结而终成一文化标志，这充分反映了张元济立意高远的文化主张和出版战略，更承载了他对文化传承与发展的核心追求。没有他所秉持的文化发展传承理念，涵芬楼就不可能由资料室拓展至古籍收藏再升格成综合性文化典藏机构，更不可能演变成商务印书馆乃至中国现代文化上的一道亮丽的风景——东方图书馆，那是后话。

张元济在《涵芬楼烬余书录序》里说："余即受商务印书馆编译之职，同时高梦旦、蔡孑民、蒋竹庄诸子咸来相助。每削稿，辄思有所检阅，苦无书。求诸市中，多坊肆所刊，未敢信。乃思访求善本暨收藏有自者。"[①] 鉴于有群才没有群书可资参考，张元济将资料的建设放在与编译所几乎同样重要的位置，既为来自四面八方的硕学名流提供馈贫之资，也为编辑出版检索、考订得以参考，并尽可能得到好书善本。然而不久，他的原始设想发生了巨大的丕变，他要以此为基础，承担起抢救、传承正在日益散失沦亡的珍稀善本的重任。

（1）

张元济产生这个重大的转变是因皕宋楼所藏群书去国事件的发生。

1906 年，夏瑞芳得知江南藏书重镇——陆心源创建的皕宋楼因为欠债而求售珍本后，他心急如焚。告知当时正在北京应付差事的张元济，张元济自然知道事关重大，也当然知道皕宋楼所藏之富与珍稀，是举世无双的文化宝藏，他首先想到的是希望政府买下来。于是，他立刻向军机大臣荣庆报告此事并建议处置，但政府方面对他的

① 《张元济全集》第 8 卷，商务印书馆 2009 年版，第 145 页。

报告如石沉大海。对此，张元济只能徒呼奈何！

张元济返回上海后，夏瑞芳看到张元济为之焦虑不安，向张元济提出，由商务买下。不期对方索价20万之巨，这对当时还仅有数万资本的商务来说，是一件可望而不可即的事。张元济为此还两次前往，希望绝处逢生，为的是守护这批国家罕见的文化财富，但均未见成效。不久，皕宋楼精品藏书被觊觎已久的日本人以10万的现洋捆载东渡。

皕宋楼善本流失日本，不仅成为20世纪中国文化的一大悲剧，更成为张元济一生中难以释怀的痛事。

他在其致缪荃孙函云：

> 丙午春间，皕宋楼书尚未售与日本，元济入都，力劝荣华卿相国拨款购入，以作京师图书馆之基础，乃言不见用。今且悔之无及。每一追思，为之心痛。①

收购皕宋楼虽归失败，痛失国宝，但却反而加快了张元济文化保存的努力，张元济的志趣就是夏瑞芳投资的动力和决心，对此，夏瑞芳有生之年从没有犹豫过。于是，张元济从此投身于保存古籍的事业之中。

“余既掌商务印书馆编译之五年，先后得会稽铸学斋徐氏、长洲十砚斋蒋氏遗书，乃建涵芬楼以庋之。”② 至1909年，在绍兴徐氏熔经铸史斋50余橱书入藏后，建立起商务自己的善本藏书机构，并正式

① 《张元济全集》第3卷，商务印书馆2007年版，第496页。

② 《张元济全集》第10卷，商务印书馆2010年版，第160页。

命名“涵芬楼”，取含善本书香、知识芬芳之意。

自涵芬楼成立，张元济保存善本旧籍之事业心日笃，躬身访书于京、沪、晋、鲁诸地书肆，并特派孙毓修主持日常事务。在张元济的支持下，凡遇国内各家藏书散出者，他总是尽力搜罗。经过长期的努力，涵芬楼所藏古籍善本更是富甲一方，称盛一时，成为文献最大的积聚中心。

与此同时，张元济深感易代之交，旧籍散亡，宋元珍刻、明清善本已有一批同道用心，于是他开始措意除上海外的地方志收藏。因为古籍，求珍求贵乃常志，而地方志虽具存史功能，但散杂多是其特点。张元济独具文化慧眼率先大规模收藏，并命令各地商务印书馆分馆购置或借抄。在张元济的倡导下，涵芬楼收藏地方志，数量丰富至达 2600 余种。其中省志齐全，府厅州县志 1753 种，占全国所藏的 14%，地方志收藏成为涵芬楼一大特色。①

时代发展中，张元济改变了举措，从因编辑之力的工作意识转变为救亡储秘的文化追求与表达。

他由聚书转变为存孤传本，发秘救亡。当他心力发动之时，正是私家藏书量散流失之时，广东丰顺丁氏持静斋藏书、清宗宝盛氏意园藏书、巴陵方氏、荆州田氏、南海孔氏、海宁孙氏、江阴缪氏的藏书陆续散出，张元济无不总揽入馆全力收购。

他还以建设涵芬楼为号召，援引当时的一批著名学者专家襄助其事。缪荃孙、沈曾植、叶德辉、傅增湘、刘翰怡、伦明等藏书家、版本鉴定家为商务印书馆收购、鉴定、出版古籍贡献了不少精力。1911

---

① 张元济：“民国之始，余锐意收集全国方志，初每册值小银钱一角，后有腾至什佰者。此虽不在善本之列。然积至二千六百余种，凡二万五千六百余册，亦非易之。”

年2月出版的《涵芬楼藏书目录》已达7500多种，显现出张元济从资料备查至文献集藏的转变与提升。

从晚清到民国初年，随着帝国主义对中国领土、政治、经济等方面侵略的加深，珍贵秘籍也成了虎视眈眈的侵略者的掠夺目标，而腐朽的清朝政府和北洋政府对此熟视无睹。更令张元济忧心的是，近代中国战乱频繁，内忧外患使得古代文化典籍和著名的藏书家频频遭受兵燹之灾，许多珍善本流散民间，更有甚者流落异邦，尤其日本人乘机携款到中国来购得大量珍贵古书。

涵芬楼成立时，无非是为编辑之助，而张元济的文化地位与情怀表达，使涵芬楼成为那个时代藏书的信息与网络中心。收藏者或求售于馆方，或托其寻访珍本。在日积月累过程中，张元济成了他那个时代最精于鉴赏的专家，佐之有一批专业人士为之助，所以涵芬楼成了当时最富收藏的文化机构，以古籍善本为大宗，更以宋、元善本和地方志为特色，不仅让那个时代的人艳羡不已，也为商务印书馆的出版贡献极大。

（2）

张元济深感："难得之旧本，昔无公家之保存，将来终归澌灭。"①1909年，因开始收得太仓謏闻斋藏书之后，张元济决定"拟拨数万金收购古书"，对古籍收藏的集结，当做一项重大投入，以实现他更为宏伟的文化目标，那就是"搜集宋元精刊，为世所罕见者，用摄影法石印出版"。②

① 《张元济全集》第3卷，商务印书馆2007年版，第496页。

② 《张元济全集》第1卷，商务印书馆2007年版，第501页。

将善本藏书作为出版开出的资源，在过去一直也是藏书家的常事，当然也为张元济所习闻，但张元济深知此非一己一馆之力所能承担，因此不仅广邀同道赞成其事，而且以切实的行动影响先辈时贤共同关注并行动，守护古籍，成为这个动乱之世张元济和他的朋友们的又一项责任与追求，也与涵芬楼互相养成拓展。

从便编辑之用到藏书之所，由保护珍本而利用开发，三大文化目的与功能，至此完全彰显，这成为张元济在编译所人才聚集之后，对资源累积与情怀表达的又一重大表征。

夏瑞芳在世时，支持张元济一步一步地做大，但夏去世后，其家族成员和不少股东都反对这样做。特别是收购乌程蒋氏密韵楼藏书，张元济颇受诟病并愤而去职，最后只有双方妥协。经过了十多年的建设后，随着《四部丛刊》的推出，人们才知道张元济苦心经营搜罗古籍带来的巨大收益。

（3）

张元济开始让涵芬楼藏书走向社会。1915 年，经他建议，始在商务印书馆大楼底层开辟民众阅览室，陈列、借阅本馆出版物。1921 年，他首次在董事会上提议由商务印书馆开办公共图书馆。1922 年，又开设了“巡回图书馆”。

1926 年，时值商务印书馆成立 30 周年之际，张元济提议将新建五层楼房命名为“东方图书馆”，原涵芬楼设于该馆三楼，仍藏古籍。翌年，东方图书馆正式开放。开幕那天，张元济特地展出所藏的明各朝所刻的版本。有明先后十六朝，排列无遗，甚至包括年代甚短的建文朝、景泰朝和仅有一年的洪熙朝、泰昌朝，可见其收藏之丰富与完备，文化胜景，不可再现。至1932年，张元济为涵芬楼收购古籍达3000余部，近30000册。这些古籍既充实了涵芬楼和东方图书馆，又为商务印书馆的古籍影印与流通提供了必不可少的版本资源，更为辑印《四部丛刊》及其续编、三编，《续古逸丛书》、《百衲本二十四史》等提供了重要保障，同时还为馆内外的许多学人创造了得天独厚的有利条件。后来，商务印书馆培养出的众多各方面人才，无不受过涵芬楼丰富藏书的滋养。

涵芬楼的建立，如编译所的创建一样，不仅为编译所产品的生产提供了支撑，也为文化与典籍的守护与化身提供了宝库。所以，近现代凡是在商务印书馆工作过的人，无不视之为文化圣殿，并投之以感念的情怀。对馆内员工的学习与研究之便，则大为彰明较著，不啻是精神乐园。

以文化人，于斯臻盛！这个文化园地从出现到壮大，倾注了张元济一生的心血，他不仅是独有的文化风景，无人企及的文化标高，更滋润了一代又一代人的成长，给出版业留下一个不可再生和复制的惊叹。

第二章

文化使命

——缔造文化的商务（1914—1920）

自张元济任职于商务印书馆编译所至1914年夏瑞芳去世前，约12年光景。在这段时间内，张元济致力于商务印书馆的出版事业，促进商务印书馆的全面发展，在一个时局动荡和经济凋敝的时期，他以他的追求、努力缔造出了一个“文化的商务”，造就了现代出版业的龙头。

一、执掌商务大业

1905年，商务印书馆合资后，资本实力大增，1906年，正式设立股份公司，1907年后，开始不断向社会招股，这也是商务印书馆从资本扩张到资源扩张的有效手段。其主要资本来源于官绅阶层和有名望和实力的名人，如严复、郑孝胥、罗振玉、王国维、伍光建等。当然，这个资源扩张的核心还是张元济，同时也广泛吸纳馆内其他核心人物入股，与他们共享发展的成果。

商务印书馆第一届董事会于1909年成立，董事会包括张元济、郑孝胥、鲍咸昌、夏瑞芳、高梦旦等七人。1913年底，商务资本增至150万元，1914年夏瑞芳去世前，达200万元，已发展成为国内规模和影响力第一的文化出版机构。商务从一个家族群体式企业转变为规范的股份制企业，呈现出现代出版业大家气象。张元济的事业与人生不仅与商务相融，更是商务腾飞的源泉与力量。

商务印书馆在清末十年的大发展，完全确定了其在出版业之龙头地位，在近代工商业发展史上具有典范意义。上海是中国最早发展现代工商业的城市。如果说洋务运动是政府在为救国图强而开始投入军事、铁路、教育、交通，那么新兴工业则主要投入出版金融、日用生活品。新兴工业主大多由官僚和士绅转变而来。由于缺乏资本，所以主要靠资源、名望来找机会，建平台。因此，早期的工商业主并非企业家、经营者，他们虽不再羞于经商，但仍固守官绅身份。正因为他们资源多、学识见闻广，所以他们在成功之后，积极回馈社会，或以文化为归宿，至少以文化事业为雅尚。商务印书馆创业前几年为纯粹的草根企业，就是在张元济这样的士绅加入以后，才开始从文化出版领域开辟草莱，抓住国变与时势，真正转变为大平台，扩张为教育文化的品牌。

商务印书馆在清末十年实现的滚动式发展，不仅得力于其抓住了大好时机，而且经营有方，更重要的是其实现了高超的文化战略与高素质人才群体的结合、企业同事业二者的配合，此可谓其成功之道。同时，作为工商业企业，张元济重视和推进行政管理上的改革，商务印书馆不仅采用了日本和德、美等国的印刷技术和机器设备，同时确立了现代化的企业组织制度和经营管理方式。这些都成功地保证了商务在竞争激烈的出版业中常盛不衰，张元济也蜕变为一个有文化情怀的工商业领导者，而不是单纯的商人或书生。也正因此，张元济在商务印书馆被视为制定出版方针和创造人文精神的灵魂性人物，而在外界看来，他又像个实业家，或者也可说是亦儒亦商。

走向规模化并快速增长是这个时期商务的特征。据统计，商务印书馆自 1902 年正式出书起，书刊出版数量逐年增长，由 1902 年的 15 种、27 册，增加到 1910 年的 128 种、435 册。在教育实业方面，商务开办了一批学校，其中以尚公小学最具代表性。此外，还创办了《东方杂志》、《教育杂志》、《小说月报》等一批具有现代意义的著名期刊。这一切规划和推进都以张元济为主要核心。

然而，此阶段张元济并非纯粹或专注于商务业务，他力求屏蔽社会与政治，但作为晚清的革员，慈禧重新启动新政后，张元济不仅为朝廷所瞩目，也为各种维新组织所笼络。社会名流与贤达之身，让他有时不得不从馆务中分身或接受选择。期间，他也参与过一些事务，如外交储才、立宪、教育会等工作式活动，但他最主体的精力和活动还是放在商务编译的工作中。直到辛亥革命以后，他才完全摆脱与旧王朝的纠缠，专注于属于自己的舞台。同时他广泛吸纳和任用在旧王朝体系丢失了身份和位置的朋友，使之成为他的安身立命乃至谋生之地。这是他与新政府的第一次个人决绝，也是最后一次与官场决绝，从此，文化人与出版者是他唯一的角色与身份。

（一）投身教育改革

历经十年的努力与扩张，商务已发生巨变，张元济参与了其中每一次重大发展。对出版，他也似乎有了运筹帷幄的感觉，教科书、辞书、西学均已形成稳定而规模的产品线。作为国内已经无可匹敌的编辑团队与最强大的生产、营销平台，张元济将目光和视野放到更广更远的地方。

在商务产业规模称雄于世、文化事业拓展之际，张元济决计作为期一年的环球游历，主要目的是调查欧美初等教育及贫民教育事宜，并考察各国出版文化事业。张元济做环球之游，堪称工商业界首创，也启发后来的巨子穆藕初等人的西行之路，其继任者王云五在执掌之前提出专门做环球考察，自然得到了张元济的支持。这种到世界去走走、看看的行动，为工商业界开启了另一扇大门。

1910 年 2 月，他的环球之旅开始了，首站在马来西亚，然后经苏伊士运河、地中海、大西洋至伦敦。欧洲的湖光山色、城市文明以及意大利、法国的古迹、博物馆、图书馆，都给张元济以深刻的印象。渡过大西洋，他又穿越美国，了解了先进的书刊印刷技术工艺，考察了这个国家的初等教育制度。之后他又取道日本希再次与合作方共同探讨，但由于国内发生了橡胶股风波，商务卷入其中，他停止游历急忙返回上海。

张元济的环游之旅，使他开阔了视野，增长了见识，尤其广泛、深入了解了他所关注的西方现代教育制度与发展状态。这对他的思想提升和观念改变的影响是巨大的。由此，他心中萌生教育改革的愿望，期待在中国的初等学校实行强迫教育制度，即义务教育制度。

这在那动乱而积弱并摇摇欲坠的清末，无疑是太理想化了，再一次领先于时代的脚步，但又是发展的必然之路。秉持着这样的理念，本来已多次拒绝与朝廷合作的他，却积极投入清末的教育改革活动。1910 年，他推动创立非官方机构——中华全国教育会，并出任副会长。

张元济此举引起了当时各界精英的共鸣，全国会议迅速地以民间性质的中央教育会于 1911 年 7 月 15 日在北方召开了，至 8 月 14 日闭会，历时一个月。张元济在繁忙的工作中抽身北上参与并主持会议，讨论提案。在反复与各界交流沟通之后，会议取得了重要突破性成果，通过的《义务教育章程》、《变更初等教育方法》等案成为影响清廷改革的重要文件。这次会议，可以说是清末为迈向现代而进行教育制度改革的意义非凡的一步，也是清廷改革中比较顺利的一次朝野合作。尽管涉及范围有限，但却是建设性的。张元济知道，教育改革是社会进步的基础。教育改革的路还很漫长，而每走一步都实属不易，但只要走出这一步，就会产生深远的社会影响。尽管当时的弘愿在百年后才真正在中华大地得以砥成，但我们应当铭记先辈的努力，在他的传记中写上一笔。由此可见，张元济的教育救国一方面表现在推出全新观念的教科书，另一方面则是在制度建设上下大功夫，因此他称得上是一位居民间而实际推动社会教育变革与进步的教育家。

（二）与中华书局的竞争

1912 年，清朝结束，民国肇立。天朝如此迅速崩塌，张元济当然是惊愕的。作为一个保守的维新主义者，他没有也不可能预见到清王朝如此仓促结束。对于立宪，他不仅是有所期待，而且曾经多番努力，如出书以供立宪之助，集会以沟通声气，凝结共识，因为他看到自庚子、癸丑以来的改革，也是以前所未有的速度和出乎意料的方式在前进。当时社会的上、中层几乎没有人会预料出现辛亥革命。张元济如此，其他人何尝不是？庆幸的是，政权的变革对文化的冲击不是革命性的，封建专制体制的终结，反而释放出更大的文化发展因素。张元济对来自外界的惊涛骇浪已经处变不惊，他继续勤勉、努力地工作着。但他更无法预料到的是，在革命易代之际，书业界内部有人会以革命为旗号，并从商务内部分裂出来，汇聚社会各种力量而创立新出版实体——中华书局。中华书局创建伊始，直冲商务核心业务——教科书，并成为商务的市场对手。

民国成立之前，讲革命，讲共和，成为社会舆论风气。原来商务印书馆所编教科书的有些内容未免已显得不合时宜，也有人劝张元济注意，应预备一套适用于革命后之教科书。蒋维乔说：

> 是时革命声势，日增月盛，商务同人有远见者，均劝菊生，应预备一套适用于革命后之教科书。菊生向来精明强干，一切措施，罔不中肯。然圣人千虑，必有一失，彼本有保皇党臭味，提及革命，总是摇首。遂肯定的下断语，以为革命必不能成功，教科书不必改。

蒋维乔作为张元济一起共事已近十年的同事，此处虽出于后来的回忆，也是还原历史的场景，接着他又叙述道：

> 伯鸿却暗中预备全套适用之教科书，秘密组织书局。于民国元年，中华书局突然宣告成立。中华民国之各种教科书，同时出版。商务印书馆措手不及，其教科书仅适用于帝制时代者，遂被一律打倒。伯鸿亦脱离商务印书馆，一跃而为中华书局总经理。商务印书馆则亡羊补牢，汲汲将各书修改，时逾半载，方能勉强出版，而上风已为中华所占，最为难者是高梦旦，不能见谅于商务印书馆旧发起人，竟有人背后诋为奸细者，唯菊生深知梦旦，倚畀如初。①

不难想象当时张元济的错谔与惊讶，现实的发生已超乎他所能预想的范围。伯鸿即是陆费逵，虽入商务印书馆三载，但年少志大，雄心勃勃，非池中物。他看准了这一革命时机，迅速另立旗帜，1912年，与中华民国诞生同时，创立中华书局。陆费逵此举，让张元济好友高梦旦最觉尴尬。因为，陆费逵之所以入商务印书馆国文部，蒋维乔有过记录：

> 约在民元前三年间，高梦旦常代表商务，出席于书业商会。屡与文明书局代表陆费伯鸿见面，谈论之下，大奇其才。盖经营书业者，有发行、印刷、编辑三大部分，互相联系，然能发行者未必知印刷，能印刷者未必知发行，能编辑者更不知发行与印刷。唯陆氏能操笔编书，又于发行印刷，头头是道，故梦旦佩服之。归言于菊生，以为如此人才，文明竟不能识，屈居普通职

---

① 蒋维乔：《创办初期之商务印书馆与中华书局》，张静庐：《中国现代出版史料》丁编下卷，中华书局 1955 年版，第 398—399 页。

员，商务应罗致之。于是以重金聘为出版部主任。梦旦欲坚其心，又以侄女妻之。

陆费逵因此层关系，1909年秋又出任出版部主任，他策划、创办了《教育杂志》并担任主编，集数职于一身，时年尚不足24岁。

陆费逵出走后的第一举措是推出《新中华教科书》，从教科书业务的竞争上入手，侵夺商务印书馆的势力，直接冲击商务印书馆核心业务。

陆费逵原本在商务担任编辑《教育杂志》的工作，然而辛亥革命之际，陆费逵对于时势的转变颇有远见，他认为清政府必将垮台，原有的新式教科书必将不合时宜，曾向馆方提出，要另外编纂一套新式教科书方为良策。但此议没有引起张元济的重视与采纳。于是，陆费逵邀集同道，大部分为商务职员，秘密计划，并且筹资25000元，创办中华书局。但是光有了发行的人才还不够，在编辑方面，陆费逵还从商务挖来已解职及现职的编译所人才，主要工作是编辑《中华新教科书》。而此一挖角行动，让中华书局粗具规模，并且抢得先机出版了新式教科书。由于商务原本编辑的教科书中，存在"满清"的字样，而由老友蔡元培主持的民国新政权教育部所发布的通电"凡教科书不合共和宗旨者，逐一改正之"的规定，商务自然来不及改，陆费于是新制《中华教科书》，以符合新政权之规定，投入教科书的市场。中华书局抢先一步的举动，由此奠定了与商务竞争的基础。

起初，张元济对此的反应也是不平静的。面对公开的挑战，他很快就选择积极应战。关于竞争，商务并不惧怕，依据强大的团队实力，新教科书很快就修订完成。因为商务的教科书本质是趋新，只是外在形式印有“大清”二字而没有“共和”字样因此修订工作比较容易，而且内容上加入“革命”成分也十分易为。于是，在1912年五六月间，商务适应时局的形式和微调内容的教科书就新鲜出炉了。为了保持龙头地位，商务印书馆依托强大的资本与网络，利用实力打击对手，发起价格战，对外宣布，新教科书廉价发售，永远对折。市场虽被中华占领一部分，但中华只有部分课本成型，无法配齐全套，学校不易采用，商务印书馆因此成功地保持了主导地位。

（三）收回日股风波

同样是矢志教育事业，意气风发的陆费逵自离开之日起，心中肯定对与商务开展资本与实力悬殊的竞争有过考量，所以他坚持在团队建设与教材配套上下功夫，从先机和气势上抢地盘，他因熟谙对手，所以总能找准竞争办法。商务发起折扣战之后，这种实际上与产品内容无关的竞争，反而被陆费逵利用并发挥到极致。因为这牵扯到商务全部教科书降价，自然不可持久，而且市场因让利而归功于陆费逵的参与，中华在树立形象和市场上不无收益。为了进一步达到从挑战对手到确立品牌的战略目标，中华书局又使出一竞争手段，在商务印书馆拥有日方股份上大做文章。① 多次在报纸上做广告，呼吁人们注意，

---

① 1914年1月30日股东大会报告：“同业竞争甚烈，恒以本公司外股为藉口，诋排甚力。公司因大受障碍，即如前清学部编成中学书，发商承印，独不与本公司，谓其有日本股之故，近来竞争愈烈，如江西则登载广告，明肆攻击，湖南则有多数学界介绍华商自办某公司之图书，湖北审查会以本馆有日本股，故扣其书，不付审查，每如此等，事不一而足。此不过举其大概，每逢一次抨击，办事人必费无数之疏通周旋，于精神上之共痛不堪言喻。

“中国人应使用中国人的教科书”。中华书局咄咄逼人的竞争，以及商务印书馆在资金和教科书方面同日本人合作的事实，也使商务印书馆感觉难堪，再次陷入被动。①

当时国内民族情绪和反帝活动的高涨，使得对自身资本股份进行调整，成为商务领导层的共识，与日协商解决办法并清退日股是艰难的选择。这样的重任自然落在当家人夏瑞芳身上。他亲自赴日数次谈判，经过一段时间的秘密协商，日本股东同意退出，至此，商务印书馆成为“完全华商”。“本馆资本，原有少数外人附股，惟须遵守本国商律，曾于注册时呈部声明在案，嗣后将外人股份陆续收回。至民国三年元月六日，所有外股，全数归入本国人之手，为完全华商出资营业之公司。”②

与日本合作十年间，夏瑞芳不仅表现出强烈的民族主义和主人翁精神，且完全按商业原则回馈了日本股东方。如今，迫于时势，收回股权，他采取逐步稀释日方股权的策略，但每次稀释都给予了日方合理和应有的回报。最后，经他反复赴日谈判，1914 年，日方退股前共获得了 50 多万元，日方的投资收益十年间也达到了近三倍，平均年收益超过百分之三十。

夏瑞芳之所以能成功收回日股，最根本的是基于十年间中外双方堪称无间的合作，尤其是公司事务。日方也知道，夏瑞芳并非独谋利益，中国的国情已不允许日方再拥有股权，在巨大的利益和民族矛盾之间，日方很理性、冷静地接受了退股安排。与日本金港堂从合资到

---

① 《民国时期出版史料汇编》（第一册），国家图书馆出版社 2012 年版，第 1 页。

② 邹振环：《商务印书馆与金港堂——世纪初中日的一次成功合资》，《出版史料》，总 30 期，上海书店 1992 年版，第 116 页。

全部收回日股，是夏瑞芳一生最成功的案例，也在早期民族产业发展史上留下经典的一笔。

这次长达十年的中日合作中，日本方面得到金钱上实质的利益，并且和商务建立良好的合作关系，商务方面也是获益良多。对于这段中日合作的历史，确实有许多值得加以探讨的地方，特别是在当时许许多多中外合资的企业当中，商务所表现出的独特性，可谓民国初期企业发展的典范。从历史事实来看，商务在短时间内能够在资本、规模、经验等方面有长足的发展，金港堂在资金、技术和人员指导等方面功不可没。

回望这段历史，商务印书馆早期的中外合作方式，到今天也是一个成功的经典案例。日方的入股加盟，对商务印书馆早期的快速发展，并成为教科书出版和上海乃至中国印刷业龙头老大，意义重大。他们对新式教育的实践和现代印刷技术以及资金的引入，为商务印书馆早期的鹊起、发展起到了不可或缺的作用。商务印书馆在与日资合作中，利用并学习了日方的先进技术。因此，中日之间在早期并非没有企业合作成功的佳话，缺乏对历史真实的体认，不是智慧者的态度。杨杏佛说过："有人以该馆曾用日资为病，不知中日合办之实业甚多，能如该馆之出淤泥而不染，率收回自办者，何可多得。此正该馆之不可及之处也。"①

1914 年 1 月 14 日，《申报》刊登了商务的一则广告："公司为完全由国人集资营业的公司，已将外国人股权全数购回。"当天下午，当夏瑞芳走出发行所，准备坐车回家时，遭人暗杀，子弹击中要害，

① 《商务印书馆九十五年》，商务印书馆 1992 年版，第 722—723 页。

当场身亡，终年43岁。不期这精彩的一笔成为他生命的绝唱。他留下了一个民族的、自主的、规模化而又快速发展的商务印书馆。

夏瑞芳去世时，蔡元培正在法国，闻讯后，写下了《商务印书馆总经理夏君传》。[①] 蔡元培以民国教育总长的身份，为一个工人出身的实业家写传记，文中对夏瑞芳开拓现代出版赞叹有加，足见其对夏瑞芳的肯定。蔡、夏两人并无深交，写此文，或多缘自张元济。蔡元培之所以给夏瑞芳如此高的地位及美誉，其实也是张、蔡两人思想观念决定的：一个人荣誉的获得不在于职业、地位、出身，而在于他的为人与事业。对夏瑞芳的为人，张、蔡无不表示钦佩。张元济与夏瑞芳的成功合作，也完全基于两人在为学与择业上的一致性。蔡元培为之作传，并不是因为他是一个实业的总经理，而是感于他的事业、理想和为人。

张元济加盟商务印书馆之时，除了与夏瑞芳志趣相投，以教育昌明为己任之外，他首先看中的就是夏瑞芳会经营，有魄力，是一个认真办事的人，这也是他作为书生的不足，因此才委身商务印书馆。

同业之间往往会有因经营不善或竞争力不够，导致歇业的情况发生。这个现象在出版业界亦是相当的明显。就商务的历史而言，从清末民初以来，它在上海地区先后曾合并了国学扶轮社、乐群书局、中国图书公司、中外舆图局、公民书局等出版机构[②]。而民国成立以来，

① 《商务印书馆九十年》，商务印书馆1987年版，第1—2页。

② 国学扶轮社与乐群书局为光绪26年左右，由王均卿、沈知方、刘师培等创办。中国图书公司于光绪32年成立，由席子佩、李平书、狄葆贤等所创立。主要以出版教科书为业务重心，但经营不善，销售不佳，终敌不过商务的竞争，导致垮台。见朱联保：《近现代上海出版印象记》。中外舆图局为1913年由童世亨所创办，以编绘地图为业务。公民书局是王云五在进入商务以前所办的书局。

商务所面对的最大竞争之一，便是来自中华书局的挑战。

书业之间的市场竞争，对于商务未必不是好事。20世纪初期，正是中国社会的蜕变期，也是经济统治相对松弛，民族工商业由萌芽而渐为初长的阶段，此阶段自然机遇和挑战并存。为了发展，商务印书馆的核心人物夏瑞芳、张元济、鲍咸昌等都曾赴国外考察，技术骨干如鲍庆林、郁厚培等曾在外留学。因此，商务印书馆在资金、管理、组织结构、印刷技术和发行系统上急追并引领现代化潮流。尽管中华书局诞生后所引发的不断竞争，使商务印书馆的教科书市场无法专卖，但商务在许多方面的优势，是其他出版机构无法相比的。商务的强大实力为社会所关注和了解，这也是竞争历程中的另一个收获。

1914年是商务发展史上关键的一年——收回日股，同时创办香港分馆，在教科书、期刊之外，又刊刻《旧小说》、《宋诗钞》，汇编《说部丛书》、《林译小说》等大型产品。作为出版界前期孤独的领跑者，商务印书馆在中华书局等同行追赶中走向更大、更强的规模与发展。据统计，在1911年至1920年期间出版的书籍，猛增至2657种，7087册，其中包括字典工具书、地图、数学参考书、翻译文史哲著作、古籍、杂志等，若论影响力之巨和效益之优，国内首推商务印书馆。按书业营业额统计，民国初年约一千万元，商务印书馆占十分之三至四，中华书局占十分之一至二。

（四）建立现代出版体制

从1914年夏瑞芳去世，到1922年王云五到来之前，张元济担任经理执掌馆务，这是他一生中最重要的事业历程。这个期间他从一个方针与产品的制定者转变为现代出版文化企业的领导者、经营者。

在这个时期，由于身份和责任不同，张元济开始面对纷繁而复杂的局面，时值盛年的他，所创造的业绩达到了一个高度，为此的付出也是巨大无比。时势与潮流的急变、外部与内部的矛盾，交错在一起，时代的巨轮急切地冲向现代化的方向，带给他前所未有的考验。而对于他而言，虽然经历、承受、阅尽了他所不擅长处理的社会与企业矛盾，但他却在坚守教育推动社会进步的大业的同时，把商务带入了一个新的、更高的发展阶段，尤其是在文化出版传旧布新并举方面大放异彩，所耕耘的文化范围也更广更宽。他以更加积极、开放的姿态，依托学识、资源，在他固有的使命与强烈责任召唤下，取得了伟大的文化成就。

然而，他迈出的每一步，开始都是艰难而痛苦的。在 1914 年夏瑞芳遇刺逝世之前，夏瑞芳负责经营管理，张元济做编译所长。编、印贯通，企业运行通畅。夏瑞芳时期的运行也并非没有问题，但至少在问题的解决上，夏瑞芳完全可以主持，因而馆内矛盾不会凸显出来，几乎不用张元济费心。如今，夏瑞芳突然离世，公司管理上的矛盾也便逐渐浮出水面了，与日本金港堂合作中止，又使商务印书馆在管理和技术上留下很大的空白，张元济不得不花费许多精力去应付公司内部的人事关系，努力平稳过渡企业在竞争和发展中显现出的弱项。

夏瑞芳去世后，先是印有模担任总经理。第二年印因病去世了。1916 年 4 月起，高凤池代总经理，张元济任经理一职，张由负责编译工作更多地转向商务的管理方面，开始成为总揽商务全局的关键人物。编译所主要工作便交卸给高梦旦。由于人多事杂，张元济只好拉上了已是股东的新朋友李宣龚作为协理。[①]

张元济在社会上及商务内部声望既高，人缘也好，对商务的贡献很大。在夏瑞芳去世后，张元济本该出任总经理，他却有自己的想法，就像他自己曾提到过此事："弟深悯粹翁遭难，董事会即以总经理相属，弟力推锡翁，锡翁既没，董事会重提前议，弟又力辞。所以如是者，即以表示无争权夺利之心也。"[②]但他没有出任此职，还有一层原因，就是因为做总经理要与官方应酬，他知道自己有些士大夫气，与社会难以适应。他只想一心办好商务这个出版企业，故又不肯失去自己的行事原则。所以张元济一生没有真正出任商务经营管理上的总经理，后来担任董事长也不属于经营范畴。

企业的谋划、资源与管理三者如何顺畅运行从来就是企业发展的症结，张元济的强项是资源和发展战略，而商务印刷和实业板块人员众多，业务复杂，俨然一个社会，利益的纠葛时时在上演，小小的事件就容易影响到大的布局，尤其是在投资发展与短期和长期利益处理上。作为协调者的夏瑞芳去世后，关于馆务、方针政策等，两派之间果然产生矛盾了。陈叔通曾谈到商务印书馆内部的矛盾：

> 原来商务印书馆的主要人物大体上可分为教会派和非教会派两派。最初创办人全是同教会有关系，夏瑞芳、鲍咸昌、高翰卿

---

① 李宣龚，字拔可，出身福建近代显族，少慧能诗，1894 年中举人。1903 年，李宣龚留日，四年后归国，任县令，有政声。后离开官场，在上海悠游数年后，1913 年，李宣龚由同乡高梦旦引进馆，时年三十八岁，一个曾是爱好写诗、交友、收藏的文人，也在张元济的期待下，开始走向管理工作。后历任经理、代总经理、董事，终其一生。

② 《张元济全集》第 3 卷，商务印书馆 2007 年版，第 117 页。

> 等全是教会中人，张元济是非教会的。开始时张与高冲突较少。我认为高翰卿是个好人，是顾全大局的，但脾气很别扭；而张元济是不让人的。双方的意见，起初都是一些小事，渐积渐多，例如，张主张在香港设厂，而高、鲍总是不同意，不知经过多少周折才能通过。新加坡设分馆问题也是如此，张认为总厂在闸北地区易受政局影响，建议分一部分到租界里设一分厂，高、鲍始终不同意。[①]

张元济曾明言："与总经理高君翰卿宗旨不合，弟意在于进步，而高君则注重保守，即如用人，弟主张求新，而高君则偏于求旧。"[②]这些并没有资源的人，对一些事务的处理自然旧人容易发力，而新的业务则离不开高素质人才。经过十多年的启蒙与维新，张元济观察到文化建设的必要，因而汲汲于新人才的引进和企业内部新观念与体制的建构，只有从带有家族、家长色彩的公司转型为由职业经理人管理的现代企业，才能真正达成他所期待的现代化文化的使命。

1915年开始，商务在发展中面临着一个又一个困难。困难既包括外来的竞争，更有内部机构的运行不畅，这当然引发了张元济对经营危险的隐忧。

张元济虽然有李拔可长驻总管理处，但因总是协调各方面的矛盾而大事、杂事无不参与，不免有些首尾难顾，他不是那种释卷而叹、怨天尤人者，也不再是一个纯书生，任由事业拖延，同时更珍惜夏瑞

---

① 陈叔通：《回忆商务印书馆》，《商务印书馆九十年》，商务印书馆1987年版，第138页。

② 《张元济全集》第3卷，商务印书馆2007年版，第221—222页。

芳留下的遗产。于是左思右想，他深感现有体制是发生因人而变的根本原因。于是他开始探索顶层设计。就像当年为编译所求贤一样，把视野放到了国内在处理人际关系这方面最优秀的杰出人物——陈叔通，他们是好朋友不用说，难得的是，早在 1911 年，张元济就有邀请陈叔通进商务之意，因陈叔通当时任《北京日报》经理和担任国会议员而未果。1911 年 3 月，张元济为推进宪政，以“冀上助宪政之进行，下为社会谋幸福”之旨，创办《法政杂志》，陈叔通曾列为 24 位发起人之一。这本刊物本是由法学界人士及留日学生发起、商务编辑出版的，而陈叔通既有留日经历，又时任资政院议员，并专攻法学，因此其加入《法政杂志》是实至名归。①

作为好朋友，自然急人所急，陈叔通在张元济的请求下来到商务。进馆伊始，张元济并未让其担任具体工作，而是让其观察、了解内部状态。果然，陈叔通不负所望，进馆后不久，经过充分了解和调研后，发现原来商务印书馆编译所、印刷所、发行所三个所各自为政，互不相关，缺乏统一的计划调度。他不仅是发现问题的高手，更是解决问题的能人。他设计出在三所之上成立一个总务处，作为馆内最高行政决策机构，以便统一领导。这种集现实与理想于一体的架构设计，让张元济一下看到了更大的发展空间。

作为快速发展而又十分庞大的产业机构，没有系统科学的组织和管理是不可能健康发展的。显然，这非张元济之所长，而陈叔通的加

① 陈叔通（1876—1966 年），字敬第，浙江杭州人，1902 年中举人，次年中进士后，授翰林院编修，1904 年，陈叔通东渡日本，入法政大学学习，1906 回国，曾担任宪政调查局会办，1910 年，任清政府资政院民选议员，参加梁启超组织的宪友会。民国成立，推选为第一届国会议员，担任《北京日报》经理，希望对国事有所贡献。但不久袁世凯解散国会，复辟帝制。

盟和参与，正好解决了这一发展瓶颈，这当然是张元济所乐求的。在张元济主持下，董事会采纳了这个方案。总务处成立后，三所的工作纳入了统一的计划，促进了彼此的了解。在此基础上，陈叔通拟订出了许多规定办法，从制度建设的角度解决了商务的发展问题，使商务成为当时规章制度最健全的企业之一。

自陈叔通设立三所一处及多项规章制度，商务真正成为董事会领导下的规范企业，奠定了中国出版企业的基本框架，这一模式也标志着现代出版产业制度化成型了。张元济虽不乏个人的名望和愈积愈厚的资历，但他更主要的运作方式是通过组织社会文化机构来执行或达成他的事业。从中西学堂、通艺学堂到商务印书馆，最终把商务一步一步发展成为了一个文化传播平台、学术研究机构和资料保存中心。他在他所建造并掌控的平台上，聚合各方力量，共同追寻他心中的文化理想。而张元济所粹力的是群体的产业化与文化活动。所以，当陈叔通设计调整商务为一处三所的布局时，他心有戚戚矣。因为，这种布局不仅符合商务坚实的发展方向，也便于他思想与运作的表达。

商务的快速起步与后来的规模倍增，从一个文人团体蜕变为一个企业集团，完全得益于陈叔通这样的管理思想，也正因此才使日益庞杂混乱的机构得以纲举目张。由陈叔通所创建的总务处建制，为商务印书馆在 20 世纪二三十年代的稳固快速发展打下了坚实基础。张元济不仅始终视其为左右手，且邀之连续担任董事。在任职期内，陈叔通继续发挥所长，深耕细作，逐步建立和完善了一套科学化的管理制度，从此，商务出书的速度、产品质量以及市场体系等方面，都居于国内同行业的领先地位。他所设立的三所一处管理体制一直沿用了十余年，成为张元济退休前一直坚持的办馆方式，直到后来王云五主政，推行科学管理目标，才重新构建管理框架。这当然也是时代的变革的需求。

（五）引领出版行业发展

1917 年，中华书局发生重大危机。陆费逵团队为了赶超商务，急速扩充股本，惨遭失败，资金周转出现危机；与此同时，主管发行的创始人之一——沈知方用公款从事投机生意失败，资金链断裂，可谓雪上加霜。

出现这样的重大危机，中华书局一时感到似乎没有了出路，谋求归并商务，并派人与商务展开会商。张元济深感意外之余，自然对这个竞争者没有什么好感。他心想，接纳中华书局之后加以吞并，这样一次性解决后顾之忧。

经过多次的交涉，双方难以达成共识，张元济自然不会随意应允合并之事，以拖待变也是张元济此时的心态。正在这时，曾经担任商务顾问的日本人山本条太郎等人来商务访问，张元济向其征询此事的意见。不期，山本特别建言他们，切不可买下中华书局，并善言提醒馆方，出版事业若为商务所独占，将招致更大、更多的忌妒，同时没有竞争对手，将会缺少市场竞争力，对商务而言并非好事。与此同时，在馆内最受张元济信任的陈叔通也表达了同样的看法，认为有竞争才有发展，商务做到了老大地位，让一个有竞争力的对手存在不是一件坏事。其他如郑孝胥等深谙工商企业发展之道的人士也有同样的建言，张元济最终放弃并终止合并中华书局的讨论。

中华书局与此同时也在苦熬中找到新的投资人的支持①，营运遂得以维持。获得重生的陆费逵，虽然也大度地让出了局长的位置，但平台还在，投资方也认可他，于是他积聚力量，再度在竞争中求生存、求发展、求影响力。如此一来，现代中国出版的格局正式呈现双雄局面。

中华书局的规模从民国初年创立以来，在组织上可以说和商务如出一辙，也有编辑所、事务所、营业所、印刷所等部门，并且从1924年起，在国内各地广设分局，凡是各省有商务分馆之地，中华必有分局，到了1926年，分局达到40处。它的一切可以说是商务的翻版，这当然与陆费逵、沈知方等人在商务待过，了解商务的组织运作情形，克隆、复制商务成功的模式有关，这些也成为他们快速追赶的手段。在编辑与资源上也如此，尤其喜欢聘用有过商务经历的人，如王宠惠、范源廉、戴克敦、左舜生、吴研因、舒新城等这些中华书局重量级的人，都曾经在商务待过。同时，陆费逵更大举聘用学术界、政界、教育界的闻人为之出力。但是整体上来看，在编辑群的阵容上始终不及商务，并且中华的资本额、营业额也不及商务。经营的模式则与商务有区别，商务是采集权政策，由总馆负责打理一切；中华书局则不然，他毕竟规模小，组织新，发展快，所以往往迁就各地士绅，与之协定、合资，未能握有主导权，容易出现一定的不稳定性。因此在后续的发展中，中华书局始终无法企及商务的规模与影响力，出版市场还是由商务所主导，但这并不影响陆费逵敢于竞争以求发展的策略。

---

①　投资人为在常州开设纺织厂的吴镜渊。

陆费逵执掌中华前期的发展策略是全方位地与商务竞争，在渡过“民六”危机后，又祭出一招，就是与商务争名作者的资源，历史上发生的商务印书馆与中华书局争出梁启超作品集的纠纷就是一例。

梁启超的思想学说，清末民初以来始终激荡着整个社会，他的著作多交付商务，至民国初年他的单行本作品，仅著作和译述就有近十种，均由商务出版。从这个意义上说，他是商务最重要撰稿人之一。梁启超的经典传世之作如《清代学术概论》、《中国近三百年学术史》、《历史研究法》都是由商务首刊。①

梁启超作为名人，不仅作品有市场价值，学术影响也为张元济所认同。梁启超的许多文章和书稿几乎随时送来，立即发印，从来不积压耽搁。张元济不仅满足了梁启超要求，且付给超乎寻常的稿费，千字二十元。较之林琴南、胡适之的稿酬千字六元高出不止一倍。有人说，梁启超当时名气大，要优待；文章质量好，要优质优价；同行竞争抢稿子，要出高价；等等。商务在恶劣竞争环境中，也只有巨大的付出才有可能获得有巨大效益的作品。

中华书局创办之初，立脚未稳，1914 年，就急切地聘请刚离开北洋政府的梁启超为其编纂《时局小丛书》，创办《大中华》杂志，以梁启超为旗帜与号召，壮大其声势。1916 年，中华书局借梁启超为其新创刊的《大中华》主笔之便集录《庸言》、《大中华》等已经刊发过的文字，也囊括商务出版过的作品，推出《饮冰室全集》，在报纸上刊登广告，一时为社会所热议，天下动闻或不为过。对此商务当然不会默不作声，后发制人，不久即刊布结集梁启超作品的消息。

① 梁启超先后六次结集自己的作品，最早一次是 1905 年《饮冰室集》，署名为京都金港堂刊行，其实金港堂正是商务合资的日方。

一个名人之作，出了双胞案，争的无非是市场，中华着手在先，《大中华》杂志上梁文自然应归中华所有，加之梁启超又因为以《庸言》撰文为名借款，中华更是得陇望蜀，试图让商务放弃这个市场，但采取的手段和方式竟是反过来控告商务侵权。

梁启超的著作风靡市场，谁敢轻言放弃？虽然这几年梁启超与中华书局关系不浅，但怎抵得上与同年兄弟的交情，因此亲手签约将著作权交张元济。张元济对作者资源当然充满了自信，二人关系无人可比。在陆费逵全力以赴争夺梁启超的版权一事上，只要稍致一便函，几乎可以得到梁启超新作专刊之利，让中华版胎死腹中，但他没有这样处理，梁启超的作品分置于中华书局和商务印书馆之际，张元济自然不能不计较馆方的得失。但张元济经过再三考虑，最终还是松口让中华书局出版《梁启超合集》，自留单行本的权利。同时在当年 9 月，商务推出《饮冰室丛著》48 册，中华书局为 40 册，市场并行。一场你争我斗的出版之争交给了市场，两家首次平和地相处。第二年，中华书局也改为 48 册。1926 年，中华书局又搜集网罗其散布的文字及诗作出版了《饮冰室文集》，规模达 80 册，囊括了梁一生几乎所有作品的《饮冰室合集》，由其家属委托其弟子林志钧编辑，1936 年全部交给了中华书局出版。从此以后，商务也很少再印梁启超的作品了。

20 世纪二三十年代的出版界是一片热闹的园地，不断扩大，出版机构不断裂变，主角不断改变身份，张元济牺牲了一次利益，但他所认可的是，梁启超著作广行，朋友得利，以及中华不甘人后的努力，所以没有对陆费逵表示过任何的轻视和否定，更没有前辈式的自居，有之乃同行的关注而已。一个人，尤其是属于行业领袖地位的人，不可能不致思于更广大、更辉煌的事业追求，去获得更大的成就。梁启超作品出版权之争，展现了张元济的雅量与胸怀。

从中华书局诞生之日起，由产品转变为品牌，当然产品竞争一直是先行，主要集中发生在教科书领域。书业的竞争局面一直在演进，教科书市场在中华书局冲击之前，虽然都有着这样那样的课本存在，而且因为市场太大，社会变化太快，中华书局的市场加盟也形成了“鲇鱼效应”，引发群体参与，诸雄并争，但每一家竞争者和跟随者，却都不敢轻率地对待其产品内容和形式。这些都促进商务的教科书不断的努力与改进，从而引领了教科书市场生机勃勃、充满活力的文化现象。

从中华书局脱离的沈知方另行创办了世界书局，商务编辑出身的章锡琛则创办了开明书店，上海出版界开始出现四雄并进的局面，出版界由商务单一独大发展为群雄并起的情形。竞争使得各出版者莫不努力提升出版物的内容与水平，并维持彼此间的互动关系，各自贡献其力量，中国的出版业呈现出前所未有的一派欣欣向荣的局面。

市场竞争的加入者依靠的不仅是勇气，更发挥实力，尤其是从人无我有、人弱我强、人有我优上着手，所以总是有新的志业者加入竞争。在 20 世纪二三十年代，为数众多的学者，尤其是留学欧美的杰出学人都主动或被各方邀请参与其中，这其中当然以商务最多。但商务的教科书也并不是没有弱项，如 1928 年林语堂所编的《开明英语读本》，一举超越了周越然的《模范英文读本》，就曾让商务出身、创办开明的章锡琛获得了巨大收益，作为最早涉足英语教育的商务，在这个方面的产品研发也望尘莫及，这便是市场创新的号召力，尤其是大批新学人与出版业新军对于教育产品的倾力与关注所产生的巨大作用。当然最终受惠的是接受教育的广大民众，他们因之而得到更好的，尤其是可以多向选择的教育产品。

二、助力新文化建设

张元济入馆前十余年，建立了称雄于文化界的编译所，成立了梦幻一般的涵芬楼和接地气的各类教育机构，文化的商务俨然成型，不仅成为上海的文化中心，也成为出版业的旗帜。然而，当他步入50岁的时候，更大的“天命”向他袭来，让他不得不向外结盟，携手刚刚出现的文化机构、人物，同求进步与发展，把商务推向更大更高的境地。所以，尽管他还要厕身于繁杂的馆务中，但是他仍然为此各方奔走，展现出一个文化活动家的风采。他曾经一心将天下英才引入商务的思路，转变为结盟当下强大而兴盛的文化机构。

（一）结盟北大与《新青年》

民国以来，社会更为动荡，内部复杂纷纭，但他却不断扩大、发展商务的事业与文化版图，也向着他人生的顶点出发。这个时期，教育救国已不再是迫切的话题，但与社会的更进一步结合，更广泛全面地作用于社会，则是他的核心追求。

张元济在新时代、新发展中，前所未有地以果敢之作风，除旧布新，迎来了商务发展的第二个高峰。他的第一重要举措便是，利用天然优势，与完全蜕变的北大结盟。

张元济与北大的渊源比南洋公学更早，当年创办京师大学堂时，他曾为执事孙家鼐所力邀，但他并未接受。其后严复任校长，关系自不待言，两人南北呼应，建树颇丰。而在蔡元培执掌北大之前，从人才到影响力，北大尚逊商务一筹，也是不争的事实。北大的丕变完全得益于“吾哥”蔡元培兼容并包的办学方针和“五四”群英的集结，从而成为新文化中心，其影响力和发展趋势始得并驾商务而上之。

1916 年 11 月，蔡元培应邀回国主持北大。他先抵上海，见到了阔别四年的老友张元济和新刊的著作之后，重整行装，于 1916 年 12 月抵达北京。1917 年初，蔡正式担任北京大学校长。

蔡元培初掌北大，只有一块招牌和一群硕学鸿儒，北洋政府其实无法提供基本的运营费用。无米之炊，设坛授学就难以开张。于是，蔡元培派人南下向张元济求援，不仅借钱，还要借人。张为此在馆中筹措了开办所需经费，还派教育专家蒋维乔去北京帮忙两个月，恐怕也正是这笔钱，使蔡元培有了底气和条件在北大驻扎下来，开始了他划时代的大学变革之道。

蔡元培主持的北大风生水起，先是聘请思想新锐、风格独特的陈独秀北上为文科学长，支持其所办《新青年》。1917 年夏天，胡适归国，陈独秀把他聘请到北大。国内两股力量集结在一起。① 因为胡适归国之前，已在 1917 年 1 月《新青年》上发表《文学改良刍议》一文，提出了文学改良的“八不主义”。陈独秀在 2 月出版的《新青年》发表《文学革命论》与之呼应，大呼他的“三大主义”。之后，钱玄同，刘半农、周作人、傅斯年、罗家伦等人都写文章宣传文学改良，主张白话文。新文学革命的陡然兴起，以倡导白话文和人道主义相标

① 1915 年 9 月，陈独秀主编的《青年杂志》创刊，标志着新文化运动的兴起。新文化运动高举科学与民主两面大旗，以进化论为主要思想武器，以激进的西化姿态开展思想革命。陈独秀移师北京并常驻北大后，《新青年》也随他一起从上海迁到北京，并成立了新的编辑委员会。主要成员有周树人（鲁迅）、周作人、钱玄同、胡适、刘半农、沈尹默，李大钊、高一涵也参加了编辑。这些人又都同北京大学有关系，一时，北京成为新思想的中心了。

榜，以与传统文学决裂的姿态批判传统文学，以全新的姿态译介西方文学，致力于中国现代文学的建设。胡适的急切回国，不仅将这一新潮推向高潮，而且更主要的是形成了一个强大的思想文化阵营，激荡时代潮流，一时新风席卷天下。

1918年底，同样以新思想、新观点的另一刊物《每周评论》创刊。紧接着北大学生创办了《新潮》，这更是思想界的炸弹，与《每周评论》形成了一种同声相应的势头。在这些思想先行者的发酵下，终于引发了新文化运动。由文学开始而扩大至整个文化与社会思潮，为中国自古以来前所未有的社会群众思潮，堪称另一种“开天辟地”。

新文化运动的核心是从思想、文化变革入手去改造国民性，首要的途径是从文学的内容和形式上去批评传统，提倡白话文，反对文言文，提倡新文学，反对国粹派。

新文化运动在北京方兴未艾，气势不俗，大本营在上海的商务一开始却无多大变化。此时的商务，作为产业规模产品影响力当然是无人可争的文化阵地，但由于庞大产业的限制，逐渐显露出保守之势。始终追随新观念与新思想的张元济对新文化运动不一定全盘接受，但他敏锐地观察并认识到，商务同样要“新”要变，要站在时代和产业的前列，但从内部乃至上海这个文化中心来寻找突破点绝无可能。于是，他毅然北上，寻找“吾哥”蔡元培的支持。

1918年6月，张元济为解决京馆购地、津馆营业及借印《道藏》等事离沪北上，除办理具体馆务外，置身于新文化氛围之中观察交流，成为他北上之行未拟的行程。这是内心的主导选择，因为这是他1911年参加中央教育会议之后，时隔七年的一次北京之行。

张元济的这次京华之行不仅历时两个月之久，而且久违的旧都故友必然酬应甚多，开始的活动主要为访书购书、会友拜客，见了不少老朋友与社会名流，但张元济很快调整行程，主动安排接触新派人物如陈独秀、胡适、钱玄同、李石曾、沈尹默这些新旧相识相见，自然也与如严复、林纾、夏曾佑、董康等老友以及社会名流王宠惠、孙宝琦、熊希龄、汪大燮、汤尔和、傅增湘、马叙伦等促谈。蔡元培最能理解并着力帮助张元济，7 月 9 日，在北大为他举办了茶话会，特意安排陈独秀、马衡、胡适、李石曾、朱希祖、章士钊、钱玄同等北京大学诸君和他座谈沟通。诸教授对这位中国文化的掌门人自然以胆识和激情大输款诚，纷纷从新文化建设角度提出编写通俗教育书籍的看法，建议改订商务教科书。张元济经历了前所未有的头脑风暴，迅速进入角色，真诚接纳他们的建议，还礼请诸人帮助改订，迅速达成了多种协议，其中最重要的是由北大教授们编写的作品统一打包以《北京大学丛书》名义交付商务。

张元济北行收获甚丰，蔡元培也将已策划好的《北京大学月刊》交张元济，以关照和支持南方这个精神家园和文化阵地。张元济此行，等于承接了北大的出版部。之前，北大出版物只用作内部服务。蔡元培熟悉、了解出版对学术和大学的作用与意义，但他是一个但开风气不为师的人物，特别是在出版运作上，自然不如他的老友张元济。所以，他把北大出版物几乎悉数委托商务出版，也是一件顺理成章的事。很快，《北京大学丛书》首批收到了陈大齐的《心理学大纲》、周作人的《欧洲文学史》、梁漱溟的《东西方文化及其哲学》、陶孟和的《社会与教育》、徐宝璜与胡钧的《中国财政史讲义》等著作，还意外地得到了由蔡元培作序、胡适撰写的《中国哲学史大纲》（上）。这些学术名著，不仅提升了北大的学术声望，也成为商务大规模出版高等学术书的滥觞。尤其是胡适新著《中国哲学史大纲》，甫一问世，十分畅销，获得了年内加印三次的良好业绩，胡适所著成了严复译作之后最为畅销的学术作品，堪称一部划时代意义的现代学术经典。

商务印书馆与北京大学的结盟，既缓和了与新文化阵营的关系，而且还获得了源源不断的出版项目。张元济也真正意识到，新文化运动已成星火燎原之势，商务理应在这场变革中担任主角，如果走老路，困守上海，依赖现有编译所同人就会江河日下；如果离开北大这样的新文化策源地，将来的发展将是不可设想的。

（二）调适与回应

由于1919年，爆发了震惊中外的五四运动。在这场改变历史的运动中，蔡元培由于同情学生，并极力营救被捕的学生，引起了北洋政府的强烈不满。处处受掣肘的蔡元培于5月9日留下辞职启事，悄然离京。事件有所平息后，“挽蔡”呼声甚高，包括教育部当局、教员、学生均选派代表南来请蔡复职，张元济则致函于蔡，劝其“不可轻于再出”，因为他担心政治、教育的局面都是很难安顿的。毕竟，他们都是温文尔雅的学者，于社会、行政事务非其所长，张元济亲领馆务数载，感慨至深，所以劝“吾哥”缓进迟行。

五四运动爆发后，其所带来的社会冲击同样发生在商务。今天检视张元济日记（5月9日），其时公司停业，“表抵抗日本，及对于北京学生敬爱之意”。5月13日，他函告出版部，查杂志如有日本广告，应停止。6月5日至12日，上海罢市，商务停工。由于造成经济损失，馆方有人主张要求复工，张元济则主张灵活对待。他还提出向学生捐款，在发行所门口略备茶点招待学生。对民众尤其是青年一代的爱国之举，张元济表现出了他应有的关顾和理解。五四运动在张元济心中也略起微澜，虽然他已数年不参与社会政治活动，但巨大的变革不得不引发他的思考与判断。

人们谈论新文化运动，张元济并不是一个非要论及的主角，但新文化运动的三大言论主将，“当时在思想言论上负主要责任的人”[①]蔡元培、陈独秀、胡适却都与张元济交情至深，乃至以生死相托。他们之间如果不是思想上、精神上、学术上的高度一致，显然难以达到这样的高度。张元济如果没有与这些时代先锋的观念共鸣、接纳，作为当时最大的文化机构掌门人，也不可能置身时势潮流之外，只会习惯性运作。商务所有的巨大变革，离不开张元济的艰难与果断的选择，因为商务是一艘大船，任何变革调整，关系至巨，尤其经过近 20 年建设起来的编辑群体，大家关系融洽，人文气息浓厚。他作为兄长式的灵魂人物，是不能不顾虑和深思的，但正因为大家对他的信赖，所以内部的调整变革也是张元济可资利用的有利条件，而新的拓展则更是他的优势选项。于是乎，商务的面貌在张元济的引领下发生了一次全新的蜕变。

1920 年开始，张元济奠定《四部丛刊初编》工作基础后，并没有满足于《北大丛书》的出版，他开始腾出精力，再次致力于“输入新智识”，即约请蔡元培、胡适、蒋梦麟、陶孟和等北大学者一道，为商务编定了一套《世界丛书》（开始定名“二十世纪丛书”）。蔡元培自然响应并衔命而为，亲自编定条例，“目的在于输入世界文明史

① 陈独秀：《蔡孑民先生逝世后感言》，中国蔡元培研究会编：《蔡元培纪念集》，浙江教育出版社 1998 年版。

上有重要关系的学术思想，先从译书下手”，[1] 以译印欧美、日本各学科著作为内容，部分自撰，由胡适、蒋梦麟、陶孟和等北大教授审校，涉及各门学科。如果说《北大丛书》是对西学俊杰成果的集纳，那《世界丛书》则是张元济的主动擘画与引导，更不妨说是张、蔡两人站在一个更高的角度，让新知群体拼力吐芳于时代与社会。这让我们看到，两位巨子的心灵互相激荡，资源相互开发，终于形成了巨大的思想文化洪流，开创了20世纪20年代后崭新的文化景观。商务在张元济的领导下，再辟新途，与时俱进，继续在出版文化教育领域走在了时代的前列。

（三）与共学社合作

趋新，其实是张元济一生的特征。在新文化运动前后，他做了广泛而积极的努力，不只限于与北大合作一域，还积极联络当时新建立的文化机构。与梁启超发起并主持的共学社的学术出版也是他致力于新思想与出版的另一条路途。

1919年3月，梁启超从欧洲返上海后，又一次住在张元济家。梁启超向张元济表明，他决定今后摒弃政治，专心于文化事业和讲学两大重点，目的是培养人才。着手做三件事：一是办一所大学，亲自讲授；二是组建学会，出版杂志；三是办一实业机构，以保障以上事业的实施，从而形成一个新文化运动。

梁启超的想法自然得到了张元济的大力支持。张元济决定与梁启

① 《北京大学日刊》，1920年3月26日。

超共谋此事，并着手具体落实的事情：决定“蔽处拟岁拨两万元先行试办，仰蒙采纳”。梁启超有了这样雄厚的支持，随即行动起来。

得此厚援，梁启超立马北上，一个月后，即1920年4月，共学社成立。以梁启超的号召力，共学社的发起人和评议会，一时名流皆为襄助，蔡元培、张謇、张元济、熊希龄、范源濂、张伯苓、严修、林长民、张公权、丁文江、王敬芳、蒋梦麟、蓝公武、胡汝麟、张嘉璈、梁善济等名流都列名发起，进入董事会；徐新六、舒新城、梁维新、吴统续、叶景葵等组成评议会。而共学社核心人物则是梁启超、蒋百里、张君劢和张东荪。

张元济看到事一发动，急督这位师侄，“前尊意拟集同志数人译辑新书，铸造全国青年之思想，此实为今至要之举”。张元济又赶紧去信，要其落实：“请速决定译辑新书计划。”“梦旦又言在津与公晤谈，尊意欲更为久大之计划，属加拨两万，为两年之布置，鄙意当属可行。”①

共学社成员得此支助，即致力编译，编为《共学社丛书》，1921年，商务开始出版，包括时代、教育、经济、通俗、文学、科学、哲学、哲人笔记、史学、俄罗斯文学诸类。选书标准以浅近简明为主，特别重要的名著由共学社评议会议定后，再由译员译出，交商务出版。

《共学社丛书》第一年出版了40种书，梁启超所撰的《清代学术概论》就是其中的开山之作。此外还包括蓝公武的《现代思想史》、蒋方震的《欧洲文艺复兴史》与《法国近代文艺思想史》、易家钺的

① 《张元济全集》第3卷，商务印书馆2007年版，第222页。

《家庭问题》、杨志伊的《社会运动史》等书。所编译新书，引入了许多社会学、哲学方面的书籍，涵盖马克思主义、无政府主义、基尔特社会主义等各种不同的思潮，主体部分则与思想启蒙有关。

在张元济的推动和支持下，《共学社丛书》坚持了十几年，一直持续到1935年，前后出版了86种，包括17种小丛书，大部分为译作，这是梁启超学术成果上的一次重大收获。共学社的编译工作，梁启超等人的加入，也带动了商务不少馆员参与译述，年轻的郑振铎就是主力译者之一。共学社编译工作实质上则是整合了馆内外编译人才，推进了商务编译业务的发展。

张元济并不满足于一事一书的合作，曾经属意于梁启超在北京组建一个商务的编辑所，但因梁启超事多，并没有做起来。如果梁启超按照张元济的规划真正地做，以他的才学、资源，一定会做好。那样不仅可以为商务的发展带来又一轮新的辉煌，也会改写梁启超的人生。可惜的是，梁启超仍然留意于政治官场，或被官场所裹挟，总是那样忙忙碌碌。他越是忙，越是无法左右时局，因而也并没能发挥出他应有的作用，也自然没有取得很大的学术业绩。所撰作品最终流于新浅一层，这显然是梁启超人生的另一种失败。而由于梁启超后来意外去世，《共学会丛书》成为对梁启超学术文化发力的一次抢救，否则梁对现代文化的贡献又少一章。

（四）支持尚志学会等

清末西风劲吹，形成前所未有的“西潮”，人们读西书，人才趋西洋，国内办报、出刊、创新式学堂，更有先行者，仿西方而办纯学术文化组织，从个体演变为群体。最早出现现代西方形态的是尚志学会，随后是从海外移来的中国科学社及国内外学界结合的共学社以及中华学艺社，“五四”以后，才真正产生本土化文化组织——文学研究会。这些都是“五四”高潮前后的社会思潮真实状况。

尚志学会是清宣统二年（1910 年）由范源濂、梁启超等人发起成立的，以增进学术教育、发展社会文化为宗旨，也是近代第一个为学术研究出版提供经费的团体。1918 年，商务即开始与之合作出版《尚志学会丛书》，该丛书注重系统、学术性强的文化经典翻译。《尚志学会丛书》是商务在沉寂已久的译介西学事业上的又一次发力与提升，从编辑方针到组织方式，都与过去发生了重大改变，同时着手的有《北京大学丛书》、《共学社丛书》、《中华学艺社丛书》，如仅柏格森著作就有：《创化论》（张东荪译）、《物质与记忆》（张东荪译）、《形而上学序论》（杨正宇译）、《时间与意志的自由》（潘梓年译）、《笑之研究》（张闻天译）。其中冯承钧所译《中西交通史》系列作品，最为系统译述了西方汉学家有关中国和东亚的历史研究的最新学术成果，不仅使国人大开了眼界，西方汉学家高超的学术水平也吸引了国内学者向西学的钻研，迄今为止仍具经典性。《尚志学会丛书》一直坚持了近 20 年（1918—1935 年），先后出版了 41 种作品，涵盖面极其广泛，以哲学、教育、宗教为主。

出版事业的本质是合作与整合资源，大型综合出版机构尤其如此。张元济建立编译所，确立商务的产品战略后，他始终注重与社会的合作，只求为我所用，不求为我所有，过去的运用名人资源如严复、林纾、梁启超、蔡元培、胡适已于前述，毋庸赘言。张元济在“五四”前后，敏锐地抓住新生文化学术机构的新生事物，和他们大规模、多样式合作。通过利用他们的思想学术及资源，商务迅速在新兴知识领域占据领先地位，也成为活力四射、迅速壮大的文化教育龙头。由于张元济始终抱着开放接纳发展的心态，又处于核心文化平台，所以与这些现代文化机构或合作、或共创、或支助。数年间，共经风雨，互相激发，一股新潮在"五四"前后形成浩荡之势，生机盎然，成就非凡。与"五四"新文化年轻俊杰所作的贡献别具价值与意义，这才是"五四"时期真正的文化特征与真实场景。

张元济除了大力从事学术译作的出版，还支持、参与学术活动，从另一方面传播西学与新潮，作用于社会发展。1920 年，梁启超和林长民、范源濂、张东荪、孟宪承等当时学者一起组建学术团体，大力引进西方文化，成立"共学社"与"讲学社"。梁启超、张东荪刚从欧洲访问回来，曾与张元济磋商，希望对他们讲学社邀请欧美名人来讲学给予资助。张元济答复说："前次谈讲学社延聘欧、美名人来华演讲，嘱由敝馆岁助若干，所有演讲稿由敝馆出版各节，已由同人商定，均遵照尊意办理"，"每年岁助讲学社五千元，专为聘员来华讲演之用，三年为限。柏格森如可来华，亦统由讲学社聘定。"[①] 第一个来访的是美国实用主义哲学家杜威，之后又有英国哲学家罗素和德国唯心主义杜里舒先后来华讲学，最后顶峰是泰戈尔。这些有巨大影响力的高端文化活动，对 20 世纪初期中国社会的作用力是非凡的，由此而使国内学术文化及核心城市，真正地接触到西方学术文化的最高最深的思想，并使大众得以亲身感受，过去只从书本报章中寻觅的效果与此是不可同日而语的。

① 《张元济全集》第 3 卷，商务印书馆 2007 年版，第 222 页。

商务对讲学社的资助不仅使邀请外国哲学家讲学活动得以顺利进行，同时也为自身的出版活动准备了条件。由出版机构支助学术活动，不仅为国内首创，也是商务更多元地从事学术文化引进和传播发挥效力，并从此作为一种常态在坚持。一直到"一·二八"被毁之前的十余年间，数位西方学术名流大师来到东方，开始他们的布道与启智之旅，且无一不是商务襄助而成。1920 年 10 月 12 日罗素到上海，开始了他在中国的学术讲演。一年中的演讲稿大部分由商务获得：《哲学问题》（瞿世英译记，1922 年）、《物的分析》（任鸿隽译记，1922 年）、《社会结构学》（伏庐笔记，1922 年）。趁此，商务还出版了《罗素丛书》、《罗素论文集（上下）》（杨端六、胡愈之等译，1923 年）和多种罗素的单本著作。罗素的作品在中国迅速走红，"西方孔子"形象让国人获得最新的智识体验，自然也带动商务出版物的大卖。

（五）延纳新知人才

始终放眼于未来，寄希望于新人，才能让商务不断创造与发展，这是张元济执掌馆务以后最核心的思考与行动。编译所虽然人才济济，但他并不满足，他对文化传播的渴求几乎没有止境，遑论停下脚步。他的大局观与文化策略在复杂的商务内部引发矛盾和争议也是必然，但对于书生气的他而言，发生矛盾成为常态让他难以释怀。

1916 年 9 月 6 日，他在日记中写道："余等以为本馆营业，非用新人，知识较优者，断难与学界、政界接洽。"[①] 在公司董事会上，他

① 《张元济全集》第 6 卷，商务印书馆 2008 年版，第 110 页。

一再呼吁要从新人、年轻人中选聘人才。1917 年，他想聘用徐新六，再约汪精卫，但均未果。这些都让他抱恨不已。

1917 年 3 月，曾师从过杜威，攻读过哲学和教育学，获得哥伦比亚大学博士学位的蒋梦麟回国，黄炎培向张元济推荐，并提出附带条件，蒋要有三分之一的时间为他的中华职业教育社办事，张元济却不拘一格，满口答应，随之礼聘其入馆担任《教育杂志》编辑。蒋梦麟加盟商务不久，感叹“吾国学术之衰落至今日已极”，就向张元济提出，要与学界联络，出学术书，不能单纯从营业计。这对张元济的触动很大。经张元济同意，蒋梦麟决心推出一套译介西方文化学术的丛书，联手已经回国的胡适，共襄此举：“各省教育代表之伟论，咸谓吾国所出新书，无一可读，若是以往，中国文化前途不堪设想。弟实忧之，于是商之于商务印书馆主事诸公，请编辑高等学问之书籍。”① 可惜的是，蒋因“干不惯磨桌子的生活”，一年之后，就辞职了。②

“出高等学问书”这一命题，给了张元济巨大的震撼和启发。的确，张元济在基础教育领域早已经营得风生水起，译介西学也可顺势而为，传承故籍、纂集字典也已着鞭，但他的出版蓝图中，尚没有“出高等学问书”这样明确的理念。当然，他知道，科举废除已经十几年，一批又一批人才成长，尤其是从日、美、欧学成者将愈来愈多，把他们的学识和研究介绍给社会，并利用他们的优势，更高层次地译介西方的学术与思想，不仅可为出版开新局，更是文化出版之新责。

---

①　蒋梦麟给胡适耿云志编：《胡适遗稿及秘藏书信》（第 39 卷），黄山书社 1994 年版，第 402 页。

②　《西潮》十四章，第 135 页。《西潮与新潮：蒋梦麟回忆录》，东方出版社 2006 年版。

胡适刚归国，蒋梦麟即向爱才如渴的张元济推荐约聘之。张元济欣喜无比，但因为蔡元培早已将其聘为北大教授了，只能抱憾一时。更能体现张元济对人才重视的是在对待胡适上，胡适在未接触商务和张元济之前，只是从观察出版业角度谈论商务时，并没有什么好的印象。他曾撰文说："中国的出版界，这七年来简直没有两三部以上可看的书！不但高等学问的书一部都没有，就是要找一部轮船上火车上消遣的书，也找不出。"①

这篇《归国杂感》虽然只是胡适在没有了解实际情况时的感受，是远距离的观察和对方向道路的选择，让胡适写下了如此的文字。文章虽不算激烈，对商务而言，既不客观，也终非美誉，但出自一个青年才俊的感受，却引起了张元济的注意，并不以批评商务以为忤。胡适对商务出版物批评，给他以强烈之警醒。

1918 年，胡适在商务的《东方杂志》上发表了用白话文撰写的关于中国古代哲学研究的论文《公孙龙子的哲学》，商务给出的稿酬竟然与当时负有盛名的林纾同价，仅次于对梁启超充满私谊的厚酬。1918 年 7 月，在蔡元培为其在北大主办茶话会上，张、胡得以初次相见。会后，胡适的第一部学术之作——根据他的博士论文和在北大教书一年的讲义整理而成《中国哲学史大纲》（上册），经蔡元培推荐，由商务出版。

张元济开始钟情于胡适这个人才。1919 年 4 月 8 日，张元济在日记"用人"栏中有这样一段记载："托（孙）伯恒转托陈筱庄约胡适之，月薪三百元。"② 这是张元济第一次约聘胡适的记录。当月底，

---

① 《胡适文存》卷四，黄山书社 1996 年版，第 451 页。

② 《张元济全集》第 7 卷，商务印书馆 2008 年版，第 50 页。

胡适、蒋梦麟陪同美国哲学家杜威来上海，也去商务拜访张元济。5月1日，他们在编译所又见面了，这一天，张元济在《日记》中这样记着："胡适之来谈，闻筱庄言，拟在京有所组织。余答以前闻大学风潮，颇有借重之意。胡又问，此系前说。后筱庄又托人往谈，似系托搜罗人才。余言亦有此意。京师为人才渊薮。如有学识优美之士，有余闲从事撰述者，甚望其能投稿或编译。"[①] 聘用无望，则改为约稿荐人，张元济之厚望，让胡适同样开始珍重与这位文化长者的情缘，并开始关顾商务这个文化机关的种种事务一直终生未改。

当然，一部胡适的《中国哲学史大纲》（上册）的畅销，更触发了张元济出版方针的改变。如果说，前20年，商务立足于做强、做大，全面开拓各个板块业务，以尽教育之责，那经过新文化运动洗礼后，张元济则从文化与教育的发展需求层次上着手，尤其在把握社会进步的方向上着力。因此，他从主要靠自编自译产品，尤重自我策划组织，转变为利用社会思想、资源，与名流和机构深入合作，并以此为他改观产品结构与建构多重文化层次的重要方针。

（六）融入新时代

尽管张元济的求新意识与行动都不慢，但新青年派以激进的方式向《东方杂志》发起猛烈攻击。耐人寻味的是，在刚与张元济北京把臂言欢数日后，陈独秀却以咄咄逼人的气势，撰文对《东方杂志》进行批评，而且是连发两文。首先是1918年9月，陈独秀在《新青

① 《张元济全集》第7卷，商务印书馆2008年版，第61页。

年》第5卷第3号发表《质问〈东方杂志〉记者——〈东方杂志〉与复辟问题》，批评杜亚泉鼓吹东方复兴论；随后，陈独秀联合胡适在《新青年》答读者问中说道："旧文学、旧政治、旧伦理本是一家眷属，固不得去此而取彼，欲谋改革，乃畏阻力而迁就之，此东方人之思想，此改革数十年而毫无进步之最大原因也。"作为《东方杂志》的主持方，12月，杜亚泉发表了《答〈新青年〉杂志记者之质问》。对此进行回应与反击，次年2月，陈独秀发表《再质问〈东方杂志〉记者》。一来一往成为一场论战，此后论战内容逐渐扩展，涉及的问题越来越多，参加者也越来越众。

随之，初出茅庐，才踏入北大门槛不久的年轻才俊罗家伦在《新潮》发表《今日中国之杂志界》一文，对商务出版的《东方杂志》、《教育杂志》、《妇女杂志》等做了严厉批评，指责出版者们半新不旧，"毫无主张，毫无选择"的出版方针"对社会不发生一点影响，也不能尽一点灌输新智识的责任"，对《东方杂志》提出了严厉的批评，认为它是"杂乱派"的代表，是"上下古今派的杂志"，期望它从速改变出版方针。[①] 以此掀起了有关东西文化的论战。他们冲击旧文化的目标之一是商务。

新文化运动的领袖对待过去的文化创造和当下的文化名流不无"傲慢与偏见"，如郑振铎曾在《一九一九年的中国出版界》一文中说："我统计这一年间出版的书籍，最多的是定期刊物，其次就是黑幕及各种奇书小说，最少的却是哲学、科学的书，除了《北京大学丛书》和尚志学会出版的丛书外，简直没有别的有价值的书了。"[②]

---

① 罗家伦：《今日中国之杂志界》，《新潮》1919年第4期。

② 1920年1月1日《新社会》第7号。

在种种复杂的条件因素作用下，杜亚泉居于下风，很快败下阵来，并导致了商务印书馆声誉和出版物发行量的下降。张元济尽管思想上与杜亚泉相近，但他审时度势，只好将老友换下阵来，并力劝杜亚泉不要争辩。对此，作为朋友，在大势面前，应该是相互理解，因为急速下降的发行数字让张元济不能不果断决策。1919 年 5 月 24 日，张元济就“请陶葆霖接办《东方杂志》”①，可见商务改革意愿之迫切。

商务作为庞大的民营企业，决定它在守业过程中注重稳健，这也就注定了《小说月报》、《东方杂志》不可能像《新青年》那样成为革命的先锋。何况商务内部一直存在着两股势力，一是以张元济为首的崇尚改革逐新一派，一是以高凤池为首的守旧趋稳一派。他们在用人、出书、发展各方面都有摩擦分歧，新文化运动后，两派间的裂缝越来越大，最后竟然令张元济愤然挂冠而去。如果单纯从文学的角度看，1920 年左右，商务旧派的势力更大，占据了中心位置。骈文、古文大家的地位显赫，新文学运动兴起不久，还难以动摇。创作白话文作品的都是些没什么名气的小青年、小编辑。据胡愈之回忆说：“当时，报纸副刊已用白话文，《新青年》杂志以及其他进步刊物也用白话文了。当时商务很保守，一切刊物杂志还是用文言文。”

从客观上看，陈独秀对旧时代的冲击和对新文化的鼓吹，不仅引领了北大进入革故鼎新的时代，也极大地推动了商务的变革与进步。作为商务的掌舵人，张元济在陈独秀如椽巨笔的冲击下，倍感压力，但没有作保守式的回击，倒是阵营内部如林纾、杜亚泉等人与陈独秀

① 《张元济全集》第 7 卷，商务印书馆 2008 年版，第 70 页。

等大动干戈。从根本上说，这场影响深远的思想文化争论既有个人意气之争，也是保守与革命之争。

很快，张元济感受到了这股潮流势不可当，应当顺应时势，引进新人，对期刊改弦易辙，急起直追。张元济从辩论中深刻地认识到，《新青年》改变了时代，新文化才是中国现代化所需要的和必然的发展方向。他很快更换了《东方杂志》的主编，用新人、写白话，大举走向新文化舞台，跟进新时代的进步。

虽然《东方杂志》在这场论战中落败，但却使商务彻底摆脱了旧气象，大踏步地拓展了新知识、新文化领域，迅速成为新文化卓有成就的主流阵地，从而拥有了发展的未来。

与《新青年》的激进立场相比，《东方杂志》文化守成色彩鲜明，有些持重与保守。其实，张元济等并不是保守或不进取，而是注重在发展中保持传统的延续以及从传统中汲取养分，也即创新与传旧并举。本来商务的出版物及《东方杂志》、《小说月报》等刊物一直颇有社会影响，而且其方针既着重开启新知，又比较稳健；既同商务需要生存和发展有关，又缘于主持人、编辑人的知识和思想背景，当新文化运动兴起后，这种状况自然显出一定的保守性。商务的出版物与杂志，主体都以文言文方式传播，《东方杂志》作为广有读者的大刊物，缺乏新鲜的思想和明确的政治立场，过于稳健。《小说月报》和《学生杂志》从题材到形式都是传统的模式，甚至充满了“礼拜六派”的创作和杂乱的翻译作品。这种情况在“五四”新文化精神高涨时，自然会引起非议。

让张元济没想到的是，他用十年的努力切割与政治关系，完全回归立足于民间，却在“五四”前后为新兴的社会民间思潮所冲击。

但他在这场矛盾与斗争中，选择的是跟随和实干，把新思潮、新文化所主导的思想落实到产品上、发展上，最终成为建设者、发展者，达成了新潮人物的思想，这其实也和当时梁启超小说革命引领风气一样，张元济在文学观念和产品上取得了最大的发展，并成为文学过渡与革新的重要平台。但真正的效果还是以商务为代表的出版物及政府的主导课本改白话。1920 年《东方杂志》改版、刊登白话文学作品后，坚持表明在传统文化及文学上的态度——新的，可以吸收，但旧的，不轻言放弃。这就是《东方杂志》的文化立场和文化策略。《东方杂志》虽然及时调整了栏目设置，撤掉了“海内诗录”等一些栏目，但也强力恢复“文苑”，坚定地给传统诗文一席之地，并将它打造成宋诗派文人的重要阵地，为传统文学的保护做出了重要贡献。

事实上，当人们走出了“五四”那个激情燃烧的年代之后，以理性的眼光来重新审视《新青年》和《东方杂志》这两个刊物时，就会发现，《新青年》虽然引领了一时代之风尚，提出了一些激进的主张，但在文化建设方面其实并没有做多少实际的工作，相反《东方杂志》却在这方面用力最勤。就《新青年》宣传的新思想、新文化而言，在民国初年也并不是世界最新潮的。

其实，在《新青年》创刊之前，《东方杂志》担负起了思想启蒙的重任，从精神救国、道德革新到个人主义的提倡，《东方杂志》都走在了时代的前列，成为陈独秀领导的新文化运动的先导。然而相对于陈独秀和《新青年》等的激进，杜亚泉和《东方杂志》则显得过于持重，两者之间爆发了一场不可避免的思想战，结果激进战胜了持重，《东方杂志》被迫改版。改版后的《东方杂志》成为新文化运动的重要阵地，它对新文化运动做了持续关注，并对新文化运动的多个层面进行了深入探讨，为新文化运动的深入发展做出了重大贡献。

从新文化运动的先导，到新文化运动的论争对手，再到新文化运动的扎实推进者，《东方杂志》一路艰难地走在中国文化现代化的路途上。这种贡献与《新青年》呐喊式的倡导不同，它以扎实、稳健的态度，具体可行的方案，切实地推动着新文化运动的开展。正如编者在《东方杂志》发行20周年纪念刊物《东方文库》出版预告中所说："《东方杂志》是批评政治社会事情，介绍新学术新知识的杂志。在十年前，中国人还不会留心到世界局势，还不知道有西洋文化，《东方杂志》却早就以记述国际时事，介绍欧美思想自任；在七八年前新文化运动还没有发生，《东方杂志》对于现代哲学现代思想却早已有过系统的介绍。所以从前本志所刊载的材料，直到现在还有许多是很新而且很为一般社会所爱读的。"作为杂志界的旗舰，坦然说，"我们不愿自命为站在文化战争的前线，但也时刻努力进取，决不至落在时代的后面。"《东方杂志》正是以这种不愿为先，也不甘落后的稳健立场，默默无闻地做着建设和推进新文化的工作。

张元济前20年对《东方杂志》的主持，从创刊确立办刊宗旨到主编调整、改革内容，都倾注了他巨大的心血，而坚持与调整则是他贡献给近代中国最有影响力的一项文化业绩。在几十年的发展中，从综合性到思想性，文化品格始终是其核心。

当然，商务作为庞大的产业集群，不可能也没有必要截断众流，完全从旧文化中跳出来，也不可能像思想家或革命者如《新青年》那样不计成本的免费派送产品以达到呐喊、影响即可的方式。张元济在思想与商业之间寻找契合点，切实地在文化守成、现代化与产业平衡诸方面齐头并进，所以，张元济给世人以“不新不旧”的印象，商务出版物似有“新旧杂糅”的面貌。其实本质是新旧并包，中西共融的文化中流砥柱，更值得关注的是在这几年商务的发展中，张元济主要是以发展产品规模的方式，尤其是以增加新文化观念、思想的产品来向文化现代化之路艰难挺进的，这对于商业企业是十分艰难和不易的。

三、走向新文化之路

（一）全面革新期刊

由翻译文化到创译小说、白话小说，自“新小说革命”后，文学产品又成为商务产品线的重要一环，这是张元济在教科书系统化推广之外，向社会提供精神产品的体现。继《东方杂志》创办之后，《小说月报》也一直稳居小说类期刊的龙头，并稳步上升，市场的鼎盛势头大概一直持续到了1916年。之后，随着社会风气的变化和新文化思潮的孕育，以维持与微调为主的办刊方式开始出现危机。1917年10月张元济致高梦旦的信中，说《小说月报》“不适宜，应变通”。恽铁樵离职后，《小说月报》的“变通”还是十分有限的，仅仅增加了一些与新文学相关的栏目。曾希与商务一比高下的《中华小说界》1916年7月停办，《礼拜六》也于此年休刊。当时像《中华小说界》这样参与市场而又退出市场的期刊很多，但商务却一直坚持办刊，选择靠近大众读者的趣味。1918年以后《小说月报》中“礼拜六派”

的小说越来越多，有些栏目成了“礼拜六派”作家、小说家的园地。顺势而为及商业上的算计全表现在林纾译作的处理上，1919 年，其在《小说月报》上的亮相率达到自《小说月报》创刊以来的最高峰，最多的时候刊登五篇林译作品，占了杂志 1/5 以上的篇幅。在新文化运动兴起之际，小说读者的趣味还在这类消遣性作品上面，上海许多报刊的版面故被占去不少，《小说月报》亦不能免俗。

《小说月报》不愿消亡，它的发行者只好顺社会群众之心理进行改革了。《小说月报》虽然早就有了不少白话小说，可“文苑”“杂俎”等栏目文言文的天下，但全部换成白话文也是在革新以后。可是，不做改革的商务杂志销量明显越来越差了。商务主管人曾多次想方设法地为自己的杂志寻找出路，如“减折”，让《教育杂志》、《东方杂志》“募外稿，从速行”等，可作用并不大，还遭到了主编的抵制。

随着思潮、社会风气与阅读口味的改变，期刊与报纸的内容是革新最快的。过去用《林译小说》吸引一些读者，可现在的《林译小说》已成明日黄花，这时《林译小说》已成《小说月报》的负担了，可又不能不登。蒋维乔向张元济反映《林译小说》的毛病时，张的答复是：“稿多只可收，惟草率错误应令改良。”商务还是要接林纾质量越来越差的稿子，但只在《小说月报》上刊发而已。结果导致《小说月报》销量下降，连连发生亏损，商务在这样的压力下也不得不改革。

促使《小说月报》1920 年进行革新的主要原因是它的销量不断下降，《小说月报》最初发行的时候，每期达 10000 册以上。同时更为重要的原因是新文学的出现和崛起，它们感应时代和社会的要求，影响并造就了一批具有新的阅读兴趣和口味的读者群。自陈独秀 1917 年在《新青年》上发表《文学革命论》以来，与《小说月报》

同一类型的其他小说杂志都先后停刊了。[①]从1915年，梁启超发表《告别小说家》，时距他发表《论小说与群治之关系》已13年，这标志着他倡导的小说改造社会的政治思想的落空，两年后的新文化运动，更是全面否认了这后20年的小说发展。

1920年的《小说月报》还只是处于半革新的状态。所谓半革新，即是主编没换，仍是王蕴章，但划出约三分之一的地盘开设“小说新潮”栏，让茅盾去办。

“小说新潮”栏以外的《小说月报》也在慢慢发生变化，除“小说新潮”栏外，又增设了“文学新潮”“编辑余谈”等栏目，前者以发表新体诗为主，后者以发表新文学理论批评为主。《小说月报》革新的姿态表现得越来越多，到这一年的第十期，“小说新潮”“说丛”栏目废除，用“长篇小说”“短篇小说”来分类，并加大刊登新潮小说力度。可小改良在那个狂飙激进的年代里无济于事，半改革的《小说月报》销量仍在步步下降，到第十号时，只印了2000册。

张元济这时已完全认清社会发展趋势，于是积极顺应社会发展的潮流，在《东方杂志》易人后，《小说月报》也进行完全改版，从形式上迅速抛弃旧人物、旧文学，把沈雁冰请到了前台[②]。这一年的10月，张元济、高梦旦先后到达北京，接触到郑振铎等文学研究会的人，回来便有了“拟请沈雁冰主编并改组《小说月报》”的决定。不久，王蕴章辞职，由沈雁冰任主编，来改革《小说月报》。《小说月报》的

---

① 《小说时报》于1917年11月停刊，徐枕亚主编的《小说丛报》1919年8月停刊，李定夷主编的《小说新报》停刊一年；包天笑主编的《小说大观》1921年停刊。

② 沈雁冰即茅盾，浙江桐乡人，1916年由北平分馆经理孙壮向张元济介绍而入馆，先为英文部编译，后为孙毓修助手，协编《四部丛刊》，因其读书多，思想活跃，被张元济、高梦旦委以重任。

革新既是张元济个人与商务内在发展的要求，更是时代社会发展的要求。茅盾回忆道：“后来我才知道，张菊生和高梦旦 11 月初旬到过北京，就和郑振铎他们见过面，郑等要求商务出版一个文学杂志，而由他们主编（如《学艺杂志》之例），张、高不愿出版新杂志，但表示可以改组《小说月报》，于是郑等就转而主张先成立一个文学会，然后再办刊物。张、高回上海后即选定我改组《小说月报》。[①]”

《小说月报》革新版面，显然得到张元济的大力支持。改组后的《小说月报》定价从原来的两角五分降为两角，第一期印了 5000 册，马上销完，供不应求，于是第二期印了 7000 册，到第一卷末，印数已达 10000 册。1921 年《小说月报》改版成为新文学运动刊物之后，商务新出《小说世界》一刊，意图利用原来资源将《小说月报》原有的通俗文学作家继续网罗在商务的招牌下，以享《小说月报》的读者，但此时世风大变，《小说世界》根本无法与前《小说月报》相比，不久即寿终正寝。市场证明，小说刊物，只能做两种选择，要么向新文学靠拢，走严肃高雅的一路；要么朝通俗小说看齐，自觉以小市民作为自己的读者对象。

自茅盾接手成为《小说月报》主编之后，从第 12 卷开始，该刊面貌便焕然一新，其后又由郑振铎主编，《小说月报》控制主导权一直在文学研究会手中。[②] 郑振铎于 1921 年 5 月进商务当了编辑，与已在商务工作的茅盾一道，以《小说月报》为阵地，真正地开创出中国

---

① 《商务印书馆九十年》，商务印书馆 1987 年版，第 190 页。

② 1920 年 11 月在北京成立的文学研究会，由沈雁冰、郑振铎主持，是“五四”以后最早的新文学阵营，文学研究会全会成员达 172 人，在许多地区设有分会，是继《新青年》社和新潮社之后成立的最有影响的文学团体。文学研究会的成员成为该刊的基本作者，他们在《小说月报》上实践其“为人生的文学”的主张。

现代新文学的局面。

改进后的《小说月报》和新刊的《文学研究会丛书》，其价值和作用与作为思想启蒙的《新青年》，有了异曲同工之妙。因此，两大阵营迅速融洽，张元济也一脚踏进了新文化领域，并没有像林纾、辜鸿铭、严复等人那样，坚守自己的文化主张而自陷复古守旧之途。所以，从结果来看，陈独秀和杜亚泉的这场笔战，张元济接受了陈独秀的主张，迅速跟上了时代，而没有固守杜亚泉等人的学说。尽管商务一时并未放弃旧学，但显然开了一个新局。更为难得的是，张元济没有计较陈独秀的偏激之说，而是更加敬重他，充分体现了张元济博大的胸怀。

1921 年起，商务开始出版《文学研究会丛书》，坚持了 18 年，共出版 107 种，与之相配套的还有《文学研究会戏剧丛书》9 种，《文学研究会创作丛书》和《文学研究会世界名著丛书》114 种，如果加上《小说月报》丛刊 5 集，那是多么庞大的规模啊！这些作品为商务的品牌建设起到了功不可没的作用。郑振铎、茅盾以文学研究会为活动舞台，一大批文学新人纷至沓来，不仅为商务输送了大批人才，而且吸纳培养了大批作家，包括周作人、瞿世英、耿济之、冰心、许地山、王统照、叶绍钧、庐隐、孙伏园、俞平伯、徐志摩、巴金、老舍、丁玲、沈从文等。

商务大力推出这些文学书刊，繁荣文学市场，对晚清和“五四”文学的发展做出了巨大贡献。反过来，文学市场也带给了商务巨大的名声和经济利益的回报。新文学运动成就却是大成问题的。从现在的观点而不是从“五四”前发展的观点来审视“白话文”运动，其实典雅语言与大众语言之间的关系问题并没有解决。

对于《教育杂志》、《学生杂志》、《妇女杂志》，张元济也迅速另整旗鼓。尽管张元济对编译所及馆内的团队是爱护备至，但他知道那是私人情感，在社会需要变革的进程中，他必须勇敢面对，改造团队，让商务新生，去继续扮演好社会文化领先者的角色，这才是他坚定不移的主张。于是，《教育杂志》改由李石岑编辑，《学生杂志》的编辑换了杨贤江，《妇女杂志》则由章锡琛来办。改版后的商务期刊便成为介绍“新文化”“新思潮”的主力军。

（二）多元化的抉择

新文化运动所欲破坏和摧毁的有两大领域：一是孔孟思想，二是文言文。新文化运动的干将既然确定了方向，当然就拿成就最大、影响最巨的古文家林纾开刀了。正如胡适所说，号称有主张的革命者，大都向壁虚构一些革命的对象，然后去打倒那个自造的对象。① 林纾就是被他们塑造出来需要打倒的那个人。

在陈独秀看来，《东方杂志》和《小说月报》保守、迂腐，更有“造币工厂”之虞。林纾为商务炮制的各类古文选，都在批判之列，被新文化干将直指为“桐城妖种，选学余孽”。尽管那时的林纾已经是陈独秀在北大文科学长的继任者，但陈独秀的批判可谓不遗余力。

林纾早年就因古文典雅而获得美誉，翻译西方小说完全是借其文笔与再创作而风靡一时，由于他有杰出的才华和深厚的文学功底，所以译述从文字上很吸引人。他自己则对改观千年文统、百年风潮也信

① 《胡适文存》第 4 卷，黄山书社 1996 年版，第 312 页。

心满满，在这一点上，商务又给他提供了一展素志的机会。

林纾在翻译西方小说步入与商务紧密合作、高效运作的同时，回归到他最擅长的领域，并与商务开辟又一合作领域：为古文振衰起废。1907 年起，又应张元济、高梦旦之约，为商务编辑了系列古文读本《中学国文读本》（十卷本，1908—1910 年）。这是商务推出最新教科书之后，第一套由他个人编纂的语文教科书，也是近代第一本以“国文”为名的教科书，自然径传神州。他创作的个人作品《技击余闻》也于 1908 年以精美的形式出版，1910 年，他又将自己的古文创作结集为《畏庐文集》，印行万册，畅销一时。林纾希望通过商务这个平台，用振衰起废的古文理论为他生命的后期再次续写文名，果然，十年的努力使他因此而博得了古文家的盛誉。

林纾作为文言文创作的大家，他自树古文大旗后，致力于古文普及和推广，得到了社会认可。古文家的声誉径传神州，实现了他自己对翻译家身份的转变与发展。由于声名大盛，更由于处于前所未有的变革时代，他受到文化界后起者的攻击也最多。开始是以章太炎为代表的魏晋古文派对他的桐城派古文的攻击。章门弟子入主北大后，以正统自居，指斥林纾为桐城一派，更认为其古文不修。在大师们的操纵下，林纾受到不应有的评价，处境困难的他不得不辞职。

随后，他又受到梁启超新民体文风的指责，而彻底打垮他的是新文化运动的干将们。陈独秀、胡适、刘半农主张彻底文学革命，以北大为阵地，《新青年》为工具，他们全然不顾林对西方文学的传播之力，更加上林有过以“小举人”攻击大翰林蔡元培的行为，因此对其大加批评，尽管林纾很快认错，但新文化阵营一点也不原谅他。对此，林纾当然不会默不作声，他就如同堂·吉诃德般地同新文化运动的干将斗争起来。他要捍卫他的价值观，曾言："吾固知古文之当废，然不知其所以然。"在这种困惑之中，加之又在外部的强压下，骨气极傲的林纾并没有改弦易辙，奋力为古文延续命脉。

虽然林纾不是商务之人，但他的译作及古文选本为商务专卖，所以新文化干将就顺藤摸瓜，连商务一块进行清算。新文化运动的目标是开启现代化的大门，所以先行者们不遗余力地"攻其一点，不及其余"。周作人说："文学革命以后，人人都有了骂林先生的权利。"最终林纾败下阵来。林纾志未得申，巨大的文化声誉被新文化运动彻底推毁，他被《新青年》诸辈冠以"老朽、落后"之恶谥，更有过激者斥之为"谬种""妖孽"。当然，新文化干将们要清算抨击的不仅仅是林纾，更是当时执文化界牛耳的商务大本营，清除其对新文化运动推广的阻力和障碍。

"五四"以后，张元济通过对时局的把握，对林纾作品的出版也做出了相应的调整，但并没有放弃《林译小说》的出版。茅盾接手《小说月报》后，虽然停止刊登"林译"，但单行本的出版则加快了速度，当年即出版了 14 种之多，为单行本数量出版年度之最。同时，将《林译小说》移于新创刊的《小说世界》周刊中继续刊登。

在新文化运动落幕后不久，1924 年，林纾孤寂地去世。去世时，并没有看到他的全部著作刊布，还有部分遗存于世，却不幸毁于 1932 年那场大火之中。

林纾逝世后的十天，时在商务的郑振铎发表了《林琴南先生》，这是林去世后首篇悼念和评述性的文字。其中大有超越新文学诸辈们的观点："他的主张是一个问题，他在中国文坛上的地位，又另是一个问题，因他的过时的守旧的主张，完全推倒了他在文坛上的地位，便完全淹没了数十年的辛苦的工作，似乎是不很公允的。”①

胡适在林纾去世的年底，也刊发了《林琴南先生的白话诗》，检讨说：

> 林先生的新乐府，不但可以表示他的文学观念的变迁，并且可以使我们知道，五、六年前的反对领袖，在三十年前也曾做过社会改革的事业，我们晚一辈的少年人，只认得守旧的林琴南，而不知道当日的维新党林琴南、只听得林琴南老年反对白话文学，而不知道林琴南壮年时曾做过很通俗的白话诗——这算不公平的舆论！②

胡适还称赞其为自司马迁以来将古文运用得最好的人。

五四新文化运动对开启中国现代化的作用功莫大矣。运动发起者追求世界文明的新方向，但本身并不了解固有文化的价值和内涵，思想的革命胜过一切，因此，与之叫阵的林纾成为革命的主要对象也就不足为奇，也不能不为之惋惜了。

林纾就是这样不幸，他开启了新潮，却被新文学家视为旧派，激烈的文字和巨大的舆情让林纾晚年及去世几十年来，始终冠上保守、落后乃至“敌人”的名分，忽略了其新文学不旄之祖的地位。他固守古文，却被更尚古的章门归之为他并不认同的桐城派，他成了一个他自己都不敢认同的角色。悲也夫！他到哪里去寻找自己的安慰呢？于此，他更加孤独，一个老文人最终在孤愤中逝去。

---

① 《小说月报》第15卷第11号。

② 胡适：《林琴南先生的白话诗》，《晨报》（六周年增刊），1924年12月1日。

在其后的半个世纪中，很难有人了解张元济和林纾曾经是如此密切而持久的朋友，他们从作者与出版方开始，到共同经历文化尤其是文学的奇观与盛衰，后人把他们分置为不同的角色。其实，他们是坚定不移的朋友，历史的场景终究会告诉未来真相，他们之间从没有互逆或相斥，文化和主张坚持本来就是文化人的风骨所在。

（三）新旧出版共推

现代出版业站在商业和文化立场上，支持新文化运动，尝试新出版领域，并在市场的热烈响应下，很快发展成为出版的主潮流。新文化催生了新出版，新出版又推动了新文化，两者相互促进，共建出版和文化的又一新时代。在此过程中，商务又一次获得发展契机，张元济当然会引领其承担新的时代使命。

商务的出版物结构发生了重大调整，从原来注重教育图书和工具书转向注重一般知识性图书，并着力于学术著作的出版。作为重点的教育图书出版物，语言形式也发生变革。早在教育部改“国文”为“国语”的通告公布之前，1916 年，张元济就“建议初等小学国文改用白话文”，但遭到了杜亚泉、高梦旦的反对，他们均“以为难办”。张元济北大之行期间就接受了沈尹默关于教科书应改用白话文的意见，着手编辑言文一致的白话教科书。1919 年出版《新体国语教科书》八册，改“国文”为“国语”，也就是现代白话体，这为国内教科书采用白话文体之首例。之后，商务各中小学教科书全部使用白话文，这是文学革命和国语运动相结合的最大成果，同时也是确立白话文地位最关键的一环。1920 年，教育部通令全国学校教科书改用国语，国内课本开始全部使用白话。商务还出版了最早的《国音字典》、《国音学生字汇》，推广拼音字母。这都是对白话文运动的支持与推动。

1923 年，在学界和民间的推动下，白话运动最根本的功效得到落实。北洋政府颁布了《新学制中学国文课程标准》。商务自然不甘人后，推出了全套采用白话的《新法教科书》。接着，商务根据时代的发展，出版了全新的《新学制教科书》，以适应新学制推行的需要。这套《新学制教科书》是中国现代教育界第一套成熟的国语文体教科书，署名是胡适、王云五、朱经农校订。全新的“国语体”规范教科书成为商务课本的新军，十分畅销。从此，中小学教科书开始普及国语体。白话文不仅让学生感受到学习的轻松、快乐，也是“五四”新文化最有效用的成果。这部《新学制教科书》一直发行到 1942 年。也就是说，张元济对于新文化在基础教育领域的彻底落地生根不仅起到引领作用，也重新赢得“新”桂冠，但仅此而叙述张元济的出版则十分不妥，他在这个时期有着更丰富的出版文化作为。

革新思想、创造文化、出版事业，三者是出版的最高层次。从这个层面而言，在思想创造方面，张元济比当时风起云涌的新锐略输，但他在那个时代对文化的拯救则是前所未有的。保住文言的正宗地位，维护古文的延续性，并不反对语言和文学的通俗化，但他的底线是文言的正宗地位不可动摇；而新文化干将则努力要将白话确立为“中国文学之正宗，又为将来文学必用之利器”，为此不得不判定文言为死文字，古文为死文学，其本意并不是要完全废除文言，只是想确立白话的正宗地位，他们的底线是白话的正宗地位不容讨论和匡正。

也许在当时而言，张元济将重视对旧文学作品的刊发当作是再自然不过的事情，而且作者资源大多是他们的朋友或同一阶层。尽管此类作品品种数量在商务的出版物中所占数量不多，但今天回头来审视，正是这情结的表达与众多的作品，记录下了旧文学发展历程中最后的幽光，为旧文学的最后一批团体及文学流派留下了宝贵的史料，它铭刻了古典派的最后足迹，这也是写史者必须加以表彰和挖掘的史实。

编译所“译书”是重点，但旧式文人或有旧学修养者毕竟占大多数，正如立宪运动中商务骨干皆为立宪派成员一样。张元济本身无暇做一个文人，而在馆中的李拔可却是一个典型的文人，他是不得已因职业的拓展而从事经营与管理工作，但却与旧式文人相交甚多甚广，而因他在馆中的中枢与关键身份以及在诗坛词界的关系，自然最容易集纳这个群体的力量。就在这段时间，张元济与李拔可合力谋刊《宋诗钞》，对当时的诗风就有巨大的推动与贡献。可以说，没有李拔可的文学品位和艺术情趣，陈衍的《石遗室诗话》不可能在《东方杂志》上连载刊发，宋诗派的作品也不可能在《小说月报》上广载。宋诗派同光体作品正是因《东方杂志》与《小说月报》的广为传播而产生广泛影响，这是当时别树一帜的南社所不可及的。

在一个动荡不安的社会环境里，一个庞大的文化出版机构，要长期合法地生存下去实属不易。而商务的立足之本在于它的民间立场，他们的注意力集中在文化精义本身的保存和建设上，并接纳推动各种社会思想、思潮、主张，不依附于任何党派，更不附和政治势力。1918 年 2 月，康有为希望老朋友安排商务代售《不忍》杂志和他的著作，由于康和这份杂志是著名的保皇派，张元济没有同意。其后，康有为又要张元济为他的《共和平议》推广，再次遭张元济拒绝。期间，一些政治党派色彩浓厚的文人如沈曾植、郑孝胥的作品也没有出现在商务的产品系列中。

不仅如此，甚至连孙中山的文章，也被张元济婉转拒退。商务始终站在民间的立场上说话做事，几经历史风云变幻，它仍能屹立不倒，虽说是个奇迹，可在这后面做支撑的是商务一以贯之的民间性。一则在于它是民间文化机构，不是受政权控制的附属机关；二则北洋民国政府在法律上确立出版自由也是一个重要因素。

思想家们讲观点，需要的是影响力，而企业讲品牌、信誉以及社会接受最大化，文化出版企业尤其如此。它所推出的产品，除办刊宗旨的独特与市场接受之外，还必须为时代及社会所接受。张元济所办几大刊物，与同时期同类刊物相比，不仅品质突出，而且坚持最久，不像当时开新风、创新潮者，只是昙花一现。商务产生了数种办刊历史最长、影响力最大、文化价值最高的刊物。

商务在和日本合资并成功推出全套教科书以后，已成为当然的大企业，随着企业的越来越大，它已经从一个同人利益共享体变为了一个社会责任承担者。大企业与新锐小企业的发展方式不同，前者必须规避社会与政治的巨大风险，而后者在勇于创新与斗争中立足。平衡与稳定是大企业持续生存的底线，而清末民初又是政治、社会剧变和思潮制度改弦易张最快的时代，加之书业竞争蜂起，所以商务由于其巨大产业规模的限制与各类人才的集合，只能以稳定、平衡作为发展基调，在此基础上求新求变。而新与变的范围主要体现在扩张领域，所以时势也造就了商务必须不断巩固与扩张相结合的态势，从而始终居于文化领航者之位。

（四）辞职风波

张元济居经理任上后，杂事丛脞，可谓忙甚。加上来自外面的干扰，更让他不胜其烦。譬如中华书局对商务发动“攻势”，根据《实业之日本》杂志所载一篇说商务有日资的文章，译成中文小册子《支那问题》发行，结果引起诉讼，虽终以胜诉作结，但张元济作为原告，三次出庭。

又如1920年初，孙中山由于商务退回《孙文学说》一书不印，公开发表文章，抨击商务事：“我国印刷机关，惟商务印书馆号称宏大，而其在营业上有垄断性质，固无论矣，且为保皇党之余孽所把持。故其所出一切书籍，均带有保皇党气味，而又陈腐不堪读。不特此也，又且压抑新出版物，凡属吾党印刷之件，及外界与新思想有关之著作，彼皆拒不代印。”事后张元济曾解释说：“当时不肯承印，实因官吏专制太甚，商人不敢与抗，并非反对孙君。”但孙中山毕竟为社会共尊，带给张元济的压力可想而知。

20世纪20年代左右，商务已是一家大规模出版机构，是家大业广的“一大摊子”。张元济虽高高在上，却从来不做甩手掌柜，据曹冰严说：“他在公司办事时，经常先众人到馆，后众人离馆，偶然及时不到，必系因公在外奔走。散值时，又将馆中未了文件实之皮囊，皮囊不足容纳，仍复束为大包小包，携回家中处理。虽至午夜亦不厌倦，翌晨到馆，即将批阅过的文件或批改过的文稿分交各主管人员。”他还特别指出，张元济“不仅主持公司大计，还致力于稽查公司各部分的办事情况，改进办事手续，往往抓住个别事件，追查原委，毫不留情。在这段时期内，他为公司建立和健全了一系列的规章制度，当时所有各项办事细则，甚至应用单据的格式，几乎完全是他参与拟定的。”当然，他的作风也招致馆内颇有些人私下非议，认为是“事务主义”，[1] 张元济之认真，或者近于偏执，或者带有学究般的认真，但无不是出于戒怠戒弊的责任心与对股东、事业的完美追求。

1920年，张元济做了五年经理，人已届55岁，时常不免感到既累且苦。而张元济与高凤池的分歧，始终伴随着二人合作主持商务的过程。张元济曾致信高凤池，特别强调，“公司成立以来，制度实未完备，且积习已深，不速改革，于公司前途甚有障碍。”张元济对商务的整顿、改革深感迫切，由于明显感到高凤池不予合作，敷衍延宕，论事几成废议，不肯苟且而又难有作为的他，只有叹息道：“元济对于公司革新及久远之计划，于今数载弗获施行。”事权的处置或争议是表面，他们二人最主要的矛盾是在用人问题上，张主开新，高主守旧，所以“意见凿枘”，尽管这段时间张元济也引进了不少社会知名人士，如美国归来的蒋梦麟（1917年）、日本归国的郑贞文（1918年）等，但张元济仍然深感人才之不足无从得展其长期发展战略，不断求新。1919年，他更提出了“喜新厌旧主义”。他说：“生平宗旨，以喜新厌旧为事，故不欲厕身于政界。”“公司今日所以能有此成绩者，其一部分未始非鄙人喜新厌旧之主义所致。”而新人才的引进及他们对环境与业务的适应，尤其需要领导人的胸怀和企业氛围。在旧势力和保守派居大半的商务，张元济虽然吾道不孤，却也处处掣肘，故不时引发他的文人情绪，更多的是他与三五同道的互诉与倾述。作为主要领导者，无法实现其意图与战略，其苦无比，久结于心，则必定

---

① 曹冰严：《张元济与商务印书馆》，《商务印书馆九十年》，商务印书馆1987年版，第30—32页。

爆发。

一个极具事业心的人，往往性格及行为方式上显得棱角分明，平静待下，温和对外的他却不时与高发生矛盾，甚至激烈的争辩，但每次争辩绝无意气或争权夺利之心，是时代的变化、进步，影响和促使他意识到，必须使自己和商务都克服暮气，以开明改革的形象，跟上时代之进步。因为他感到，这时已是一个社会思想、文化潮流正在发生大变动的时代了。

1920 年 3 月，董事会上因商议购地产事，再次起冲突，随之又有公司 100 万存款的出路问题，在讨论时意见不合，张元济主张多留公益金，高凤池则主张多分红。矛盾的累积和激化，直接导致张元济当场辞去经理一职，并于第二天将此事公诸社会，登报申明。

张元济“隐忍五年，今乃爆发”，① 以九牛莫挽的方式宣布辞职，而且没有商量余地，事情发展到了难以挽回的地步。在答复孙壮、孙伟信中，他谈到辞职的根本动机：

> 吾辈在公司几十年，且年逾五旬，体力均非健硕，岂能永久任此繁剧。亟宜预备替人，培植新进，以谋公司可久可大之计……使弟果为一己计，则公司目前尚称顺境，尽可遇事敷衍，优游卒岁。然吾辈一存此心，公司败坏之根即种于此。且吾辈脑力陈旧，不能与世界潮流相应，若不引避贤路，恐非独于公司无益，而且于公司有损。弟实不忍公司陷于此境，而志不得行，故毅然辞职，以为先去为望之计。②

① 《张元济全集》第 1 卷，商务印书馆 2007 年版，第 515 页。

② 《张元济全集》第 1 卷，商务印书馆 2007 年版，第 515 页。

实则以退为进，退是俗务、杂事，“不问公司之日行事件”，进的则是大事。他致高凤池信曾称：

> 吾国人每办一事，当危难之时，在事之人尚能同心协力，及其成效稍著，则彼此争权夺利之举，纷纷而起，而其事迹随之隳落。公既任总经理后，弟与公之宗旨往往背驰，甚自愧憾。今公司成绩甚著，公之宗旨相去愈甚远，恐以后争执愈甚，弟所以辞退者，亦表示无与公争权夺利之心也。①

专心“谋公司可久可大之计”是他真正的本愿，虽“先去为望”，所望则在文化之根本传承与商务之发展。

张元济此举，因内部矛盾成为公共事件，远在北平的各界朋友都来规劝，但他这次显系下定决心辞职，高凤池也顿显尴尬，他万万没有料到张元济会有此举。商务董事会为此特别开会，高凤池屈身挽留也无效果；而当高梦旦代表全体挽留时，张元济竟说：“如再复职，是为无耻。”

商务不能没有张元济，而张元济对商务抱有深厚感情，实在也舍不得离开。僵局造成上下内外的尴尬局面，所幸陈叔通深知两难，再出奇招，既顺应张元济辞去经理的要求，又设法以职留人，于是提出援引当时也是上海滩最负盛名的永安公司之例，在总经理和经理之上另设监事会，张元济、高凤池两人同退，再共同担任商务监事会监事。这个方案既维持了面子，又可继续留住两人在馆共事。这样，在

---

① 《张元济全集》第3卷，商务印书馆2007年版，第116页。

一定程度上解决了矛盾，成功地留下了脾气倔强的张元济在运作的核心体系之中。

对此，张元济最终认可并同意妥协，从一线退了下来，从此改任监理，商务管理层调整为鲍咸昌任总经理，李拔可、王显华任经理。这意味着前期商务的结束、后期商务的开始。张、高两人离开一线，不再过问具体事，矛盾自然淡化，友谊亦得绵延。

这次领导层调整中重要的是，作为经营管理的核心人物，李宣龚真正成为决策层核心成员，他成为继续贯彻并具体实施张元济思想的关键人物，所以张元济坚守用新人原则很快就在馆中实行，他的事业和生命在新的群体支撑下得到绽放。

张元济与一般人不同的地方，在于他既有执着的一面，又有超脱的一面。他意识到自己的局限，包括精力与思想资源的有限。“五四”以后，新思想的演变正在成为潮流，他尽量去跟上潮流。他多元的文化态度反映在出版产品与商务变革上，最终让这个产业庞大而被时代映射出“老旧”的机构发生丕变。张元济的方向是与时俱进，因为只有产品变化及团队调整，才能推动商务的转型与发展。因此，张元济是“五四”以来商务文化转型的主导者、建设者，而在这一点上，因与高凤池的矛盾而显然让他付出更多心血和努力。当然，高凤池并非有什么主张或观念，只是习惯性操作和就事论事，而且身先垂范，品德与所行同样受到内部包括张元济的尊重。因此，他们两人所争在“事”，未变的是“情”。我们今天看到张元济连篇累牍与高凤池的文字，似乎两人相隔遥远，实则共处一楼，这便是因情而致，以文寄事，显现出张元济顾情而求变的团体精神。这也是我们今天必须体察到的，因为大抵经营者，尤其是本身肩负经营责任的人，不可能专注于方向、观念的创新。吸纳已属不易，如高凤池的成长背景及观念层次必然会顾虑改革与纳新，对大型机构而言，必牵一发而动全身并无私利或派系之见，他同样真心地倾注于商务事业，只是受到见识的局限，正因为他个人的局限与张元济的高超形成难融合的共同主张，必然形成决策与路线的矛盾。

张元济的辞职，遏制了商务旧势力的控制力与企业领导力，推动商务努力转型进入现代文化传播阶段。这期间，期刊革新是其重要工具，新人才是其保障，商务历史上最大规模引进日本与欧美留学人才就发生在这个时期。同时，这也为王云五的到来，并以现代文化产品为重点奠定了基础，也因而最终养成中国文化现代化产生或传播成果最多最广的平台，与北大的阵营和其他兴起的现代学术文化机构成为现代学术文化建设的三大支撑和核心。

四、铸造时代的精魂

钱钟书说过，思想、灵魂、科学与艺术是无法市场化的。然而，张元济却以市场化手段，将中国前所未有的科学与艺术出版建立并壮大起来。当然，他不是把科学与艺术市场化，而是通过市场，将科学与艺术成果或作品在中华大地前所未有地广泛地传播开了，尤其是在现代科学著作出版方面开启了新途，对洋务运动以来半个多世纪的西方与日本科学著作刊译是一次飞跃与提升。“五四”启蒙者大力倡导科学，也由此而得实现。

中国现代化的发生，从洋务运动着重对西方坚船利炮等器物的引进，到戊戌变法强调体制的变更，但并没有进入到思想、观念的改变和人才的培养等方面，而这些才是真正现代化的根本。从科学与工业引进到思想观念、民主制度建设，19世纪的后二十年带给了国人太多太急的课题与任务，但是，更现实的是当时的中国社会缺乏真正了解西方现代化的人才队伍。五四运动以前，国内真正懂得西学的人约有三类：一是来自西方的传教士，这不用说；二是自学成才的人，如杜亚泉一类；三是自曾国藩、李鸿章安排到海外留学和1905年之后兴起的到日本、欧美留学的学者，这是主体。这些置身西方或受西学浸染者的人才出现，标志着中国现代化由追求工业发展向思想制度引进的历史转折。

科学文化及技术是中国文化的一个“舶来品”，洋务运动对坚船利炮的引进和制造，只是期待达到救亡图存的实际效用。五四运动高举“德先生”的旗帜，作为现代化的启蒙，“拿来主义”无法消化为内生文化，因为作为完全的外生系统话语，无法与固有文明相融，只有具体的文化交流、传播，才能从外来文化移植到本土之中。在这样的历史轨迹下，对科技、科学文化产品的引进和推广，成为张元济继讲求西方思想、文学之后又一重要方向。虽然张元济很早就准备进入科学领域，一批具体的作品和强大的团队在“五四”以前已经引进，但真正的全面发力则在“五四”前后，他也因此成为中国科学出版的引领者和建设者。

（一）科学出版的引领者

《商务九十年》（未定稿）中说：“科学书籍的印行，尤其是具有大量算式和插图，需要比较精良的制版和印刷技术，商务于过去在印刷技术上居于领导地位，所以一个时期内成了高级科技书籍的权威的出版家。”[①]由张元济首批引进，并在商务印书馆服务了25年的科学家周昌寿，曾撰长文《译刊科学书籍考略》为张元济贺寿。该文在综述1936年之前的300年科学著作翻译时，将咸丰末以讫1936年为第二、第三期，指出：“其中第二第三两期之书，大都出于张菊生先生之手。”[②]这是首次对作为科学书籍出版家的张元济在这一领域的尊崇与评论。

就出版属性而言，有商业性的出版，有公益化的出版，有志趣式的出版，而科学类产品出版在社会尚不发达时期，自然难以产生商业价值，但又是社会所不可或缺。西方文艺复兴以来科学的勃兴与出版的实现主要走的就是公益式或被支助性道路，张元济自然明白，他仍致力于此，正是从社会时代需求着力。而全方位、广大无比的出版方针，则是现代出版家的必然追求。科学出版于社会进步与发展是为必需，故此，张元济及同人们自然不惜其力。

新文化运动的两大旗帜是科学与民主，而科学又是洋务运动以来对西学西艺的提升。因基础及风气所致，“科学”乃至技术的引进，乃较“德先生”更难，没有一定的物质条件及长期而广泛的宣传教育，是难以达成以“科学”口号提出的目标的。今天，中国虽经济崛起，科学与科技尚落后于经济的进步，而难以跨越式发展，乃积重难返所致。而张元济在沟通中西的路上，并没有知难而退，相反，他是以出

① 《商务印书馆九十年》，商务印书馆1987年版，第770页。

② 胡适、蔡元培、王云五编：《张菊生先生七十生日纪念论文集》，商务印书馆2001年版，第348页。

版方式进入科技知识、观念、理论领域，主动做为西方科技与科学成果推广的先行者。他尽管付出了艰苦努力，但仍没有达到他所理想和社会期待的状态，不过他所率领的团队，却是现代化进程中坚持并不断深化发展，自觉承担起科学进步使命的出版领导者。奉献者才是真正的角色，而他本身具有科学家的实干与奉献精神，也是现代出版历史上堪称独一无二的人物。这些，他都是从时代、国家及未来发展的需求角度去努力再努力，并非他所娴熟或市场诱惑所致，我们姑且称之为纯粹的出版，这对于本身是文人而又在商业机构中立身的领导人来说，不能不说是一种突破和超越。当然，可以归纳为社会的使命和责任是他投身于此的动力。这种出版精神凸现出张元济是现代出版代表性人物。

人们对知识的满足，只是一个方面，对文化和思想的渴求才是真正的指向。在这方面，张元济的作为可以说不仅超越了千古以来文化人之梦想，而且感召了一代又一代人的奋发，因此而成为文化人的阵地，最终，建构出商务的出版文化，并成为中国现代出版的典范与顶峰。

如果说以扶助教育为己任，是张元济与夏瑞芳的共同使命，传播西方现代科学，则是张元济带给商务并引领商务推动社会进步的又一发力点。他的这一举措，不仅与洋务运动以来官书局如雨后春笋般主要从知识层面译介西方自然科学知识的作法不同，较之近代以来最早从事科学出版的机构如墨海书馆和江南制造局翻译馆、南洋公学专门从事科学知识输入的作法也不同，同时与传教士们以科学为媒而弥合中西交往的作法也不同，还与他前期在南洋公学衔命而为地译介“西学”技术类典籍不同。他带领商务印书馆对从知识输出到科学思想、科学普及乃至科学研究成果、专业辞书诸领域均有涉及，并按西方现代科学各门类全方位介绍西方科学思想、最新科技信息、科学家传记，其出版的载体包括单本丛书、期刊，同时更广泛而深入地与当时最早最大的科学组织合作，当然也包括在中小学教材中推出以前蒙学教育中从来没有过的内容：卫生、博物、化学、生物等课本。

（1）

编译所创立之始，即设国文、英文、理化博物三部，理化博物部就是专门从事科技类教材翻译、专业著作与辞书出版的，由杜亚泉主持。杜亚泉是张元济最早引入的人才，一个自学科学成才的近代志士，他于1904年加盟商务之前，曾率先从事科学宣传教育工作，办亚泉学馆、《亚泉杂志》（期刊）。

杜亚泉为商务贡献30年，长期担任编译所理化部主任，虽也涉及期刊与人文领域，但始终以自然科学为主。他是一个痴迷于科学出版并自学不已的科学工作者，不过前期大抵是个人式的奋斗，加盟商务才使他踏上新征途，所以他一生坚守，一直到“一·二八”事变发生。作为编译所元老的他，是一位百科全书式的人物，罕见的多面手，有知识，尤其有科学知识。正是张元济的任用和支持，使他在科学出版领域取得了辉煌的成就，也为商务科学类作品的出版立下了汗马功劳。杜亚泉在商务工作期间，负责编著自然科学类的教科书就将近百余种。从教材、自然科学类作品到后来独力编纂的《植物学大辞典》（300万字，历时12年）、《动物学大辞典》（250万字，历时6年）等科学工具书，都是名副其实的由中国人自己编写的科学巨著，对在中国传播动物、植物学知识发挥了积极作用。蔡元培说，杜亚泉“以科学方法研求哲理，周详审慎，力避偏宕”[①]；著名化学家袁翰青说，19世纪末期和20世纪初期，在介绍西方科学方面，杜亚泉要算是成绩卓著的人物之一。

杜亚泉本人博学，于科学倡导、传播有功，他一直认为科学知识的教育需由小学做起，最早由杜亚泉负责的理科教科书《格致》，以及后期的《小学自然科学辞书》，就是他理想的具体实践。[②]杜亚泉担任《东方杂志》主编时，大力介绍西方科学成果和自然科学思想。例如居里夫人发现镭的资讯就是由他第一个介绍到中国来的。他通过在杂志上增设“科学杂俎”栏目，及时传播科学知识。他奉献出的扎实的科学工具书，为以后学术界所广泛持久地使用。作为本土成长起来的科学类图书著作者，其成就达到了当时最高的高度，他多次强调：“对于固有文明乃主张科学的刷新，并不主张顽固的保守；对于西洋文明亦主张相当的吸收，唯不主张完全的仿效而已。”这说明杜亚泉是坚持科学理性主义的。在杜亚泉的倡议下，商务由科学出版渐次展开到科学场所的创立，志在真正地传播科学，商务因此开办过标本、仪器传习班，招收学生，传授技术，培养自制仪器、标本的人才。杜亚泉还亲自参加讲课。由于他并不精熟西方科学，没有受过严谨的科学专业训练，而只是一般性学习涉猎，加之“五四”前后大批西方学成的人才加盟商务，所以他逐步地回到思想文化领域，并且关乎人文

---

① 蔡元培：《书杜亚泉先生遗事》，高平叔编：《蔡元培全集》（六），中华书局1989年版，第360页。

② 谢振声等：《缅怀杜亚泉先生》，《商务印书馆馆史资料》（22）。

张元济（1867—1959）

1910 年，张元济于上海南洋公学

1918 年，张元济编辑出版《戊戌六君子遗集》

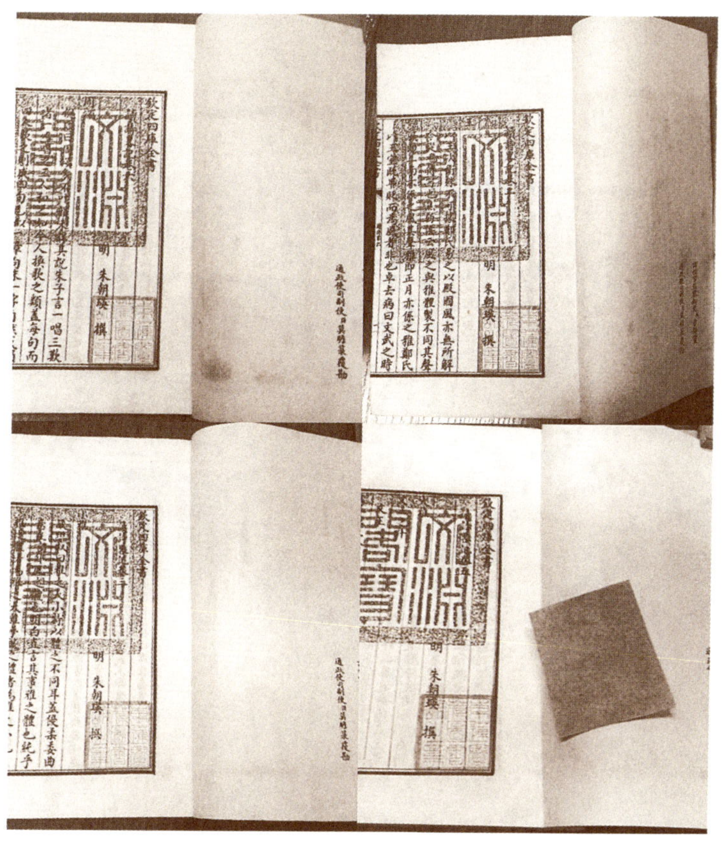

《四库全书珍本初集》书影

《四部丛刊》书影

《百衲本二十四史》

东方图书馆

被炸后的东方图书馆

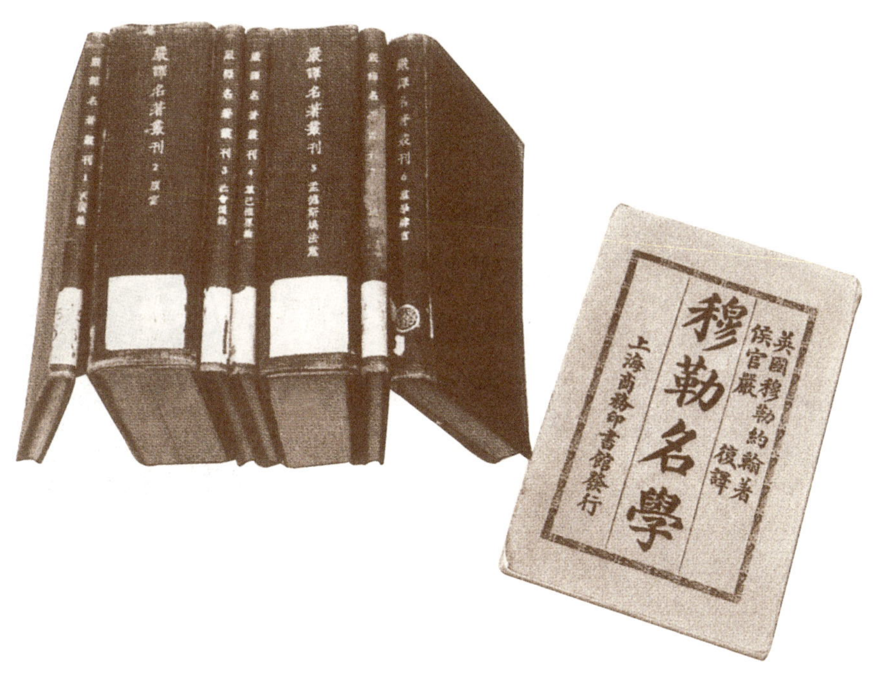

严译名著（严复译《原富》（1903）《穆勒名学》（1905）《法意》（1906）《天演论》（1905）等）

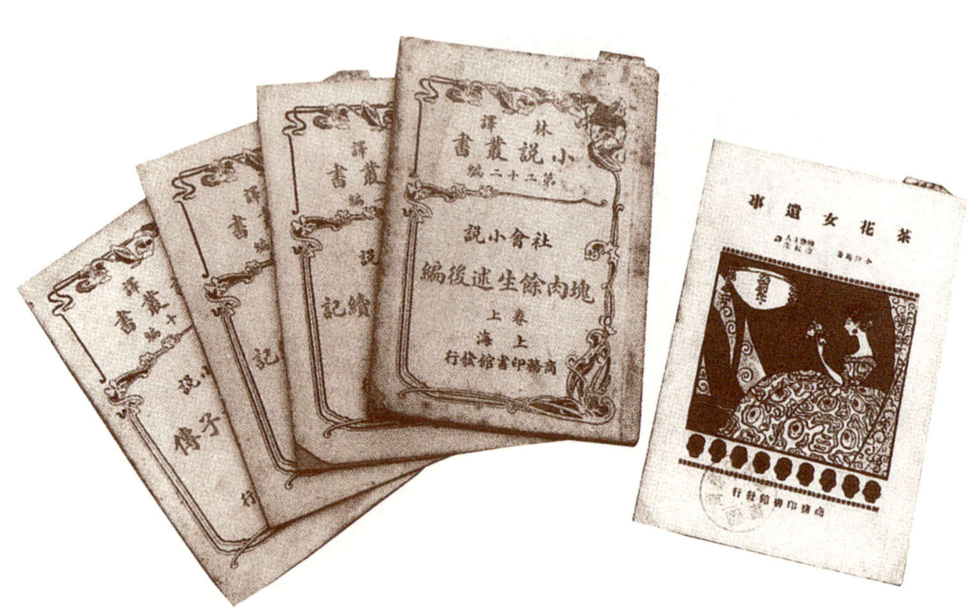

林译名著（林纾译《茶花女》（1898）《吟边燕语》（1903）《块肉余生》（1908）等）

《东方杂志》创刊号

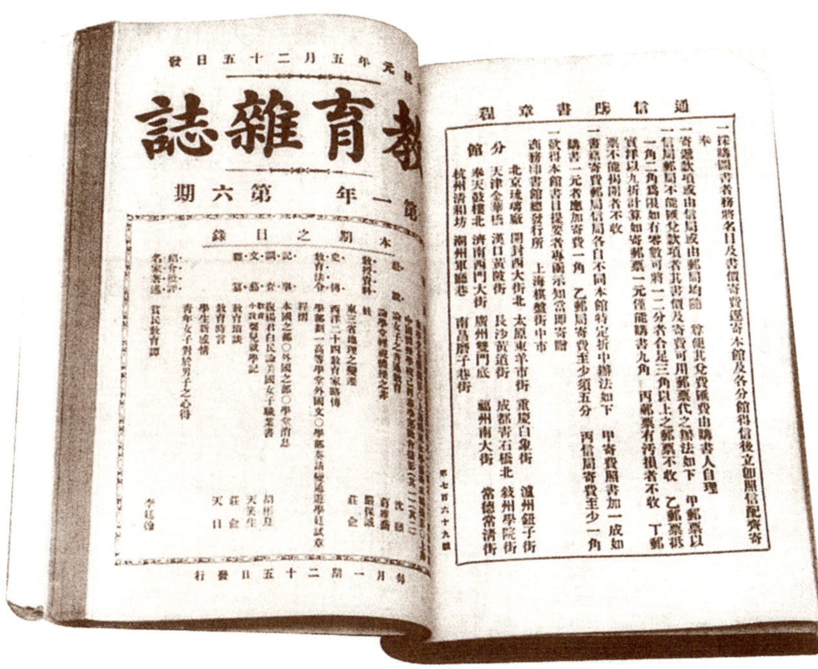

《教育杂志》

《小说月报》一月号

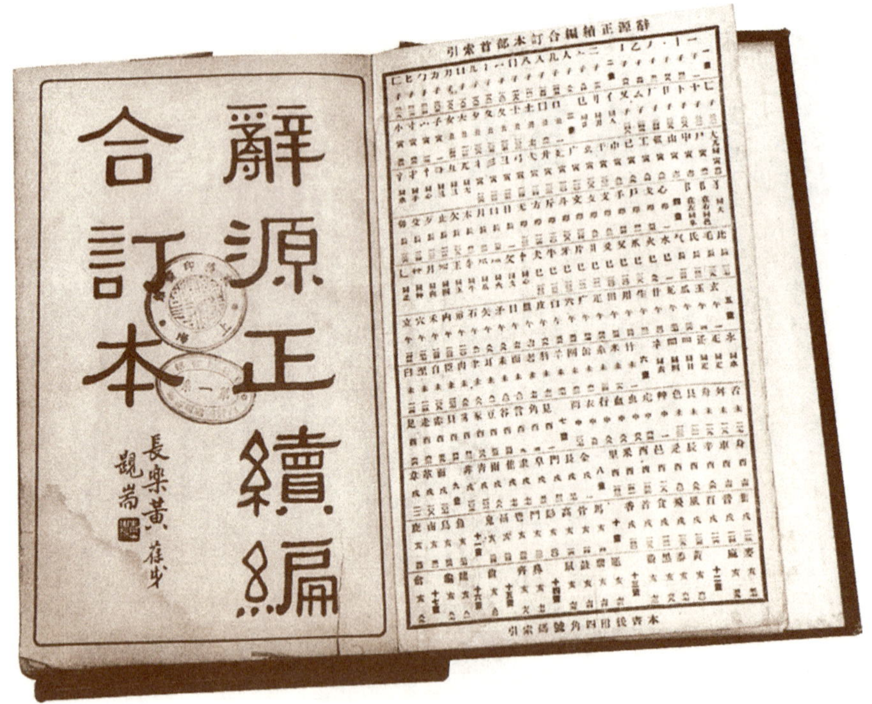

《辞源正续编合订本》

1937 年，张元济在上海极司非尔路住宅花园内

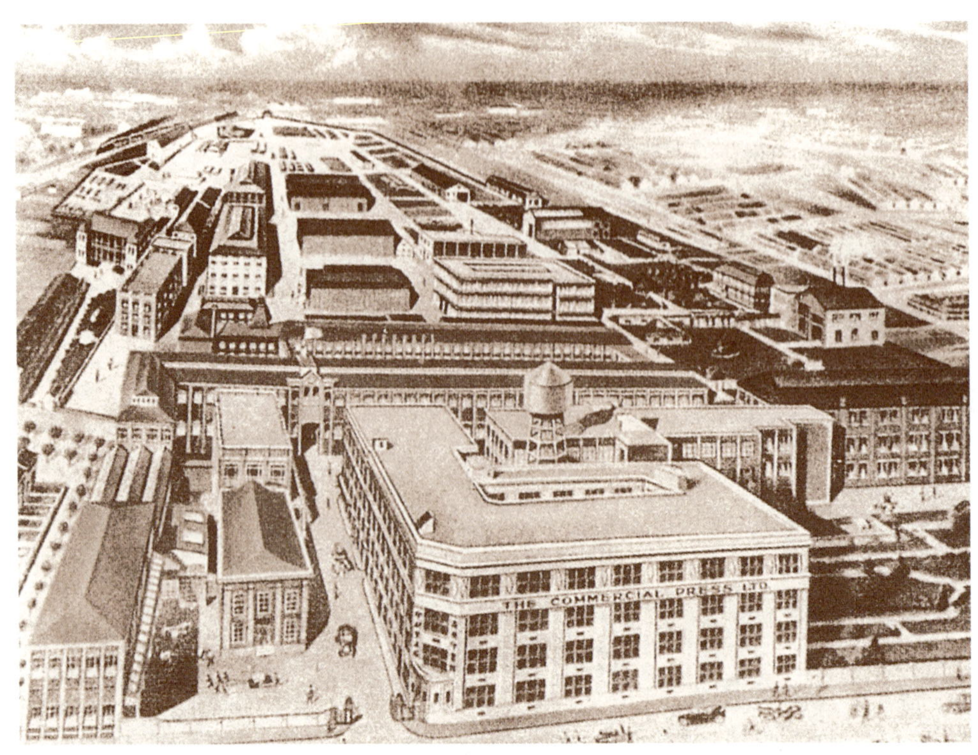

上海商务印书馆总厂

影印《四库全书》工作委员会老照片

20 世纪 30 年代，张元济在上海福开森路李拔可寓所花园与商务印书馆同人合影
（张元济为前排右三）

1935 年，张元济在陕西南五台山（后排右二叶景葵、右三张元济、右四葛嗣浵）

1946年，张元济祖孙俩在上海霞冰路上方花园住宅的花园内

1948年，张元济与儿子张树年、孙子张人凤合影

1947年，海盐张氏同族会合影（张元济为前排左五）

三位事业上的挚友（右起：高梦旦、张元济、李拔可）

1948 年中央研究院院士大会（张元济为前排左五）

數百年舊家無非積德
第一件好事還是讀書

要求便是安心法
不能真爲却病方
甲申初夏
伯涵仁兄雅屬
張元濟
時年七十又八

张元济手书条幅

受信人

住址

去信人

年　月　日　商務印書館總務處通信稿

张元济致孙伯恒函

《万有文库》

1954 年全家合影

1956 年，张元济九十岁生日时，与商务印书馆同人合影（张元济为前排居中）

社会，这也许是杜亚泉始终自信坚守自己学说的底气。[①] 新文化干将们几乎终其一生都没有拿出能与杜亚泉相比的学术文化成果。这也许是思想家与科学家的区别所在吧。

如果说新文化运动是一场大戏，那陈独秀他们最多是一个开启大幕者或报幕员，或如京剧中的引子，杜亚泉及商务诸君才是真正的演员或内容，当然，这场戏的续演者及主角是一批批海外归来的科学工作者。不过，新文化干将也为这些人的归来及真正登台提供了很好的舆论环境，商务则成为他理想的平台，杜亚泉也为之额手称庆。

（2）

科学研究讲究的是工具和方法，需要的是标准和规范。在传统中国视域中，西方科学完全没有与之对应的概念，近代以来急匆匆引进和介绍的西方科学，不仅名词五花八门，而且各唱各调，没有统一，也不可能统一规范。张元济很快就发现了这种困境，于是他着手编辑外语辞书、自然科学的普及与专科词典。1908 年出版了《物理学语汇》、《化学语汇》，这是国内学术语标准化名词统一规范工作的发端。继之则是 1909 年，严复主持学部编订名词馆，负责编订名词并担任总纂，领导全社会译名统一标准工作。他用两年的时间，编订了系列规范名词，包括植物、数学、心理学、伦理学、外国地名、辩学、算术各门，而“物理”和“化学”则因商务已有专书而未另起炉灶。名

① 除主持编辑业务外，他还勤于著述，撰有《辛亥革命史》、《东西文化批评》（上册）、《甘地主义》、《人生哲学》、《高等植物学分类学》、《初等植物学分类学》，翻译有《处世哲学》（[德] 叔本华）、《社会主义神髓》（[日] 幸德秋水）、《动物学精义》（惠利惠）。从他的著、译作品也可以看出，他视野广阔，对社会、思想界均有自己的独到见解。

词统一工作对西学的传播发挥了权威的作用，使西学从此真正迈入坦途，商务在其中不仅扮演了发行者的角色，更发挥了巨大的促进作用。在科技辞书方面，1915 年商务出版了由我国学者自己编撰的《华英工程字汇》，它是最早出版的英汉对照的专科辞书之一，编者是杰出的铁路工程师詹天佑，共花费了 20 年时间才编译完成。在《辞源》编纂前后，商务编纂专门辞书 20 多种，包括人名、地名、哲学、医学等。这些辞书的出版，适应了科学普及和科技发展的需要。

20 世纪初期科学发展迅猛。张元济在几十年的出版开拓中，总是抓住最新的科技人才为之服务，前期从海外学成归来的自然科学人才几乎全部被他纳入囊中，他们大多是留学欧日精擅西学之青年人。他们的到来，迅速扩大并提升了科技翻译图书的出版规模与品质。其中最有代表性的人物是周昌寿，他 1919 年回国，第二年入馆，任理化书籍编辑，很快成为编译所骨干力量。他回国时，正值五四运动蓬勃开展，他立即投身新文化运动的行列，在科学与民主的两面大旗下切实地介绍了许多最新自然科学，特别是物理学的成就，并在各种报刊上发表了大量的文章。“近代科学界之新潮”“物理学之新潮”“现代科学一革命”的呐喊声，紧密地配合新文化运动和《新青年》杂志提出的“世界新潮”“中国革命”的呼喊。在民主与政治、科学与学术的大联合中，创造了灿烂的新文化运动的科学业绩。

在这场运动期间，周昌寿尤其积极宣传爱因斯坦及其相对论，翻译出版了数部关于爱因斯坦学说的图书，更以及时了解、学习新事物、新成就并将其迅速介绍到国内为己任。他一如编译所固有传统一样，只要编辑工作稍有空闲，他总是手不释卷、伏案著译。他撰写出版《以太》、《宇宙论》、《天体物理学》、《飞机》，以及《法拉第传》、《罗伦彻及普郎克传》等一批科普作品。自然都由商务出版，更可喜的是周昌寿文采飞扬，文章十分吸引读者，引发人们对新宇宙观、新自然定律等产生兴趣，也给社会革命家们提供了丰富的自然科学的文化背景。周昌寿自述道：“其所以如此之不惮其烦者，亦不过欲与时共进而已。”① 其言其行，充分表明我国当时的科学家身先士卒、发愤图强的艰辛之情，这当然是与张元济的出版精神一脉相承或共生共长的。

（3）

叶圣陶回忆商务道：“对于许多学术团体的专著或丛书都兼容并包，广为流通。我国最早两个科学团体——留美学者的中国科学社和留日学者的中华学艺社，都有中坚人物在商务编译所参加工作，都有刊物或丛书由商务发行。商务在当时成了各方面知识分子汇集的中心。”② 叶圣陶虽是商务员工，但以文学知名。作为文学家而特别拈出科学类著作的出版，可见在当时的分量与影响。

进入民国后，法律上确立了“集会、结社之自由”，是我国国民首次享有的正当权利，建立社团一度成为社会时尚。文化社团与出版机构的联手，是“五四”时期一种重要的文化现象。文化社团拥有智力和资源，引领着时代学术文化潮流的方向，这正是出版方所需图书选题和作者资源的富矿；而商务拥有资金和经营优势，在书刊出版发行与传播上独擅胜场，这恰恰是社团难以企及的，同时又是可资利用

---

① 周昌寿在商务一直服务到 1945 年，25 年间，他撰述有关物理学著作 9 部，翻译著作 11 部，编写中学和大学物理学教科书 8 部。

② 叶圣陶：《我和商务印书馆》，《商务印书馆九十年》，商务印书馆 1987 年版，第 300—301 页。

的。两者的互补与共济，一同铸就了文化学术创作与出版的繁荣。商务与中国科学社、中华学艺社两大机构合作的几十年间，共同致力西方科学思想的系统全面介绍，促进了中国本土科学研究和发展，也推出过一批本土学者所写的科学著作。

早在1915年，张元济即与留美学生团体——中国科学社展开合作，这是商务与社会机构合作的滥觞。中国科学社是1914年由美国康乃尔大学的留学生赵元任、胡明复、任鸿隽、杨杏佛等人自筹资金创办的，为宣传科学编辑出版《科学》月刊，“刊行《科学》杂志，以灌输科学智识”。[①]《科学》杂志由任鸿隽任社长。

任鸿隽、杨杏佛是科学社的主要组织者，作为“庚款”第二批向海外派出的留学生，他们在出国前或在国外求学期间，即对清朝末期与民国初年国弱民穷的状况深为忧虑，于是立定科学救国的志向，希望振兴自己的祖国。经过艰难困苦的求学，他们不仅学问有成，且思想成熟，他们心系故土，开始以自己的学问和思想贡献给故土。于此，他们决定以创办科学杂志、组织科学团体作为报效祖国的实际行动。1915年10月在上海成立中国科学社，所出版《科学》杂志即由商务发行，正好充实了商务期刊阵营中的“科学”板块，从此两家机构合作密切。但由于他们当时均是学生，以求学为主，杂志是他们的交流平台而已，当然商务也通过这些海外留学生阵营为国人获得最新资讯和新锐学说发挥了独特作用。科学社与商务合作出刊编书，同时《科学》杂志后来一直不断壮大，科学类学术著作也成批推出，形成了一个在科学领域既与商务互动，又独立发展的群体。

① 《总章》，《科学》第2卷第一期，1914年。

《科学》月刊是中国第一份，也是整个“五四”时期唯一的一份综合性科学杂志。

科学人才的成长如同科学研究一样需要一个过程，正当他们学成开始陆续归国的时候，赶上王云五主持商务编译所，对机构进行了改组。王云五改组的核心目标是聘请从美国学成归来的专攻自然科学的留学生，中国科学社成员自然成为首选目标，而这些英杰也如倦鸟归巢，纷纷择栖于生机勃勃的商务编译所。之后如任鸿隽、竺可桢、唐钺、段育华、朱经农等陆续到馆为编辑，或担任各部主任，到大学等其他机构任职的胡明复、胡刚复、杨杏佛、秉志，也被聘请担任馆外特约编辑，从而为系统编印科技翻译书刊准备了条件。五四运动时期，陈独秀创办的《新青年》与中国科学社主办的《科学》月刊携手并进，成为宣传民主和科学的主要阵地。民主与科学是新文化运动的两面大旗。《科学》杂志勇敢地接过科学这面大旗，积极传播科学知识，大力提倡科学方法，热情鼓励科学精神，站在新文化运动的最前列。在此影响下，商务也加入这个阵营，自主创办了《自然界》、《农学杂志》等刊，更大范围地发行的科技期刊，如《博物学杂志》、《人类学集刊》、《农业丛刊》、《实业界》、《数理化杂志》、《数学杂志》等。商务在新中国成立前编印出版的科技书仅次于社会科学图书，居第二位。

科技或科学读物的出版受技术发展进步和文化提升的影响而很容易成为刍狗，不能像文学与其他社会科学的著作一样可以不断出新版，所以今日论出版史者罕有述及，但其对当时社会思想的进步与发展的贡献是至为重要的。如由张元济主导，“五四”之后推出的英国科学家名著《科学大纲》便是影响巨大的一例。

1949年9月，张元济陪同毛泽东游览天坛时，毛泽东曾对他说，在延安时读过商务出版的汤姆生的《科学大纲》，从中得到许多知识。毛泽东谈到的这本书，又名《汉译科学大纲》（1923—1924中译出版，共四册），是当年商务出版的科学巨著。原作由英国生物学家阿瑟·汤姆生著，1922年在英国出版后曾轰动一时，被称为“科学界一部空前未有的伟著”，“凡科学范围内应有的知识，无不包罗在内”。此书出版第二年，就由中国科学社成员任鸿隽、竺可桢、钱崇澍、唐钺、胡明复、胡刚复、段育华、胡先骕、秉志、陆志韦、陈桢、王进、杨杏佛等合译成中文。这是一部内容丰富、卷帙浩繁的学术著作，内容包括天文学、生物学、动物学、植物学、矿物学、心理学、生理学、物理学、化学、地质学、气象学、人种学等。它使国内读者首次得以准确、全面了解西方科学门类及发展，所以极具求知欲的毛泽东也在能困苦之中索读此书。理政之余，特拈此事同张元济话旧，可见其影响。

（4）

与中华学艺社的合作，也是张元济致力于的纯学术文化出版的重要标志性事件。

中华学艺社是1916年12月留日学生在东京创立的学术团体，原名“丙辰学社”，其宗旨是：“研究真理，昌明学艺，交换知识，促进文化。”该年是丙辰年，故称“丙辰学社”。该社1917年4月创办了《学艺杂志》（季刊），发表会员的研究成果，介绍东西方科学文化，“兼顾人文科学与自然科学”，核心是培养科学精神。“1918年，因绝大多数社员反对北洋军阀段祺瑞与日本军阀缔结中日军事协定，辍学回国，社务停顿。刊物暂停。”[①] 正可谓失之东隅，收之桑榆。由于核心成员郑贞文先期到馆落脚，步伍者就有周昌寿、杨端六、何公敢、陈承泽、范寿康等核心成员，他们均受到张元济、高梦旦器重，其中有不少是福建人，乡缘加学缘，自然让他们如鱼得水。商务又收获大批人才，张元济乐不可支。

1920 年，在北京和上海中华学艺社的社友推举郑贞文为临时总干事，组织恢复社务。他与商务协商全面合作，将《学艺杂志》改为月刊，由学艺社负责编辑供稿，陈承泽和郑贞文为编辑主任，交商务排印发行。于是《学艺杂志》（第 2 卷第 1 期）于 1920 年 4 月改为月刊，宗旨是“从科学、艺术两方面，发阐自然及人生诸问题，不受任何方面之支配及影响，对于各种问题发为切实之言论”，[②] 由商务继续出版发行并负责盈亏。这几乎就是自家人干同一件事，合作自然相得益彰，商务以卓越的追求和广泛的支持，为新时代、新人才、新产品提供了向心力和试验地。

这个刊物团结了许多科学家，发表了大量科技译文，对自然科学在中国的传播起过很大促进作用，成为宣传科学知识与理念的重要阵地。其时郑贞文、陈承泽、周昌寿、范寿康等始终坚守在商务从事编辑，所以互动合作成为必然（陈承泽 1922 年 8 月去世）。双方一直合作到 1932 年，达 13 年之久。

郑贞文入馆后，完成了中译化学名词工作，一直工作到“一·二八”之后才离馆。这期间，著有《无机化学命名草案》、《有机

① 郑贞文：《我所知道的商务印书馆编译所》，《商务印书馆九十年》，商务印书馆 1987 年版，第 209 页。

② 《学艺杂志》第 2 卷第四期，1920 年 7 月 30 日。

化学命名草案》，主编有《自然科学词典》、《少年百科科学丛书》、《少年自然科学丛书》、《中华学艺社》，组织编写的系列丛书如《自然科学丛书》、《文艺丛书》、《学艺汇刊》等自然花落商务，商务产品群进一步丰富了。这些都是具有创新和价值的作品，如《中华学艺社学艺汇刊》，以《学艺》杂志所刊进行类编，加入了一些专门稿件，全书共达41种，译、撰并重，人文自然科学皆有，而以科学技术为大宗。

学艺社骨干成员郑贞文、何公敢、周昌寿、杨端六、江铁、林植夫等加盟商务，大大壮大了商务的学术力量，商务也有一批编辑加入了中华学艺社，如何炳松是骨干会员，1934年担任理事长。

对于一个从传统走出来的文人，对于一个信奉“在商言商”的企业掌舵人，张元济为了科学在中国落地生根发芽，可谓做出了不朽的贡献和巨大的牺牲，这些书籍在教育和文化水平尚不发达的当时，可想而知几乎是罕有效益的。

当然，张元济所处的时代，他所能做的只是在前人的基础上用现代传播手段进行科学知识与思想的启蒙、宣传。从历史的进程看，他只是一位科学文化的奠基者，真正地发展到科学的创造还有待下一阶段——王云五主政时期。之后国内的大学开始成熟，从西方学成的科学工作者在张元济、王云五的规划和指引下齐心打造，推出了现代出版史上新的标志性产品——《大学丛书》和《万有文库》，使得商务成为现代科学著作的出版重镇。这一切，正是由于张元济及继承者王云五的坚持不懈，他们全方位从事科技翻译出版，而且还让东方图书馆大量购进西方科学类图书期刊，作为编辑之助，更不遗余力地引进学成归来的科学才俊。尽管这期间许多青年才俊仅是把商务当作练习场，而非终生所托，但他还是成功地吸纳了一大批从事科学出版的专家学者终生或长期从事这项工作，如化学家郑贞文，生物学家周建人，心理学家唐钺、高觉敷，物理学家周昌寿，天文学家竺可桢，教育家任鸿隽，会计学家杨端六等，人才之盛，堪称奇迹。

五四运动后，商务的自然科学类的作品种类几近社会科学，已超过西学译著，并且与专门从事科学类出版的机构全面合作——中国科学社和中华学艺社两大社团自己独立出版的品种总和也无法相比。较之杜亚泉阶段的类似于稗贩和迻译，其作品内涵及创造已不可同日而语，有些作品今天仍然是该学科的经典奠基之作。王云五主政期间是第三次引进高潮，更大规模地引进科技人才，并系统性、多层次出版科学方面的论著。张元济则是坚定支持者和科学英杰的“文化偶像”。张元济一生于出版上的感到惬意之事莫过于此，所以当中研院首届院士大会召开，张元济以无可争议的方式膺肩院首，他环顾四周，几乎所有院士无不都在他身边或从他身边走出并成长起来，这也是张元济对社会时代的又一项贡献，而其与出版关系的密切也难以言尽，这便是现代出版家的伟大卓越之处。

（二）艺术出版的标杆

真正的大出版家，无不将一切人类积累和创造的有价值的资源视为出版的宝贵财富。在他们如炬的目光关照下，通过调度时代可能的生产、技术手段，使其成为当代及后人的精神食粮乃至艺术品，是他们的追求与志趣所在。

出版巨人所主张的出版之道，必然是建设时代的精神家园，大力推出善本、精品，致力于文化的传承和交流。张元济作为现代出版的开拓者，在诸多领域都是开创者、集成者乃至顶峰，他所耕耘的出版范围无所不包，他率领的商务对艺术类主题的出版就是又一个代表。没有他对艺术类出版的努力，就无法赋予他全方位出版家的赞誉，商务作为大型文化机构也将缺乏自信的内涵。

大的文化机构本身就具有不俗的艺术品位与艺术追求，商务的产品在当时不仅有不少是艺术化作品，更是从内容到形式的艺术化表现，从而使其充盈了文化内涵。据庄俞回忆："尚有艺术类之名贵作品，同样精印发行。如《石渠宝笈》、《西清续鉴》、《愙斋集古录》、《宋拓淳化阁帖》，天籁阁旧藏《宋人画册》、《朱子论语注释墨迹》、《燕京胜迹》等，用最新方法和机械影印，惟妙惟肖，精美绝伦。历代名人书画之碑帖卷册，屏联堂幅，尤不胜屈数，皆由张元济、李宣龚、黄葆戊诸君审校出版者。"[①] 庄俞作为商务老人，虽从事教育类编辑，却以馆方所出艺术类作品而自豪，因为这些都是挖掘古代经典艺术资源并使其产业化的代表作。

（1）

中国古代千年出版史，虽然十分繁荣，也勇冠世界，但在艺术作品的出版上却罕有建树，主要是受雕版技术手段及珍贵书画作品无法公开的限制。明清时期一些出版者探索过拱花套印，也大多只是在普通画谱和民间作品领域，最多的也是线描画，真正艺术表现手法丰富的作用无法再现，所以自古以来书画作品除临摹外，无法广泛流传。中国先辈的艺术瑰宝一直只是皇家机构和收藏巨擘们秘之深宫、钥之

① 庄俞：《三十五年来之商务印书馆》，《商务印书馆九十五年》，商务印书馆 1992 年版，第 735 页。

秘室的文物，除极少数人以外，无法得见其精神，遑论传承其文化。

西方的技术对于神秘古老的东方，如同魔术一样，虽然在强国抗侮方面没有起到期待的作用，但对出版推进极大，对印刷术发明的国度是一次飞跃与超越，最早受惠的是艺术出版领域。

19世纪古代书画真迹因印刷而得以广传，技术的进步让艺术普及生活。1870年《上海新报》出现雕刻版，同年8月《申报》印出“黄浦江风景画”。1877年，上海《瀛寰画报》创刊，刊行者是当时《申报》馆，但作图者皆西洋人，制图用镂版。至1881年，鸿宝斋石印局在上海开设，除印书外，还印名家书画及画报等。石印书画以英国商人美查所办的点石斋印书局为首，广为人知的是1884年开始刊印《点石斋画报》。同时，国人创办的广学会以石印技术翻印圣经挂历、福音书插图、基督圣母像一类彩色画。蜚英馆、文明书局等新创的机构先后也石印出版了《耕织图》、《尔雅图》、《帝鉴图说》、《吴友如画宝》等。仅过了不到20年，由于珂罗版技术的引进和兴起，石印书画日渐式微了。珂罗版是平版印刷中的一种，因其制版时多用磨砂玻璃作版材，因此又被称作“玻璃版”，由德国人发明。用珂罗版印刷书画册，使过去的画册从木刻版到石印版，又从石印版进而达到照相版，不但能把画家的长卷大轴缩印得精妙入微，而且深淡层次分明，十分有益于学画者临摹观赏。土山湾印书馆最早从日本引进珂罗版技术，首开珂罗版彩印规模、专门、精品之先河的是有正书局和神州国光社。他们专门致力于古代书画的复制印刷，让孤本珍品化身千万。

有正书局由擅长书画及古画鉴定的著名收藏家狄楚青（狄平子）创办于1904年，他为使印刷精良，不惜高薪雇用两名日本技师，专门负责古画印刷并收授艺徒，率先用珂罗版影印历代书画真迹。同时他还精心策划，向收藏书画的名家征集印行，出版了很多珍品，如《宋画山水集锦》、《董玄宰山水册》、《恽南田山水册》、《仇十洲人物册》等。他倾全力经营这家颇具规模的出版社，终因固守专业，资源有限更因国运时势没有发展起来，但他在近代艺术出版领域独步一时，则当为之铭记。

神州国光社于 1901 年由黄宾虹、邓实创办，同样以珂罗版影印书画、字帖、金石、印谱等，由于黄宾虹是卓尔不群的艺术大家，资源及艺术水平秀出时贤，又掌握了先进的印刷技术，艺术出版一时无两。标志性作品是黄宾虹主编的《神州国光集》12 册（1909 年开始），后又续出《神州大观》12册①，及续编专辑，同时还影印有碑帖、拓片、印谱之类的美术品多种②。1911 年开始出版黄宾虹、邓实合编的《美术丛书》，不仅是艺术类标志性的艺术工程，而且极具学术价值。

（2）

商务作为最敏感的文化出版机构，对此自然不会甘居其后，更何况在编译所及至馆内本身拥有一批对艺术收藏和鉴赏极富造诣的名家。张元济本身也许典雅而乏风趣，但这不妨碍他对艺术板块的进军与耕耘，更何况上海有正书局、神州国光社着鞭于先并干得风生水起，必然会触发他对此的参与。而作为上海最领先的印刷商，商务本

① 前 21 期由神州日报社出版。

② 1916—1924 年，黄宾虹主持有正书局，主编《中国名画集》，收录古代 375 名画家的 432 幅作品。其他如对联、字轴、画轴、画屏不下 600 种，各类名人书册约 300 种、珍本碑帖约 200 种，单《中国名画集》就曾印行了 38 辑之多。

身就具有无可比拟的优势，因此，张元济肆力于艺术作品出版也是必然之选。

张元济在最新教科书中就率先采用插图，这是他对产品艺术化的追求。作为巨大的文化平台，商务很早就专设美术部，而且是常规运行。而真正能触发他必须进军艺术板块的是他对艺术的弘扬与传承。因为商务的迅速发展时期，恰逢曾经由皇家典藏的历代艺术珍品公布面世之时，过去不为人们所见的千年经典，受世风所赐，得以一展真颜。闲居在上海的遗老、遗族以及与皇室关系走得很近的林纾、郑孝胥都是猎取这些资源的重要桥梁，抓住这样的历史良机，也为了传承固有艺术，更为了让有志趣者学习、临摹、欣赏，张元济当然倾力。在他的引领下，民间藏家及新生画家，也无不乐于将其所藏、所创化身，以广其传。这是一个巨大的出版商机，也是商务致力于艺术类出版的优势条件。当然，商务艺术类出版的优势和特征是无可比拟的：一是拥有艺术人才和聚合艺术资源的优势条件，二是其最先进和强大的印刷设备和技术，是艺术品再生的最有效工具。天时地利和人和，资源、技术、人才以及规模化的投入使商务在艺术出版物中后来居上，迅速超越其他专业机构，最终还吸纳了一些专业成熟的艺术出版人才。

技术领先是商务在艺术出版的一大特征。1905 年，商务与日本合资，引进了珂罗版印刷等新技术。商务从采用珂罗版起步，1907 年，商务采用珂罗版印刷，出版了刘墉的《刘石庵墨迹》、陈洪绶的《陈老莲归去来图卷》、明代《四王吴恽画册》。1909 年，商务聘用美国技师，试制三色铜版。商务在技术上的努力是不懈的。1912 年，又派沈逢吉到日本专门学习雕刻铜版技术。沈氏在东瀛精习此技六年回国，商务开始采用这一技术印刷图片和画册，如《小说月报》第12卷第1号上精制铜版印刷的德加的《浴妇》、《洗衣人》两幅油画，将原作的神韵传达得惟妙惟肖。吴昌硕辛亥后定居上海，同年，日本出版了他第一本画册，他成为第一个在域外产生影响的艺术家。对此，商务迅速反应，于1914年出版《吴昌硕先生花卉画册》(20幅)，后又出版了《吴缶庐画册》，继此而进军现代艺术家作品的出版。相继推出《白龙山人精品画册》（王一亭）、《西山逸士画集》（溥心畬）、《剑父画集》（高剑父）、刘海粟编选《中国现代名画》等。1915年，商务引进彩色胶印机，1916年开始出版通俗《教育画》系列，则是其在熟悉的领域，以艺术化的手段推动基础教育，但这不能归为艺术出版的范畴。同年，出版由吴待秋主持的《名人书画集》9册（含书法）与《中国名画集》、《神州大观》一争高下。1919年，成功出版宣纸十五色，推出小林荣居所编《八大山人书画真迹》两集，技术领先一着。这段时期，商务出版珂罗版线装宣纸画集计100余种。

1933年出版《海粟油画》，后继出第二集。1937年出版薛君铨编、王世杰序《晋唐五代宋元明清名画集》，收古代名画314件。《商务印书馆图书目录》（1897—1949年）中有艺术一类，收书颇多，但不无遗漏。

当然，艺术的兴盛与发展是上海当时与出版业一样十分热闹的文化场景。上海开埠前期，费晓楼、任熊、任伯年、吴昌硕具有全国影响，据杨逸著《海上墨林》记录的美术家1919年就有741人之多，近百年来在中国绘画发展历程中的新生事物，如画报、连环画、月份牌年画、漫画、新木刻运动以及西洋绘画的输入都首先在上海涌现，或者与上海有着密切的联系。20 世纪初期的上海，迅速发展为东方大都会，其文化中心地位从而确立。20 世纪二三十年代，康有为、章太炎、郑孝胥、吴湖帆、黄宾虹等文化艺术名家都曾寓居上海。从艺术角度而言，有个活跃的艺术巨匠群体，他们从江苏、浙江以及其他各省集聚于此，作短期与长期的流寓，其间画会组织连续不断，并形成了“上海画派”。此时正逢先进印刷技术的引进和兴起，所以使得其创作、收藏得以再生，并广为流播。商务于此投入最大，坚持最久，贡献最巨。

（3）

为了强化艺术出版板块，商务不仅网罗了一批艺术大家，也着手培养大批艺术工作者，如油画家颜文梁、国画大师黄宾虹、动画鼻祖万籁鸣，他们均多年盘桓于馆中。此外，许多艺术设计人才，如老上海月份牌广告画代表人物杭稚英、中国现代广告之父林振彬等人，也皆出自于馆中。这不仅体现商务独具慧眼的发掘能力，更体现出其高瞻远瞩的人才培养观念。

商务本身也拥有一批艺术名家。据说当初徐悲鸿到上海谋生没有考上学徒，有轻生之念，是交际博士黄警顽在困境中帮助了他，故一生以“二黄”自号。[①] 这当然是艺林快事，但最为核心的是，上海的艺术名家均曾流连于这个文化平台，或成长于斯，或终生效力于斯，虽不乏客串者，但商务的文化熏陶了他们，商务的平台帮助了他们。因此，从另一方面讲，商务对一大批近现代艺术家的人生、事业有着

① 另一位是黄为念。

举足轻重的地位。郑贞文在《我所知道的商务印书馆编译所》一文中，详叙其大业后并附笔如此，值得深思。如："古书选校方面的林志煊（仲枢，福建人，清翰林），书画古物鉴定选印方面的黄蔼农等，都在馆任职多年，有相当的贡献。"①

艺术出版物当然需要艺术家主持，最早进入商务的画家是颜文梁。1908 年，16 岁的他考入商务学习刻印、制版和印刷技术，后转入图画室学习西画。他是从商务走出的第一位油画家，另一位是徐咏青，于 1913 年主持商务图画部，胡怀琛在《西洋画西洋音乐及西洋戏剧之输入》中说："徐永（咏）青，前清光绪、宣统年间（1909 年前后）就在徐家汇土山湾印书馆绘水彩画，兼为有正书局、商务习绘画帖等。后来上海盛行的水彩画，可说是从徐氏起头。"他为商务先后培训出杭稚英、何逸梅、金梅生、金雪尘、戈湘岚一批月份牌画家。

书籍出版离不开艺术设计，商务因此也成为中国早期艺术设计人才成长的摇篮，并最终取得巨大成果。主持商务艺术类出版的代表性人物有三位：吴待秋、黄宾虹、黄葆钺。

吴徵，字待秋，浙江崇德县人。自少即擅画。1903 年只身来到杭州，求学于求是书院。1904 年，丁辅之、吴隐等人创办西泠印社，吴待秋参与其中。1906 年吴待秋居北京以鬻画为生，尤善刻铜，其名渐著称于北方。袁世凯垮台后，吴待秋因吴昌硕之荐进入商务，一干就是九年，1925 年下半年曾离开商务入有正书局，编印《中国名画集》，不久复归商务，接替去职的黄宾虹担任编译所美术部部长。

① 《商务印书馆九十五年》，商务印书馆 1992 年版，第 208 页。林宰平《帖考》是解放后仅有的用线装书出版的艺术作品。

他利用所藏及资源主编的《名人书画集》30集，首辑于1907年开始出版。其中部分为珂罗版，部分为金属版，此书使商务利润大增。

1922年，59岁的黄宾虹应王云五之邀加入商务编译所任美术部主任。王云五也做过黄宾虹的老师，离开神州加入商务，主要是神州国光社的出版物品质实际上不及商务的格调，在战略、技术上更不能相比。但黄究属艺术家而非职业出版家，故以创作为重，后又离开商务从事创作与教育，但编辑与研究工作对他成为艺术巨匠至为关键。商务的平台也为他的创作、研究起到了极其重要的作用。在商务期间，他做了大量搜集、整理、出版美术遗产的工作。1925年，所著《古画微》由商务发表，《鉴古名画论略》在《东方杂志》连载。1930年，所撰《近数十年画者评》、《古印概论》两文发表于《东方杂志》27卷1号、2号，是艺术研究的经典之作。

商务的出版物书名题写大多出自名家手笔，早期以郑孝胥居多。郑孝胥落水后，主要是黄葆钺（字蔼农）。[①] 黄是商务自己的艺术家，一生贡献于商务。黄葆钺入商务印书馆美术部，继黄宾虹后任商务美编20余年，其间复兼任上海美专国画系主任、上海大学书画教授，广栽桃李。商务的店牌，早期为郑孝胥手书，郑赴伪满洲国后，改用黄葆钺之汉隶。黄葆钺书法上宗秦汉，隶书尤为世重，取法《戚伯著碑》，尤得伊秉绶隶法神理，《四部丛刊》书名均为他所题，书法十分秀野，用笔劲健秀挺，结体宽博雄浑，独冠时贤。黄与王福厂、马公

---

① 黄葆钺，字蔼农，号邻谷，小名破钵，别号青山农，长乐人。青年就读于全闽师范学堂，笃嗜书画篆刻，后入上海法政学堂。毕业后一度游幕四方。醉心书法、碑帖、篆刻、绘画，云游名山大川。黄蔼农与姚虞琴、吴湖帆、张大壮并称，号“沪滨四慧眼”。黄葆钺与郑孝胥交往密切，又同为福建长乐人，因之受郑的赏识。1945年，抗战胜利后辞去商务职务。

愚齐名，时称“海上三老”。商务出版书刊之题签也多出自黄葆钺之手，后期题签则有姜殿英等。

（4）

一个成熟的大型出版机构必然有其标志性、经典性工程，商务在这方面尤为突出。1919年，商务以珂罗版印成《宋拓淳化阁帖》（泉州本），全称《泉州本淳化阁帖》。这套《阁帖》共10卷，董其昌评论《宋拓淳化阁帖》：“《淳化》宫帖，宋时已如星凤，今海内只传一本，是周草窗家物，在项庶常所。秘阁之本甚多，世亦无复存。惟泉刻较祖本稍瘦，而摹镌特为潇洒有生气。”商务因得传本而精印之，使千年故物化身而出，而其原藏随后又秘于民间，故近百年来习书者因得此刻本而临摹、学习，当拜此刊本之赐了。

商务艺术类资源开发，精品迭出，与李拔可作为收藏家有关。如果说张元济校古籍，高梦旦编教科书，应该说，李则是这一门类的催生者。李宣龚喜收藏，精于书画鉴定，所藏宋画以及时人书法、绘画精品颇丰富，尤其以伊秉绶（墨卿）手迹最富，专辟“墨巢”汇藏，“墨巢先生”的雅称即来源于此。不同于一般收藏家之宝爱近癖，李宣龚常常将其收藏的珍品借给商务馆影印。1929年冬，他将旧藏宋画20叶借给馆中影印，惜乎“不戒于火，毁去其五”。但他生性阔达，稀世珍品毁于一旦，亦不以为意，不戒于此，继续倾其所藏，付与商务精印传世，不能不让人佩服他深邃的文化眼光和人文情怀。

李拔可珍藏的《天籁阁旧藏宋人画册》内集中了多幅极为珍贵的古代书画名作，如宋人画《明妃出塞》、《文姬归汉》、《滕王阁》、《高僧观棋》等，另有元、明人之作，印章累累，十有八九就出自明代藏家巨擘项子京。1908年为李拔可获得后，视若拱璧，朝夕观赏。起初这本画册是秘不示人的，后经张元济劝说，李拔可慨然将画册借给商务用四色版珂罗版印刷，宋锦装帧，非常名贵。是20世纪初的第一本豪华画册。当时一册难求，一代书法名家高二适章士钊出面相助，才购得一册。曲折的是，原迹差一点毁于一·二八事变，因封锁在保险箱中而得遗存，但因火势逼灼，原迹的四缘已染焦痕，所幸并无大碍，实为“硕果仅存”。①

李拔可藏品丰富，除天籁阁这样的良弓美玉外，他尤喜藏伊秉绶书。所藏精品达数百件，于是以所藏用珂罗版影印成册，陆续刊印有《墨盦集锦》二集（1933年）、《墨盦集锦续集》一册、《墨巢藏宋人画册》（1935年）、《墨巢秘笈藏影》（1938年）等。《伊墨卿先生真迹》、《伊墨卿先生自书诗册》等，都是李宣龚贡献给广大读者的艺术珍馔。

商务的许多资源是独家所有的。郑孝胥的书法在当时极负盛名，商务近水楼台，作为董事长的他，出版其《书南唐集字》、《书千字文》、《书礼部韵略（草书）》系列作品。其他名流之杰作更多，如《百梅集》（陈叔通）、《张季直书千字文》、《陈弢庵先生小楷扇集》（陈宝琛）、《蝯叟临汉碑十种》（蝯叟，即何嘉福）等。

资源一直是商务发展的优势，因为它拥有一大批富于收藏的艺术家以及当时的艺术精英。通过广泛联手，商务在艺术类出版领域不仅资源独占，而且迅猛发展。如今，许多原作已经星散甚至毁失，但珂

① 1957年，郑振铎曾指示重印此书。商务衔命特印本，国际书店发行，为赠送外宾之国礼。

罗版、铜印本的再现，使这些艺术作品散布人间，尤为近几十年来翻印、重印者所取资。

（5）

商务艺术类出版的特点一是名作多，二是印制精美，三是大工程多，四是学术性强。这当然与其资源有关，成为迄今为止艺术类出版之典范，而且并不会因技术进步与时代更迭而褪色。

张元济本人因名望和身份也不无珍藏，与吴湖帆、吴昌硕、林纾等交往尤多，请其鉴藏题跋者更复不少。今天检点《张元济全集》诗文卷中，有数十首关于书画艺术作品的题跋之作。在 1923 年，曾奋力出版翁同龢的作品，1930 年，亲自将日本所见《曼殊留影》复印。但一如他不以诗人自居一样，他并不以艺术藏家面貌示人，但其浸润之深，则不愧时贤。

纯艺术画册的出版不仅投入巨大，而且市场有限，商务没有因其投入过巨而放弃，相反，不仅坚持，而且将其放大，推出一系列大型艺术类项目，这些皇皇巨帙，精美无比。

职业出版家本身不一定完全具有专业领域最高深的知识，但他的“文化眼”和志趣又是他们在并不完全娴熟的领域推出产品的最好助生者，张元济和李拔可等之所以将艺术板块耕耘得如此成果众多，效益非凡，关键在于他们对资源价值的判断以及出版趋势的把握，从有正、神州国光乃至后来的中华书局，或专守此领域，或全力介入，无疑也给他们以启示甚至压力。作为处于龙头地位的商务，自然不会甘居人后，有之，则依托自己的实力与优势，创造出更大的、更多的、更高层次的优秀产品。其结果也证明如此，商务的艺术品出版物一如其古籍大项目与《辞源》一样，以典雅的品格、独到的内容，成为20世纪初期艺术类出版物的代表，其成果之丰之广，无人能及，这便是张元济的文化力与作用力，而最终所获效用与收益也是非凡的。

张元济对科学与艺术等领域的关注与投入并取得丰硕的成果，正体现出他作为伟大出版家的内涵，他从社会之所急需，进步之所乐求出发，有时放弃商业化考量，至少降低他所擅长的谋利原则，不惜追求文化价值与社会价值，体现出他期待作用于社会发展的高超情怀，这为他现代出版家的美誉进行了定格。

五、重构文化的故乡

传统与经典，犹如中华文化发展与进步的定海神针，离开了这个支撑，任何扩张、发展都会是无源之水，无本之木。在热衷于新知识、新思想并以新方法、新手段教育启发传播文化，累积品牌的进程中，张元济作为完全从传统文化滋养培育出来的文化人，当然深切地了解传统文化的价值与特质，所以在创新与发展的奋斗中，他必然会眷顾对固有文化资源的开发和利用，以达到与西学化入中土而铸新境的目的，由此而一步一步地走向历史，深耕传统。当然，他的手段和方法还是出版，并为出版而储备积累资源，不期他终生未辍，臻成大业，其成果耸立于世纪之巅。

晚年旅居海外的胡适，1961年与胡颂平谈书时，特别谈到了商务。他说：

商务印书馆，名字叫作商务印书馆，其实是做了很大的贡献。像张元济为了影印《四部丛刊》，都是选用最好最早的版本，里面有许多宋版的书。读书人花了并不太大的钱，买有这部书，就可以看到了。这部书对中国、日本的贡献之大，也可以说对全世界都有贡献的。像《百衲本二十四史》，都是顶好的书。当时想征求一部善本的《五代史》，在报上以重价征求，始终没有出来。商务的确替国家学术做了很大的贡献，所以张元济当选院士之后，全国没有一个人说话。①

顾廷龙在《涉园序跋集录 · 后记》中评价张元济时说道："菊生先生耆年硕德，经济文章，并为世重。余事致力于目录、校勘之学，而尤以流通古籍为己任。数十年来，巨编之辑印，孤本赖以不绝。其嘉惠后学，实非浅鲜。"②

1909年，张元济正式对外设立涵芬楼之际，缪荃孙建议他多备通行书。1905年商务合资后，资本实力大增，张元济依托商务实力，购置旧籍，一发不可收，名家秘藏，多归涵芬楼，尤其是痛失皕宋楼之后，张元济加大了购书之力度，他则向缪告白道："拟劝商务印书馆抽拨数万金收购古书，以为将来私立图书馆张本，想老前辈亦乐为提倡也。"③ 这是多大的气魄和眼光。以刻摹旧籍为业的缪荃孙曾建议张元济影印古书。张元济深以为然，张元济致信缪荃孙云："所商影印古书一事，一再受教，谨志勿谖，此时尚应者寂寥，而鄙意期于必

① 胡颂平：《胡适之先生晚年谈话录》，中信出版社2014年版，第106页。

② 沈津编：《顾廷龙年谱》，上海古籍出版社2004年版，第526页。

③ 《张元济全集》第3卷，商务印书馆2007年版，第496页。

得，终当有翕羽之雅，慰我嘤鸣。”更表明其追求与主张“得闻先圣之遗绪，识固有之文明，不致徇外而忘己。”[①] 这是张元济在教科书、期刊出版走上正轨，辞书部设立后，为商务营业计，开始构划印行古书。

1910年，张元济开始将影印古书作为日程，是年底，他环球旅行中，专程到法国国家图书馆和大英博物馆查看了所藏敦煌文献，分别受到伯希和、斯坦因的接待，并得二人之允，可以合作印行珍品。归国后，因橡胶股风波，商务损失惨重，但张元济并没有暂停购书印书的计划。

最早刻印古籍是从自己的家集开始，走的是缪荃孙等人当时习用的家刻的路子。1911年以后，张元济请孙毓修协助编辑出版《张氏涉园丛刻》，共计七种，完全是传统的木刻本，并没有署名“商务印书馆”。[②] 同年，张元济在馆中开始采用照相技术影印宋本《韩昌黎集》，当是最早的探索，具体的技术操作都是由孙毓修主持，他心中还是追摹缪荃孙的事业与方法，故告诉缪荃孙：“刻丛书事，久蓄此志，拟稍闲暇，将现有写本逐一检阅，选定后再祈教正。[③]”“元济拟令仿《古逸丛书》之《草堂诗笺》体，或摹黄善夫《史记》”。[④] 通过缪荃孙延请过陶子麟、姜文卿等刻字高手，但张最终还是放弃采用木刻方法，而是采用石印方式，这些刻字高手则成了刘承幹的座上客。

① 《张元济全集》第3卷，商务印书馆2007年版，第496页。

② 第二辑于1928年刊出。

③ 《张元济全集》第3卷，商务印书馆2007年版，第499页。

④ 《张元济全集》第3卷，商务印书馆2007年版，第499页。

（一）试水《涵芬楼秘笈》

从 1911 年起，商务开始用石印技术影印古籍，所以陆续出版了一些市场常见的产品，如《明季稗史续编》（1912 年）、《医宗金鉴》（1912 年）、《唐人四集》（1914 年）、《唐六名家集》（1914 年）、《唐人八家诗》（1914 年）、《五唐人集》（1914 年）、《十三经》（1914 年）、《影印殿本二十四史》（1916 年），这些产品与其他出版机构翻印旧书的路数无异。不过他同时也出版了经过严谨校订的重要作品，如《宋诗抄》、《旧小说》、《涵芬楼文抄》。尤其是 1917 年，张元济主持影印康熙鉴古堂本《宋诗钞》，先据涵芬楼所藏专集一一校正，这部由清初吕良玉、吴之振、吴尔尧编辑的宋诗合集影印出版，取名《宋诗钞初集》。之后又得嘉业堂所藏清管廷芬、蒋光煦辑补之《宋诗钞》稿本，颇有兴趣，将这部“可称完备”的宋诗合集稿本让与了涵芬楼。此书改变了宋诗一直没有善本总集的局面，其后又出版在《全宋诗》整理出版前，一直是收录宋诗最精最善之本，这完全得力于张元济与李拔可的用心搜罗与校勘。《宋诗补钞》是《宋诗钞初集》的姐妹篇，两书先后出版。

张元济刊刻古籍丛书的发轫之作是《涵芬楼秘笈》丛刊，它主要选用商务涵芬楼藏书、他个人自藏与身边朋友之藏书，“世无传本者”，仿《知不足斋丛书》模式，分集陆续出版。印刷方法大多为原书或原稿之影印，也有小部分排印，编辑方针实际上袭用缪荃孙刊刻古书重遗文秘书小册之法。故“《涵芬楼秘笈》缘起”谓：“纸墨装潢，力求精善，使爱古者不至薄今，垂绝者赖以续命。”第一集于 1916 年 9 月出版，收有《忠传》、《续墨客挥犀》、《复斋日记》、《识小录》四种。以后每年出版两集，至 1921 年出版了十集，共收书 52 种，印成 80 册。这是张元济首次构拟古籍丛书品牌，并具有一定规模的试水之作。

《涵芬楼秘笈》虽以“秘笈”为号召，具有一种商业气息，但出版方式是严谨的，不亚于清人以及缪荃孙的精耕细作。对所收每书撰有跋语，勾勒版本传播源流，考辨成书刊印年代，厘正古籍舛谬讹误，突显文献核心价值。其作品均出于张元济得力助手、古籍专家孙毓修的手笔。王绍曾《小绿天善本书辑录序》：“惟《涵芬楼秘笈》每种卷末，留庵撰有题跋，考订精详”①。谢菊曾在《涵芬楼往事》上谈及此事时说：“孙毓修，国学湛深，曾从江阴缪艺风（荃孙）游，精于版本之学。涵芬楼初创始时，赞襄馆务，协助张菊生（元济）搜罗海内古籍精本和孤本，出力不少。”②

由于编译所本身拥有最强大的旧学群体以及丰富的资源，如夏敬观、吴曾祺、徐珂、孟森个个都是精于旧学并富收藏之士，因此，在古籍出版上独具优势。

（二）《四部丛刊》创伟业

张元济的出版事业以退休前后为界，以推出《四部丛刊》为标志，从开启教育、传播新学，转换到了传承守望固有文化之上。前期，在文化多元化尤其是西学、期刊上着力并推进产业化。同时，旧学也已发动，建了涵芬楼，聚天下孤善，他同时规划出了《涵芬

① 王绍曾：《目录版本校勘学论集》，上海古籍出版社 2005 年版，第 117 页。

② 《随笔》，1980 年 2 月。

楼秘笈》、《四部丛刊》及《续古逸丛书》三种不同方式的传旧，《涵芬楼秘笈》丛刊但究以巩固内部资源，开发手中秘藏为主。自《四部丛刊》编纂开始，张元济工作志趣与重心投入到传承故籍的大业上来。

与此同时，孙毓修还编过规模几乎与之相埒的《痛史》二辑，多达 32 种，此书与《涵芬楼秘笈丛刊》不同，是史料专辑，与《明季稗史续编》、《宋人说部丛书》及《旧小说》都是排印方式，整理校定上不及此书，只有《涵芬楼秘笈》这种严谨的方式为张元济继续延续并发扬。

张元济在《印行四部丛刊启》中深情地写道："睹乔木而思故家，考文献而爱旧邦。知新温故，二者并重。自咸同以来，神州几经多故，旧籍日就沦亡。盖求书之难，国学之微，未有甚于此时者也。"① 因而，"吾辈生当斯世，他事无可为，唯保存吾国数千年之文明，不至因时势而失坠。此为应尽之责。能使古书流传一部，即于保存上多一分效力。吾辈秉烛余光，能有几时，不能不努力为之也。"② 他以抢救、护持、发扬光大文化遗产为己任。

张元济曾对顾廷龙说过："发愿古籍流通有三个目的，一是为抢救文化遗产，使其免于沦亡；二为解决学者求书的困难，满足学者的阅读需要；三为汇集善本，弥补清代朴学家所未能做到的缺陷。"③ 如此深邃而高超的文化理想目标，张元济通过一生的努力，基本都达到了。影印古籍规模之巨、影响之大，价值之高在中国现代出版史上无

① 《张元济全集》第 9 卷，商务印书馆 2000 年版，第 3 页。

② 《张元济全集》第 3 卷，商务印书馆 2007 年版，第 337 页。

③ 刘小明：《顾廷龙学述》，浙江人民出版社 2000 年版，第 34 页。

人可匹。

张元济在《涵芬楼秘笈》出版前后逐渐积累经验，尤其是到1915年，他产生了辑印大部古籍丛书《四部丛刊》的计划。在开始拟定《四部丛刊》书目的同时，他自破藩篱，决定不再拘于选用涵芬楼自己收藏的善本书作为底本，还要广泛地借于各地的藏书家的收藏。

1915年5月19日，张元济致傅增湘函云：

> 本馆拟印旧书，以应世用。拟定名《四部举要》，第一集种类业已选出，约在一万卷以上，兹将目录附呈，伏祈代为察核，如有应增应减者，并求指示。但有所增，必有所减，因格于售价也。敝处藏本尚不敷用，将来尚拟就邺架借影。所缺书名，已用朱笔标出，如所选之本有未善者，亦乞代为改定。①

编纂一部善本丛刊，既是前辈学者的期待。张元济在《印行四部丛刊启》云："缪荃孙先生提倡最先，未观厥成，遽归道山，谨志于此，以不没其盛心。"② 还是同时代人的追求，尤以同样传古尚文的叶德辉最为代表，叶德辉《书林余话》卷下亦云："江阴缪艺风荃孙，华阳王息尘秉恩两先生，怂恿张菊生同年元济以商务别舍涵芬楼征集海内藏书家之四部旧本，择其要者，为《四部丛刊》，即以石印法印之。""取世不经见之宋元精本缩印小册，而以原书之大小载明书

① 《张元济全集》第3卷，商务印书馆2007年版，第284页。

② 《张元济全集》第9卷，商务印书馆2007年版，第4页。

首，庶剞劂所不能尽施，版片所不能划一，一举而两得之。菊生以为善也。”“辗转商定，自戊午创议，迄壬戌告成。为书二千余册，为卷一万有奇，萃历朝书库之精英，为古今罕有之巨帙。”[①]

叶一直以此为己业，从策划到鉴别、联络无不尽力，献身自然不在话下。

叶德辉《致瞿启甲信札》又云：“此次《四部丛刊》之印，发端于鄙人，张君菊生同年至交，志同道合，复得缪艺风老人、傅沅叔、张季直、沈子培同年各出所藏为襄助！”[②] 国衰时弱，西风劲吹之际，前辈同志共谋刊汇旧本古籍，张元济独领其事。

1915 年 3 月 11 日，商务在《申报》上公开发表了《印行四部丛刊启》，同时也在馆办《小说月报》上发表，[③] 标志着这一工程的正式议定并进入实操阶段。

张元济正是集两代人的力量和智慧知识资源发动并支撑起这一前所未有的出版工程，为此他首先制定了《四部丛刊》的三大原则，一是集善本，尤重初刻，二是校勘正讹，三是影印广传。于是他在《印行四部丛刊启》即提出了著名的“七善说”：

> 汇刻群书，昉于南宋，后世踵之；顾其所收，类多小种，足备专门之流览，而非常人所必需；此之所收，皆四部之中家弦户诵之书，如布帛菽粟，四民不可一日缺者，其善一矣。
>
> 明之《永乐大典》、清之《图书集成》，无所不包，诚为鸿博，

① 《书林清话·书林余话·卷下》，中华书局 1999 年版。

② 黄曙辉点校：《叶德辉卷》，华东师范大学出版社 2010 年版，第 71 页。

③ 1915 年 3 月 25 日，文字有所改易。

而所收古书，悉经剪裁；此则仍存原本，其善二矣。

书贵旧本，昔人明训，麻沙恶椠，安用流传；此则广事购借，类多秘帙，其善三矣。

求书者，纵胸有晁、陈之学，冥心搜访，然其聚也非在一地，其得也不能同时；此则所求之本具于一编，省事省时，其善四矣。

雕版之书，卷帙浩繁，藏之充栋，载之专车，平时翻阅，亦屡烦乎转换；此用石印，但略小其匡，而不并其叶，故册小而字大，册小则便度藏，字大则能悦目，其善五矣。

锓刻之本，时有后先，往往小大不齐，缥缃异色，以之插架，殊伤美观；此则版型纸色，翦若画一，列之清斋，实为精雅，其善六矣。

夫书贵流通，流通之机在于廉价；此书搜罗宏富，计卷逾万，而议价不特视今时旧籍廉至倍蓰，即较市上新版亦减之再三。

复行预约之法，分期交付，既可出书迅速，使读者先睹为快，亦便分年纳价，使购者举重若轻，其善七矣。①

由于悬鹄很高，求书匪易，而且都是避易就难的工作，加之他事务繁忙、工程浩大，筹备工作达数年之久。1917年3月22日，张元济致信孙毓修："《四部举要》目录请即如尊意，择善而从，早日决定。"张元济当然也期望早日启动。为了推动落实《四部丛刊》，1918年初张元济决定结束孙毓修众多的杂事，并让其专事《四部丛刊》。8

① 《张元济全集》第9卷，商务印书馆2011年版，第3页。

月间，张元济曾亲派孙毓修赴江南图书馆，查明馆中可用之底本，商定借用办法，茅盾即曾随孙毓修同到南京，参与这项工作。他自己也亲身参加访书工作之中，10 月，张元济亲自前往铁琴铜剑楼观书、选本。1919 年底开始印制工作。几年间，张元济虽忙于馆务，但一直在为《四部丛刊》的选目、选底本、借影、工程预估、印刷办法做准备。他亲自动手选择版本，为了确定和比较每一版本的优点和可靠性，他仔细阅读细节、如前后序跋、避讳、刻工姓名、卷帙编次版式、纸墨质量和字迹、刀法等，严密细致的准备，亟须严谨朴实。在照相排版和修整照片以及校对的紧张工作过程中，张元济亦须总其责，做最后的把关。

为了确保工作进程及达到专业水平，张元济在馆内组建专门的团队——“《四部丛刊》组”这一临时机构，以保障实施执行丛刊的编辑方针。机构开始是六人，后来略有增加。团队的主要工作包括收集不同底本并进行校勘、撰写“校勘记”，《四部丛刊》辑印过程，孙毓修是核心成员：“孙君现主管《四部丛刊》之事，我与他谈，劝他加入一些明代的文集，他说此时他们正在拟《四部丛刊续编》的目录，我何妨出点主意呢。他送了我一个拟目来，我加了几种。”① 孙毓修一人写有“校勘记”八种。姜殿扬、胡文楷，曾参加了“校勘记”的写作。由于前期准备充足，《四部丛刊》1922 年底印成，共收书 323 种，8548 卷，成书 2112 册。

《四部丛刊》虽在规模上并不能与《四库全书》相比，卷帙上也与《古今图书集成》、《永乐大典》相悬，但其书一出，即被并称四

① 曹伯言整理：《胡适日记全编》（三），1921 年 8 月 11 日，安徽教育出版社 2001 年版，第 426 页。

大书，主要在版本辨析、校勘异同、考证精深等诸方面价值非凡。每书皆可视为最佳、最全的古本，成为“新善本”的代名词，累计发行达 5000 套。日本汉学家武内义雄认为：“《四部丛刊》实为中国空前之一大丛书。全部册数有两千余册之多，非以前丛书可比。即其选择之标举，亦与向来丛书全然不同。所收之丰，悉为吾辈一日不可缺之物……尤可注意者，选择原本，极为精细。于宋、元、明初之旧刻，或名家手校本中，务取本文之正确者。并即其原状影印，丝毫不加移易，故原书之面目依然，而误字除原本之外，决无增加之虑。”①

（三）古籍出版典范

《四部丛刊》采用的底本在涵芬楼所藏之外，首先是馆内数位收藏大家为之奉献，包括张元济自己的涉园，孙氏小绿天、闽县李氏观槿斋，《四部丛刊》所收有“小绿天”藏本 17 种 403 卷，品种和卷帙约占全书百分之五左右，其所藏俨然又为涵芬楼之别馆。其次是张元济充分利用他的资讯与资源，遍访海内外公私所藏的宋元明旧珍本。当时他几乎与所有新老藏家都建立了借书、校书的关系，海内名家巨子，均献宝贡希，《四部丛刊》中所收的私家藏书达 20 余家，如缪荃孙（艺风堂）、李盛铎（木犀轩）、叶德辉（观古堂）、邓邦述（群碧楼）、董康（诵芬室）、蒋汝藻（传书堂）、刘承幹（嘉业堂）、宗舜年（咫园）、朱希祖（郦亭）、叶景葵（卷盦）、徐乃昌（积学轩）、邓实（风雨楼）、

① 叶德辉：《书林余话·卷下》，北京燕山出版社 1999 年版，第 294—295 页。

葛嗣浵（传朴堂）、张钧衡（适园）。

《四部丛刊》成为古籍出版典范的主要原因之一就是对版本的重视，“书贵初刻”始终贯穿于《四部丛刊》编辑出版的始终。为保证《四部丛刊》的质量，张元济还邀请学界的版本目录学家、藏书家参与，同意作为项目署名发起者就有 25 位之多：王秉恩、沈曾植、翁斌孙、严修、张謇、董康、罗振玉、叶德辉、齐耀琳、徐乃昌、张一麐、傅增湘、莫棠、邓邦述、袁思亮、陶湘、瞿启甲、蒋汝藻、刘承幹、葛嗣浵、郑孝胥、叶景葵、夏敬观、孙毓修等，这些发起人既是对项目价值与宗旨的认可与建设者，大多也是珍稀善本的提供者或联络者，更是鉴赏者、推广者，基本上涵盖了当时所有古籍收藏、鉴定方面的学者，为底本的选择与确立提供了最大的学术保证。《四部丛刊刊成记》：“凡宋本三十九、金本二、元本十八、影写宋本十六、影写元本五、校本十八、明活字本八、高丽旧刻本四、《释》、《道藏》本二，馀亦皆为明、清精刻。”①

罗马不是一天建成的。汇聚如此多的价值连城的孤善之书，不仅在出版历史上是空前的，也是超乎艰难的积聚历程。举一例足以窥全豹。

《四部丛刊》启动之初，为获得更多的善本资源，张元济深感“书囊无底，善本无穷”。孙毓修在商务涵芬楼、江南图书馆善本书库中巡览，发现要真正编纂丛刊，仍缺大量善本秘籍。张元济想到了家传数代之铁琴铜剑楼的藏书，并作为商借珍本秘籍的首要目标之一。铁琴铜剑楼在清代即享四大私家藏书楼之一的盛誉。其时，张元济并不

① 《张元济全集》第 9 卷，商务印书馆 2011 年版，第 5 页。

认识瞿家传人瞿启甲。于是，向叶德辉求助，希望叶为之引荐，以得到铁琴铜剑的支持。叶自然乐从，1919 年夏，瞿启甲接到叶德辉信函后，即请张元济等人来常熟商洽。10 月 9 日，张元济、宗舜年、叶德辉、孙毓修一道赴常熟，晤见瞿启甲。然后随主人同赴罟里，在欢快的气氛中，在共同的志趣感召下，铁琴铜剑楼主人向张元济打开了琳琅满目的书库，让他先后观书两整天。

中国古代封建式的藏书楼往往“秘不示人”。但瞿启甲却是一位开明的藏书家，历来主张“书贵流通，能化身千百，得以家传户诵，善莫大焉”。张元济的到来及追求可谓“同忾相求嘤鸣求友”。当张元济向瞿启甲说明出版《四部丛刊》的计划，提出商借影印的书目。瞿启甲慨然相允，尽出家藏，毫无保留，并欣然在《四部丛刊》发起人中列名。

1920 年春天，商务的技术人员前往常熟摄取底本。当地其时尚没有通电，商务自备了发电机，在瞿家茶厅设立工场。每天早晨用专册作借书记录，当晚用毕交还。这项工作历经几乎一年，到 10 月方始完毕。瞿家并不以为扰，尽力配合，更为难得的是古籍拍照要逐页拆开，很可能会造成损伤，在搬运途中也存在一定的风险。铁琴铜剑楼将大批珍本借给商务摄照，为了与瞿家合作关系长期保持下去，商务明确了在借影中的责任。瞿家虽明知其风险与损失，但也配合商务的需求，为的是真正让古物化身便用。当然张元济作为商务印书馆的代表，也给予书主以一定的经济补偿。这显然也是用心体会了藏书家护书若宝的心志。

1926 年《四部丛刊》重印时，称“初编”，出于铁琴铜剑楼藏书的善本达 25 种，占所收书超过十分之一，代表性的如宋刊残本《说文解字系传》（11卷）、宋刻配吕无党抄本王禹偁《小畜集》（12卷）及元刻本《金华黄先生文集》（对原来进行了更换）。这是商务与铁琴铜剑楼合作第一阶段的成果。

广搜善本，别择取舍与精心校刊，是张元济编印《四部丛刊》的核心标准。《四部丛刊例言》写道：

古书记载行款，滥觞于明季。孙从添《藏书纪要》亦郑重言之。其后黄丕烈、孙星衍、顾广圻诸人，尤断断于此。近日杨守敬取宋元明版及古钞本书，每种刻二三叶，为《留真谱》，可以知墨板之沿革，椠法之良窳，例至善也。是编窃师其意，悉从原书影印，一存虽无老成，尚有典型之意，一免书经三写，改鲁为鱼之讹。即影印缩小，取便巾箱，必将原板大小宽狭、准工部尺，详载卷首，以存古书面目。

兹编所录有宋、元、明初旧刻本，有名家影写宋、元本至如名人校本，有益本书实非浅鲜，附印卷后为校勘记，或有朱墨两笔校者，则用套板印法，以存其真。

宋元旧刻，固尽善美，但阅世既久，非印本模糊，即短卷残叶，在收藏家固不以为病，而以之景印，则多遗憾。明嘉、隆以前，去宋元未远，所刻古书，尽多善本，即顾亭林亦不菲薄之，况今又阅三四百年，宜求书家珍如拱璧矣。兹之所采，多取明人覆影本，取其字迹清朗，首尾完全，庶学者引用有所依据，非有宋元本而不贵，贵此虎贲中郎也。

版本之学，为考据之先河。一字千金，于经、史尤关紧要。兹编所采录者，皆再三考证，择善而从。如明徐氏仿宋刻本《三礼》，明人翻宋岳珂本《九经》，徐刻《周礼》不如岳本之精，岳刻《仪礼》又不如徐本之善，皆非逐一细校，不能辨其是非。其他北宋本失传之书，赖有元明人翻本，转出宋本之上者。若仅以时代先后论之，则不免于盲人道黑白矣。兹编于此类颇用苦心，非泛泛侈言存古也。

书无论钞刻、虽大体完善，欠叶阙文总不能免。今兹所依，矧多古本。影印之际，不加参订，则郭公夏五，所在皆是，学人得之，殊费推寻。故每印一书，恒罗致多本，此残彼足，籍得补正。实在诸本并阙，无可取证者，则疑以传疑，未敢妄作。①

书囊无底，昔人所叹。目中注拟用某本者，以未得惬心之本，姑为虚左之待海内同志，以所见闻惠而示我，得成定本，不胜幸甚。

张元济在聚合众本，辅以补配、补抄之基础上，精心校勘，结撰题跋，更进一步指导结撰了《重印四部丛刊书录》。它详记了著书卷数、著者、版本、藏家以及版刻的特点，并对二次重印版本的更换和校记的增加予以了详细的记录，曾经张元济改定，是民国年间重要的版本目录著作之一，应该与《四部丛刊》出版比观。

《四部丛刊》受到推崇，一方面是它在选择底本方面的优势，另一方面，它不是单纯地将原书影印而是凝结了许多学者的校勘成果，即校记与札记。他最主要的贡献是选择善本并加校勘和考证，使每一

① 原刊《四部丛刊目录》后，今引自柳和城著《孙毓修传》附《孙毓修序跋目录》，上海人民出版社 2011 年版，第 417—418 页。

种所印古籍不仅获得新生，也让学界获得了极大的效用，这种劳一人而惠无数的功德是张元济赢得学界尊隆的主要原因。

张元济《题朱遂翔抱经堂藏书图》:“中原文物凋残甚，欲馈贫粮倍苦辛。愿祝化身千万亿，有书分遍读书人。”[①] 作为出版人，张元济所愿与杜甫“安得广厦千万间，大庇天下寒士俱欢颜”所表现的诗情一脉相承。

有一则故事足以说明张元济求得善本所付出的代价。张元济借书对象中有一位重要藏家——张氏适园（张石铭）。据 1916 年《适园藏书记》记载，其藏书珍本已有宋刊本 45 部，元刊本 57 部，名人稿本、抄校本已达 460 部。张元济影印古书，他表示坚决支持。但张石铭嗜书如命，当张元济向其借所藏善本时，便提出要张元济转手宋刻《容斋随笔》于他为条件。原来涵芬楼所藏《容斋随笔》和《续笔》各十六卷非寻常之物，为宋朝学者洪迈所撰稿，洪侄孙洪汲于南宋嘉定年间所刻本是目前存世唯一的孤本。此书曾流入日本，民国初流回国内，曾有人将宋本《容斋随笔》向张钧衡出售，因议价未谐而不果，后为张元济所得，之后，张钧衡追悔不已。为了四部丛刊大业，只好应允，只好忍痛割爱于他。并按原购入价计收，张石铭感动不已，自然以全部珍藏备选之作作为回报。《四部丛刊》收录了适园藏书楼宋元善本秘籍如《说文解字系传》（述古堂景宋钞本)、《经进东坡文集事略》六十卷（宋刊本），为《四部丛刊》增色不少。

还有一事也足以说明张元济为求事成，所修炼心志，江南图书馆

① 《张元济全集》第 4 卷，商务印书馆 2008 年版，第 100 页。

经缪荃孙推荐而收入善本，馆方也答应，但办理过程中并不顺利，找到省长，也有延宕，原来齐耀琳也是一位附庸风雅之士，张元济为事计，请其列为发起人，结果齐尤为高兴，大笔一挥，事情就顺畅了，齐成为《四部丛刊》发起人中唯一的一位现职官僚，当然齐也算是一位有文化修养并爱好古籍的人，只是其学术修养无法与其他发起人相提并论而已。

《四部丛刊》张元济借得时代之利而用新法印书，与缪荃孙、刘承幹等先后时贤一味追求古雅方式大有不同。它讲究方便实用，满足一般学人所求所需，多层次面向社会，以求广泛流传，当时名教授一月之薪即可购置，还可分期支付，因而一时畅销甚广，真正实现了大工程、大效益。

胡适在日记中写道，《四部丛刊》真是寒士的一大利益。一部《四部丛刊初编》，价与一部卷帙无多的善本等相近，这对读书人来说是多大的贡献！

《四部丛刊》之所以获得如此巨大的成功，主要是用现代技术一次传刻了数以百计的宋、元刻本。这不仅是学界前所未有的事业，使爱好国学、深研故典的人如入宝殿，琳琅满目，更由于校勘精湛，使学界有可信赖取资之本，并四部皆具，自成体系，超迈往代丛书规模，学界视之为“新善本”，独领风骚几十年。《续编》、《三编》接续推出，扩大其规模，巩固了品牌。

（四）推出《续古逸丛书》

任何一个人都有他的文化性格与志趣爱好，张元济作为文化世家走出来的文化巨子，对历史所积淀的优秀传统，自然与生俱来地钟爱，更何况他生活在尚雅、博古的文化圈之中。以收藏古书为例，他虽然不以收藏家自居，但其所得又冠诸多时贤、名家之上，更与一般藏家不同。也许是职业的原因，他是以使用为归依，慕古、嗜宋不是他的全部，所以张元济曾说："余喜蓄书，尤嗜宋刻。固重其去古未远，亦爱其制作之精善，每一展玩，心旷神怡。余尝言一国艺事之进退，与其政治之隆污、民心之仁暴，有息息相通之理。况在书籍，为国民智识之所寄托，为古人千百年之所留贻，抱残守缺，责在吾辈。"① 他把保存文化上升到了民族传承与自守的责任上。

《四部丛刊》版式一律，不尚旧书全本，多有拼合诸本，统一制作，是典型化的工业产品。张元济为了弥补这些遗憾，他用另外一种方式表达他对传统文献精魂的再现，那就是出版完全仿制、再造的《续古逸丛书》。

这部丛书与《四部丛刊》立意不同，旨在为这些古书续命，这部丛书按原书大小用照相石印印出，完全保持原书面貌，其印刷、纸张、装帧都十分讲究，版本价值和艺术鉴赏价值都极高。

启动于五四运动前后之新旧文化接触之时，《续古逸丛书》和《四部丛刊》同步启动，专门仿制宋、元古本的单刊本："敝处采用写真影印，与原书无毫发之异。世间佞宋之人不得见真宋本者，犹得见宋本之化身。是亦新旧文化接触以来差堪快意之事。"②"摄影传神，无异真迹。"③。《续古逸丛书》的出版，"仿遵义黎氏之例，博访罕传珍本，

① 《张元济全集》第 8 卷，商务印书馆 2009 年版，第 12 页。

② 《张元济全集》第 1 卷，商务印书馆 2007 年版，第 425 页。

③ 《续古逸丛书二十种缘起》。

辑为《续古逸丛书》，求集腋于真影，广学人之津梁。”[①] 除一种蒙古刊本及《永乐大典》本，其他全部为宋本。主要集中为三期出版。先是尝试印行了《孟子》（蜀大字本），[②]《南华真经》（北宋与南宋配本）。第一期 1919 至 1923 年，20 种；第二期 1928 年，12 种，其中 9 种出自铁琴铜剑楼；第三期为 1933 年至 1936 年，共十种。最后成 48 种之数，最后一种是 1957 年为纪念建馆 60 周年，用上海图书馆所藏宋本，配北京图书馆所藏而成。

《续古逸丛书》收书基本上限定于完整的宋刻，可以说是影宋本丛书，一律不阑入元以后之本，惟妙惟肖地加以影写，一如当年杨守敬之《古逸丛书》，印本版框全部照原式，典雅高古。丛书出版规模已大大超出杨守敬所刻的 26 种。因为宋本尤其是完整本传世甚稀，借景难求，所以他采取随得随出，借当时技术，用工匠精神精细影传，不惜工本，甚至不顾市场，最终成为商务出版史上出版时间最长的古籍丛书。当然也是品质最高雅的出版物，今日遗世者，价值已不知几何！

（五）影印《正统道藏》的曲折

张元济于 20 世纪 20 年代前后，耗费近六年时光，将 300 多年前刊行的《正统道藏》公之于世，一大批道家秘笈及诸子文献孤本面世，不仅为道教界上下所欢呼，也为学术界开新天地，价值与作用不啻敦煌石室和大内档案的发现与公开。

张元济印行《道藏》，缘于傅增湘的筹划。时任北洋政府教育

① 《张元济全集》第 10 卷，商务印书馆 2010 年版，第 171 页。

② 第一种为清宫旧藏宋本《孟子》，1920 年版。

总长傅增湘动议，印行北京白云观所藏《正统道藏》，这是一项很有文化眼光的提议。《道藏》乃道教历史文献总集，为明正统所修，凡 512 函，5485 卷，共收书 1476 种①，历来传见甚少，北京白云观所藏很完整，也很罕见，傅增湘此议可谓显示了一个文献大家的水平，自然得到了张元济的赞同。于是，他们联手发起印行《正统道藏》。

1918 年 5 月，北京白云观道长陈毓坤(明霦）来到了上海白云观，张元济趁机拜访，还见到了上海白云观阎道长。两位道长知道是商务要印，提出可用上海白云观所藏，张元济自然乐从，商定借照，但不久阎却变卦，拒借不办。6 月，张元济为印《道藏》事专程北上。还没有来得及办事，传来馆中老友李宣龚病重，不得不匆匆南返。不出十天，张元济又为此事专程到京，在傅增湘亲自陪同下，访北京白云观，谈商借《道藏》之事，草拟与北京白云观合作契约返沪。但白云观方面久无回复，因道观有同操书业之旧人，主张以石印图利，便推托延宕原议，最后并未谈成，不得已，张元济硬着头皮找上海白云观主持商量，终于允印，但提出要商务为白云观捐款，张勉强同意，最后上海白云观以《道藏》居奇，“欲壑难填”而作罢。

上海所藏又谈不下来，张又只好让傅出面再谈北京白云观。傅增湘答应继续斡旋。时在傅增湘手下任佥事、也精熟文献的徐森玉，正赶上徐此时在观内修炼，他反复与白云观沟通，方丈答应可用藏本，才使事情转圜。为此，张元济准备了纸张。1919 年 10 月，张元济接到孙壮来信，说教育部想印。年底，张元济曾找到徐森玉去催办教育

① 陈国符：《道藏源流考》，中华书局 1988 年版，179—182 页；朱越利：《道经总论》，辽宁教育出版社 1991 年版，第 156 页。

部。不久，傅增湘因“五四”学潮而辞职，这事就搁下来了，但仍心系之。1921 年 9 月，傅增湘最终与观方商定，在京影照《道藏》，由商务在京分支机构——京华印书局代为执行，但张元济正忙于《四部丛刊》出版，无法安排出版与生产日程，此事只好暂停。1922 年 8 月，《四部丛刊》印行告一段落，时任总统府财政清算处大员的傅增湘以教育部官方名义让商务总办，很快就清理完毕，但道观有人并未全然同意运沪。后经过徐森玉的协调，才让《道藏》运送来上海。此时张元济虽已辞职，却得以好整以暇，收拾旧事，将《道藏》印行当作首务，于是得以加速进行。

经过无数的折腾，“历时四载，奔走南北，譬解疏通，乃得定议，允假出照片”①。1923 年 5 月，《道藏》终于正式开印第一期，中间又发生各种延拖，至 1928 年 4 月得以全部印完，前后经历了六年。从动议协商则凡历十年，全书用北京白云观藏明本，缩印为六开，易梵夹为线装，成书 1120 册，首印 100 套。总印 350 部，历经坎坷的《道藏》影印，在其沉睡了数百年之后，终于从宫观走向历史，成为人们不可或缺的研究史料。

《道藏》虽秘，但学术界研究者也少，社会上感兴趣的人更稀。在预订不足印数的情况下，已经在野而又爱好文化的徐世昌，慨出俸钱 25000 元，支持订购十部。为了确保项目的成功，傅增湘奋力而代为预订，还为之推广了许多部。1931 年，张元济大发诗兴，撰有 18 首诗赠傅增湘，专言买书校书事，其中一首专咏印《道藏》事：“道家灵宇白云深，宝录玄文尚可寻。喜见异书维纵读，孙洪遗响未

① 《张元济全集》第 3 卷，商务印书馆 2007 年版，第 317 页。

消沉。”①

遗憾的是，《道藏》本非易销之书，印成后部分《道藏》存书毁于“一·二八”战火，他们化身努力又遭兵燹。1935年，傅增湘希望重印，因商务赶印《百衲本二十四史》，张元济无暇安排，傅接着又提出过以排印本的方式重印，以减少篇幅诸种设想，也未如愿。最后双方确认选印其中176种为《道藏举要》，分十类出版，分装398册，以供普通读者。又历经60年后，因天壤间所存无几，文物出版社据此翻刻，始得大行于天下。

古籍整理是“存亡继绝”的工作，也是连接历史与现实的桥梁，以让人们在纷繁芜杂的现实中仍能把握住民族发展的脉络，传承和挖掘中华民族传统文化的精华。张元济措手发轫之始辑印古书，就是为了“于开辟新营业之中兼保存国粹之意”，大规模地整理、校勘和影印古籍，保存国粹。“能于文化销沉之际，得网罗仅存之本，为古人续命，这是多么幸运啊！”② 哪怕有巨大压力，也坚定地以此为商务开拓新营业。

张元济在文化史上的成就与他推出的几大古籍工程连在一起。他一生最大的建树是在一个革故鼎新的时代，为中华民族五千年文化续绝学，传薪火，校勘、纂集了几个重大的文化出版工程：《四部丛刊》、《百衲本二十四史》、《道藏》以及首刊《四库全书珍本初集》和选印《宛委别藏》。他或传不刊之秘，或化身千百，在20世纪乃至今后中国文化的作用与意义，罕有人能匹。大型古籍出版项目，其行为

① 《张元济全集》第4卷，商务印书馆2008年版，第38页。

② 顾廷龙：《回忆张菊生先生二三事》，《商务印书馆九十五周年》，商务印书馆1992年版，第14页。

本身，体现着有魄力的出版家们，以其特有的方式参与到了学术文化建设的队伍中。

如果说沟通西学，张元济是一个传播者、组织者的角色，那么刊刻古籍，他则是一个建设者、参与者、贡献者，其成就之高，也无人能企及！人到中年，他走上了以教育救国之路。十年后，他又以集大成的方式为传统文明的总和和提升，做出了亘古未有之成绩。当然，这是以他几十年的生命和学术为代价所攀达的文化高峰。

六、现代商业的典范

张静庐《在出版界二十年·写在后面》说："钱是一切行为的总目标。然而，出版商人似乎还有比钱更重要的意义在上面。以出版为手段，而图实现其信念与目标而获得报酬者，其演出的方式相同，而其出版的动机完全两样，我们，一切的出版人，都应该从这上面去体会，去领悟。一切认识的朋友，读者，也应该从上头去分析，去区别。"①

吴敬恒《新字典书后》说："营业者，两利之事，职业贸利与改良二者完即营业之道德也。西方商品之改良，月异而岁不同者，以单纯盈利之品物，扶持营业，道德者所勿善，故不登于市场，然其得果，品物日良，而营业亦益利，皆道德最后之报偿。印刷业为文化之媒介，因印刷品之改良，大尤重于物物，商务馆愿以改良之品物，不

① 张静庐：《在出版界二十年·写在后面》，江苏教育出版社2005年版。

计贸利之微薄，致力于文化，斯重营业之道德，以求营业之发达者欤?”[①] 这是吴敬恒作为一个当代名流，与张元济和馆中诸多高层接触后的深刻体悟。

作为老翰林的张元济，并不讳言“在商言商”，而且常常宣于口与笔，这对于久处新兴工业发达而又长期浸淫于企业的张元济来说，早已确立为必奉的信条，这其实也塑造出了现代出版企业的基本守则。出版业是制造产品和贩卖产品的企业，企业就必须有实现利润的诉求，效益最大化才是企业的根本和最终追求。

（一）有大格局的儒商

商务从一个小小的印刷作坊发展成为资金雄厚的几千人大企业，依靠的便是年复一年出书积累起来经济效益，在商言商，张元济从不讳言盈利，同样，张元济在企业经营管理上也是有出众的表现和堪称神奇的作为。

张元济的思想和行为能够突破于传统文人士大夫的束缚与局限，虽明确主张在商言商而不失文化的理想，能够统摄当时的著作者、收藏家、出版家，从而保证和促成了商务的健康发展。终其一生，他自己的学说和行为准则恪守传统的儒家思想。他是兼“儒商”更具“儒行”，而乏“儒说”的一位文化名流。

商务在历史发展的几次转折上，在张元济的擘画和引领下，无疑都是成功的。作为一个文化产业机构，赢得历史上重要转折点上的

① 吴敬恒：《商务印书馆新字典书后》，商务印书馆 2007 年影印本。

机遇之后，更重要的是要严格地遵守商业规则。不然，就同上海当时许多兴盛一时的出版机构一样，昙花一现。张元济没有夏瑞芳式的冒险风格，也没有王云五式的纵横捭阖式的做法，但他严谨地按商业逻辑规律办事。他所求的并非个人或股东之利，而是商务的总体发展之利。所以他始终坚持：没有实力的积累不可能干出大事业！

对一切新知学科予以关注并倾力拓展，最终塑成了商务文化的内核。如果说开启民智，通过教育创新产业化发展，为商务奠定了出版业规模地位，那张元济之后商务全方位、大范围地综合性发展，使其具有了不可竞争的企业核心。从出版文化史而言，推出一个又一个前所未有的标志性、创造性文化品牌，才真正完善了商务对文化发展的贡献，造就了百年不衰的美誉。

商业文明在几千年来的中华大地上的发展是缓慢的，现代商业文明在民国以前更是不曾发生过。上海作为商务的大本营，20 世纪上半叶处于租界与华人地方割据，各派势力、遗老遗少与乡绅商贾汇集之地，工业化急速扩张、封建制小农业和市井文化丛杂之地，文化教育出版既集中又高度竞争。商务虽以工商业立身，但它又与西方商业文明大异其质，不仅在商业成绩上创造出了股东的超额利润，并几乎达到了惊人的地步，而且凝结为了巨大的品牌，实体毁而再兴，兴而又散，其艰难历程远较顺利的拓展历史为长，但愈挫愈强，愈毁愈大。商务既坚守了现代商业文明的底线，又不单独以商业为目标，热心投入诸多公共、慈善事业，建设并拥有了当时藏书量最大的图书馆。同时，创办各式各类学校，制度化支持员工子女上学，体现了大企业、大品牌的社会责任与担当。

20 世纪二三十年代，是上海经济文化发展期、繁荣期，同时伴随而生的也是投机期。这期间，许多动机不同的人进入棋盘街即出版业，有发展的，有投机的，有保守的，但商务始终是龙头，牢牢占据了行业的领导地位，而且固守自己的观念，追求自己的思想，承担应有的责任，尽管历尽艰辛，但始终不断发展壮大。这一切，都得益于时代的发展和张元济的团队艰苦卓绝的奋斗。

我们知道，任何大事业和大机构不可能不与当时的社会环境和政治生态相关联。反之，则不可谓大事业、大机构。应有尽有的各方资源和四通八达的社会关系，不仅是企业发展的有利条件，也是企业生存与发展成本最少化的保障。有张元济掌舵的商务，其外在危险自然就会少得多，但张元济从没有利用他无与伦比的政界、军界的关系去打压对手，在他的行为准则中，民族的、文化的才是至高无上的，其他不过是表面而已。张元济并非一切都从“在商言商”出发，此语有时只是他拒绝政府的一种手段或保护自己的一件外衣。

作为现代出版业的创立者和大型文化企业的掌舵者，张元济对于出版产业化与经营管理，也是戛然独造的，这使他不仅仅是一个出版人，更是完成了一个现代出版人、文化人的塑造。所以张元济立身商务之后，至新中国成立前独立经营期间，商务始终在他的引领下发展，成为稳居于出版界龙头地位、规模和效益不断增长的典范企业。

现代出版业着眼于民众世界，使图书产品成为真正的大众传媒，放大了出版的社会功能。因为出版物必须寻求市场，有市场才有生存与发展的根基，市场和利润成为近代出版的一个出发点。因此，国民教育成为出版产品的核心业务与市场目标，标准化、全国化更成为产业化的诱惑与方向，教育与出版前所未有地结合在一起，既建构了稳定而有规模的产品市场，又为开启民智、大众知识化迸发了巨大的力量。

（二）高超的商业策略

张元济当然有一种所谓商人的精明，执掌商务的他，由于特殊的阅历和广泛的资源，对现实和政治的了解是高于一般人的，以至于《东方杂志》既能表达其办刊物的思想，又不过于激进，在风云变幻中宠辱不惊，稳步发展。

一般人很少谈及张元济精于商道，其实，这位在工商业界打拼了一辈子的文化人，也曾有过许多商业上成功的案例。

如早期《新译日本法规大全》的出版，就是成功地运用政府资源，抓住时机进行营销，大获全胜。《新译日本法规大全》是他还在南洋公学期间接受沈曾植的建议，坚持数年而做成的一个震惊当时社会，并为商务取得巨大经济效益的大项目，对清末立宪的推动乃至现代中国的法制建设居功至伟。随后他推出的《新字典》、《辞源》等均是为后世所憧憬的大项目，而且一直盛行不衰。当然，没有张元济这样的文化积累和组织经验，是无法产生这样的巨型经典之作的。现代出版史上就曾出现过一些效法张元济、试图谋划大项目的人和机构，终因缺乏张元济这样的出版高手而最终使项目夭折，即使有成型者，但价值、影响、效益均无法与其相提并论。如梁启超筹划并亲自担纲的《中国图书大辞典》，以梁之学识、资源及高起手运行，仍无法成型，最终梁也只能赍志而殁。又如王云五构划的《字典长编》及杨家骆的《中华学典》均是其例。这些案例的失败当然也有时机局限原因的。正因为张元济懂得抓住时机，周密安排，才得以操作成功，而且成就斐然。

能否推出大项目并取得商业上成功是衡量一个真正大出版家的能力与学识的标尺。一个伟大的、卓越的出版家没有贡献出原创的、有价值的文化标志性工程或项目，不足以称得上出版家，最多是一个管理者、从业者。作为出版者，虽然比一般的文化人多一份辛劳，少一份自由，但他可以策划、组织、承担起个体学者所无法承担的大型项目，即集众人之力而建文化大业，换言之，没有高超的眼光和巨大组织能力，不可能号召众人合力而为，也就不可能产生出特大项目。在欧洲，近代启蒙运动中产生的伏尔泰百科全书就是思想和知识界与出版者的合力而为，对欧洲思想文化界产生了巨大的影响。中国古代也有不少官修典籍与丛书，民间则大多是丛书刻纂。张元济以他熟悉中西学的深厚素养，果断地规划和实施了多个方向的重大文化工程，完成了他作为现代出版业巨子的文化标志，即现代出版文化的确立与表达完全与当时世界接轨。以商务为代表的出版文化发展与进步，远胜于当时中国的其他文化领域，真正成为发展最快、最迅猛的文化产业，其规模成就，在其后近半个世纪也无法企及，成为了中国现代出版的一座高峰。

大项目的运作是张元济的一大特点，集中资源、精力干大事，不仅能培养人才，而且可以充分调动馆内外积极性参与其中，并取得巨大的影响。最典型的是《四部丛刊》。初编出版第一期卖了 5000 套，获得上百万元的营收，这在当时是一个天文数字。他移植当时西方在内地销售大百科全书的模式，采用的是预收款和分期付的方式。这样，既实现了双赢，更减少了投入。张元济在《四部丛刊》经营上的成功，也使大家所折服，为他后来赢得更多支持和能够持续地做古籍影印，提供了很大的帮助与保障。其后，商务大项目几乎都是采用这种征订、预付、分期模式。由于有巨大的商誉作保证，屡试不爽。

（三）坚持利益共享

无论是对作者还是编辑，商务利用自己雄厚的经济基础，尽可能给他们提供一个良好的环境。除了用丰厚的稿酬等经济手段之外，更为可贵的是，在长期的合作中，商务和当时的文化界人士逐步建立起了一种超越于单纯商业之外的关系。许多当时的文化界名士在商务受到了超乎寻常的礼遇，如蔡元培两次出国，张元济都慷慨相助。曾经著文对商务提出严厉批评的罗家伦，出国留学时曾一度困窘万分，张元济了解到情况后，及时资助。罗归国后，遇到国内局势混乱，张元济继续帮助他渡过难关。这些救急相助的慷慨，使得这些学者和张元济建立了一种罕见的情感关系，一种已经超越了一般著书者与出版者之间单纯的商业关系。这些也许正是今天的出版人所欠缺的。

张元济在借用藏书家典籍影印时，均在每一部扉页上载明其来源，不仅是对藏家表彰，也是叙其文化基本递藏，同时，给予藏家一定的酬报。对原藏者其他合理的要求如搭印，无不加以满足。这种合作虽然不算是什么商业，至少是一种规范，因此，藏家皆乐于为之。

张元济作为现代出版家的一项重要贡献是他十分重视出版权，并立足于与作者和出版人利益共享，在中国首开先例。古代出版仅有书铺防盗翻印的重视，没有作者权益的保障。张元济从与严复合作开始，就采取作者版税制，并相沿成习，在商务出版物上广泛使用这种方式，一方面保护了作者权益，另一方面也为产业发展带来巨大的收获。他更为开放的一步战略是，在版权保护之外，还让这些社会名流入股商务获利，让他们的收入与财富再次增值。

如严复就是典型的一例，“著述满天下，而生平不能一试其长，此至少衰也。”庆幸的是，严复约在民国以前就入股商务，也十分依赖于商务股息，晚年曾对长子严璩说：“吾以老病余生，世事浮云过眼，所欲急急为计者，求一眠食稍安有余不败之地以终余年，他非所计，儿婚女嫁。香严以下尚有六人，邀天之福，将即以商务每年进款了之。不识有蹉跎耳。”① 据《张元济日记》，1911 年，录严复得 5476 元股息。1916 年，他以 3000 元购 400 股。晚年，主要靠商务股息生活。1919 年又以所得版税购买了商务股份，成了商务发展的一个受益者。到 1921 年已有股金 50000 元，一次分得红利 8500 元。②

又如周越然，1915 年进入商务印书馆工作，任编译员，专门编译英文书籍。其独立编写的《英语模范读本》于 1918 年出版，此后的 20 余年中，该书经过五六次修订，总发行量超过 100 万册。按照当时商务的惯例，一般采用与作者协商数额后，一次性付清稿酬的方法。《英语模范读本》起先也拟用此法解决，周越然提出每册 5000 元、4 册共计 20000 元的稿酬，这在民国初年是个大数目，商务印书馆一时支付有困难。经邝富灼与张元济商议后，决定采用版税制，按定价 10%付给作者版税。周越然同意后，遂按此方法实行。不期此书风靡一时，最终周越然所得超过 100 万册的版税。

---

① 王栻主编：《严复集》第三册，中华书局 1986 年版，第 783 页。

② 参孙应祥：《严复年谱》，福建人民出版社 2014 年版，第 432 页。

馆内人才共享商务股份者更多，所以形成了稳定的局面。据邝富灼回忆："该馆同人，办事之忠诚勠力，余早信其必能操成功之券，故余稍具积蓄，即以之附充为该公司股份，其后仍继续投资有年。"①

没有股东、作者、员工的共享共荣，就不可能有商务前期持续稳定的发展局面；没有社会各界的分享、参与和支持，商务就不可能在屡挫屡毁中走向新生与复兴。共享利益资源及平台，是张元济主导商务作为现代版企业的本质与核心，而它既是民间的，也是社会的，唯独不是属于某几个人或某资本方的。

（四）出版方式创新

张元济看似一个稳健且富于传统色彩的人，但他的行动和业绩证明，他却多次以敏锐的见识和果决、坚毅的手段，创造了一个又一个文化出版物的高潮，严译名著和"林译小说"就是空前成功的案例，尤其是后者，堪称文化出版史上的"绝唱"，这都展现了一个活生生的现代出版家张元济的史迹。

《林译小说丛书》出版于 1914 年，是《说部丛书》之别本，但"林译"品牌的诞生更早。《小说月报》1910 年 7 月创刊，依然以"林译"为主体，到 1921 年由沈雁冰接手改革，11 年期间共刊发了近 50 部"林译小说"，几乎每一期均有林译刊登。同时，《小说月报》更是以"林译小说"作为卖点来招徕读者，往往还搭载单行本的广告。《东方

① 邝富灼：《六十年之回顾》，杨光编：《最后的名士——近代名人自述》，黄山书社 2008 年版，第 165—166 页。

杂志》也间有登载。五四运动后，当时刚兴起的话剧有不少以林译为题改编，红透上海滩，商务为适应普通读者需要，请人将文言改为白话，如将《黑奴吁天录》改题为《汤姆叔的茅屋》和《黑奴魂》，先是刊登在《儿童世界》杂志上，后又出单行本。这种多元立体化的开发，已完全突破出版而进入更宽泛的文化与商业领域。

“林译小说”作品在商务出版史上版本之多，发行之广，如水银泻地一般。“林译小说”成为另外一面对社会文化影响至巨的旗帜，也把商务品牌推向了一个全新的社会层次。

商务对“林译小说”译作的商业运作至今堪称经典案例。首先是按字计值，出高价购买之，然后对其作品进行大规模运作和立体化开发，由小说单刊到《说部丛书》，再到《林译小说丛书》（两集 100 种），再辅之以《小说月报》、《东方杂志》、《小说世界》的连载，再单刊，《东方文库》、《汉译名著》也收录不少，其中正式刊行者有 140 多种，不少译本又有各种版本。

“译才并世数严林”，康有为赠林纾的这句名言，成了现代翻译出版的最有影响力的说法。商务在张元济的主导下，将两位旷世译才的作品锁定为自己的出版资源，而且将其品牌化、市场化，作者、编者、出版者首次三位一体，完美结合，不仅创造了出版的奇迹，更前所未有地影响乃至改变了中国当时的社会思潮与大众观念，其影响力、作用力已成为文化史、出版史的经典范例。作为编者，应该说是作为策划者的张元济所发挥的作用可以说是无与伦比，更是不可或缺的。人们今天或许认为严、林之译与商务密不可分，这固然不假，但其实两位译界巨子在和商务发生密不可分的关系之前，已经暴得大名，其最早蹿红畅销的译作并不是商务的首刊，而是其他出版机构所为[①]，并已得到社会广泛认可。在他们的作品走红之前，张元济还没有进入出版业，关键是张元济投身商务后，才以其名望和资源，将两位引入商务这个平台，最终在张元济的作用下，产生了“严译名著”与“林译小说”这两个巨大的文化品牌，这也写就了作为现代出版家张元济的一个重要内涵与文化业绩。

从“严译”名著的产生过程，再来看“林译小说”的蹿红，他们作品之前都是单本，或圈中嘉许，较之其他出版物并不突出，一般读者也难以接触。正是张元济将其规模化、品牌化，并施以不同的技法和共享利益的合作方式，才产生出了20世纪前期令人惊叹的文化奇迹。

（五）文化的商务

张元济自从跨入编译所那天起，一直到他因病卧床后，留下的文字最多的是关于产品的记录，他的繁忙工作、琐碎事务、网络般联系都聚焦在产品组织、生产和销售以及设计、预算、回收中。从早期的亲自编写教科书到后期的经营运作，我们看到了一个出版领导人的工作事务之繁重、复杂和辛劳，深切感受到了他为出版业乃至文化的付出与奉献。

张元济具有自我克制甚至苦行僧式的工作态度，但在内部管理上十分具有文化情怀，所以能团结聚合志士仁人一起长期与共，倾力奋斗。早期他对待老式文人或新加盟的学有专长者，采取的是包办或半天上班机制，或定编译任务之后，多劳多得的手段，所以一直到新中

① 林纾的《巴黎茶花女遗事》最早由朋友支助，福建刻书名家吴玉田木刻，后由张元济好友汪康年在上海排印，才广为流传。

国成立前，上海人认为最体面的工作之一就是在商务工作，包括印刷或相关企业。今天看来，这些体制的形成和坚持，可能发端于夏、张共事时期，一直延续到公私合营之前，因此，商务在体制上是一个充满人文气息又十分规范化的现代企业。在今天看来，不仅不过时，而且有些还无法达到像他们那样的理想状态，遑论人文精神了。

张元济与一般出版家不同，除了一开始就抱定以出版扶助教育的宗旨外，他还围绕出版尽可能地致力于社会公益。在他的推动下，商务建立了各种学校，并制造各种仪器、文具、玩具，拍摄电影，建立藏书楼、图书馆、俱乐部，这些活动均具文化事业性质，且其视野、境界、手笔之宽，培植之厚，在中国近现代出版史上当属第一人了。

近代知识分子除了依赖知识的价值之外，也在寻求新的谋生与入世方式。当然，张元济和他的同事们从一开始就不是以谋生、谋利为目的，他从文化战略到产品规划，再到参与公司经营，培植企业，不仅为刚从传统走出来的知识分子独立生存找到了自信和尊严，使他们不再需要皓首穷经，求仕或育人，而是可以完全自信并真正自主地立足于社会。不仅如此，还为随后大批归来的海外俊杰、在馆内成长起来的学徒提供了广阔的舞台和发展方向，在这一点上，商务俨然是一个大社会，但这个社会是一个成长、发展的能量场，只要是人才，一进商务，便如鱼入水。一个文化机关最终不仅奉献了无与伦比的精神产品，也向社会输送了无以计数的人才。仅以民国时期的大学为例，半数以上的校长与商务有关联，不仅有数位校长有着商务编辑的身份，更有数不清的教授名流出身商务，至于因商务出版其作品而走红的作家、学者则不计其数，如鲁迅的《狂人日记》、冰心的《致小读者》、梁漱溟的《穷元决疑论》。从厚厚的数册《商务印书馆九十年》、《商务印书馆九十五年》、《商务印书馆一百年》、《商务印书馆一百一十年》中可以窥其大概，这便是文化的商务对文化的作力。“文化”成为商务的特质，使商务以产品为载体，以精神和思想知识为内涵，与社会、时代、世界持续、广泛、多层次地互生互动，“化成天下”，推动社会的发展与进步，并最终垒成“文化的商务”。

从“印书的商务”到“文化的商务”，可以说是张元济在现代出版业中探索并创造出来的一桩伟业与遗产，书写了出版史的传奇。张元济所执掌的这艘大船，始终航行在文化发展主航道上，引领着这个巨大的知识群体、平台走向文化累积与智识弘扬的大道上，后世艳称为商务的文化品格，实际上就是张元济文化品格的化身与体现，这便是文化领袖的影响力和指引作用的生动体现。尽管张元济从不以领袖群伦自居，但他实际上起到了这样的示范与作用，他以他高超的要求和严酷的自律及甘于奉献的精神，完成了这一文化精神家园的建构，并以他的余生和残躯坚守与维护而使之不坠，期待后来的继承者继续坚守与发扬光大，也同样让那些庸庸碌碌者，或变帜易轨者，在历史的进程中逃逸或遁形。

第三章

文化薪传

——重构古典文明（1921—1936）

一、世代交替

在“五四”运动前后，商务的发展面临着前所未有的挑战：来自新思想、新潮流的冲击，让商务显得有些落后；多年以来管理层渐趋保守，是造成这种状况的主要原因。在商务，张元济虽然不是孤立无助，但庞大的机构、相沿已久的习惯以及主事者风格和观念的差异，让张元济处于前所未有的纠结和困惑之中。

1918 年，张元济因感“公司范围日广，罅隙日多。吾辈均年逾始衰，即勉竭能力，亦为时几何？且时势变迁，吾辈脑筋陈腐，亦应归于淘汰。瞻望前途，亟宜为永久之根本计划。

若苟且因循，仅求维持现状，甚非计也”，[①] 呼吁改革求变。

当然，老友高梦旦与张元济求新求变的主张桴鼓相应。高曾经对庄俞说：“时局日益革新，编译工作宜适应潮流，站在前线，吾将不适于编译所所长，当为公司觅一适于此职之人以自代，适之其庶几乎？”[②] 他还对蒋维乔说：“公司犹国家也，谋国者不可尸位，当为国求贤，旧令尹之政，以告新令尹，俾国家生命，得以长久。吾辈皆老矣，若不为公司求继起之人，如公司何？况自审不适于新潮流哉。”[③]

（一）礼聘胡适

苦熬之中，张元济于1920年辞去经理一职，改任监理，希望能为商务觅得一位具新学熏陶的领军人物。为此，张元济曾嘱托上海滩有名的交际博士、商务内部的干将黄警顽与陈独秀、吴稚晖等联络，探询来商务服务的意愿，但均未如双方之愿。之后张元济把目标瞄准了正处在新文化运动浪头上的名人胡适。

张元济俨然已经注意到，胡适作为新文化运动的发起人之一，思想并不激进，有温和、开明之风，由他领军将不至于使商务走上极端。由商务出版的胡适新著《中国哲学史大纲》（上册），甫一问世，十分畅销，获得了年内加印三次的良好业绩，成为严复译作之后最为畅销的、具有划时代意义的学术作品。《中国哲学史大纲》（上册）的出版，也使胡适在北大和学术界立稳脚跟，蔡元培不吝其辞的赞扬序

① 《张元济全集》第3卷，商务印书馆2007年版，第113页。

② 庄俞：《悼梦旦高公》，《商务印书馆九十五年》，商务印书馆1992年版，第60页。

③ 蒋维乔：《高公梦旦传》，《商务印书馆九十五年》，商务印书馆1992年版，第53页。

言和商务四通八达的发行网络，使其一下获得大名。提倡白话的胡适竟能读古书，自然让张元济刮目相看，不仅认可其人其学，也更为属意于胡适接掌编译所。

聘用胡适这位贤才，便是张元济交给高梦旦的重大责任，1921年4月，高梦旦专程赴京，成功地邀请胡适南下，意在请其担任商务印书馆编译所长。当年刚从国外回来时，胡适一度对国内的出版界状况十分失望，也有一份担忧，近年来他通过与张元济接触，对商务刮目相看。高梦旦专程来京，这种礼遇，对胡适来说也是一份殊荣。胡适在日记中写道：

> 高梦旦先生来谈，他这一次来京，屡次来谈，力劝我辞去北京大学的事，到商务印书馆去办编辑部。他是那边的编辑主任，因为近年时势所趋，他觉得不能胜任，故要我去帮他的忙。（原注：他说的是要我代他的位置，但那话大概是客气的话。）他说："我们那边缺少一个眼睛，我们盼望你来做我们的眼睛"。此事的重要，我是承认的：得着一个商务印书馆，比得着什么学校更重要。但我是三十岁的人，我还有自己的事业要做，我自己至少应该再做十年、二十年的自己事业，况且我自己相信不是一个没有可以贡献的能力的人。因此，我几次婉转辞谢了他。他后来提出一个调停的方法：他请我今年夏天到上海去玩三个月，做他们的客人，替他们看看他们的办事情形，和他们的人物谈谈。这件事，我已答应了。①

① 曹伯言整理：《胡适日记全编》（三），1921年4月27日，安徽教育出版社2001年版，第226页。

值得注意的是，胡适此前停写日记十年，此为恢复重记，其开笔就是关于商务邀请他一事，可见他对此事的看重。对高梦旦所表现出的诚意以及商务编译所地位的重要性，胡适虽表现出坚决不就的立场，但实在是盛情难却，几经婉辞无效，只好答应暑假去上海看看。1921年7月16日，胡适到了上海，商务重量级人物包括监理、经理、所长等高层人士均全员而出，到车站迎接，足以突显出他们对胡适的礼遇和重视。受此隆遇，胡适也掂量出张元济的厚意。

胡适为考察商务编译所的工作，前后停留上海一个多月。在此期间，他一方面与馆内的李石岑、郑振铎、沈雁冰、叶圣陶、杨端六、邝富灼、吴觉致等人交换意见，提出改革编译所的意见。① 另一方面也遍交上海各界朋友。最后，他向馆方提出独特而重要的建议：一是每年选派年少好学、精通外语者出洋留学考察；二是设立图书馆，专为编译所使用，但对外开放；三是成立科学试验所，以供物理、化学、心理、生物等学科使用；四是尊重编译所专家，应有弹性的工作时间及假期，并且让每一部均有专属办公场所。②

通过这次深入的了解和广泛的接触，胡适感慨更多的是张元济、高梦旦等人的品质，特别是张元济的清廉，简直罕见。让这位西学俊彦第一次深切感受到了人格的魅力，从此，胡适与商务结下不解之缘。

新思想是胡适的特质，善于思考是他作为思想家的长项。他对自己的人生早已有了明确的规划，学问无疑才是他“自己的事业”和第

① 曹伯言整理：《胡适日记全编》（四），1921年7月18日至8月31日，安徽教育出版社2001年版，第375—450页。

② 曹伯言整理《胡适日记全编》（四），1921年7月27日，安徽教育出版社2001年版，第401页。

一选择。出版只能是一项工作或大众事业。在早年，胡适曾经说过自己“宁鸣而死，不默而生”。他想做的事情是以自己的著述去引导大众，开启众智。更何况，当时他已经是在学界与文化界登高一呼，从者云集的风云人物了。这位北大的名教授，此时正处在新文化运动的关键转型期之中。刚过而立之年的胡适，正为自己前途无量的学术事业奔忙，一切都围着这个中心展开。至于其他的，都是退而求其次的选择。

当张元济仍坚持要他留下时，胡适心里又郑重考虑：“这个编译所确是很要紧的一个教育机关，一种教育大势力。我现在所以迟疑，只因为我是三十岁的人，不应该放弃自己的事，去办那完全为人的事。”① 他把商务看作是“一种教育大势力”，与张元济把教育看作是“根本之根本”的信念，何其相似！但在胡适的心目中，做编辑出版事业始终有点“完全为人的事”的味道。考察快结束时，他自己有了决定，只能拂了张、高两人的美意，但心中深感有负张、高之望，不过对于人选，他则推荐他的老师，年仅 34 岁的王云五为编译所负责人以自代。

胡适的推荐人，张元济、高梦旦高兴之余，不免惊愕，以商务求贤纳才之姿态和信息网络，竟然完全不识王云五为何人。张元济既然信任胡适，也小心谨慎，于是亲顾王庐。

（二）王云五到来

王云五是一个奇人，他早年做学徒，上夜校读英文，19 岁时便

---

① 曹伯言整理：《胡适日记全编》(四)，1921 年 8 月 13 日，安徽教育出版社 2001 年版，第 431—432 页。

当了中国公学的英文教员。胡适和他的朋辈杨杏佛、朱经农等便成了王云五的学生，朱经农还比王大两岁。进入民国后，王云五做过政府官员，当过禁烟特派员，后辞职，在上海读书、译书，此时他正为公民书局编丛书。虽没有留过学，但他通读36册的《大英百科全书》，知识渊博，这份坚毅是常人没有的。

当时的编译所内人才济济，不是举人、秀才，就是日、美留学博士，张元济求新孔急，决定聘在出版界、文化界籍籍无名，又完全是自学出身的王云五入馆，先任编译所副所长。

胡适考察编译所和推荐王云五，是商务印书馆历史上的大事。张元济思才若渴，从善如流，但胡适的推荐还是起了决定作用。那么，是什么原因让张元济这样一个有名望、有学识的创业元老选择了一个既年轻又无学历资历的王云五？除了张元济慧眼识珠、颇具文化大家气魄之外，更主要的还是张元济是以差异化为商务抡材以及高梦旦的高风亮节。最终幸运之门向王云五打开，把他引到了一条新的人生大道。1921年9月16日，王云五正式进入商务印书馆。

很有趣的是，王云五在其自传中说胡适："事前绝未和我商量，便把我推荐于高先生，作为他自己的替身。"① 不过，胡适在日记中曾多次提到在上海期间与王云五会面交谈，并且还记道：

> 云五来谈。我荐他到商务以自代，商务昨日已由菊生与仙华去请他，条件都已提出，云五允于中秋前回话。此事使我甚满

① 王云五：《我所认识的高梦旦先生》，《旧学新探——王云五论学文选》，学林出版社1998年版，第151页。

意，云五的学问道德比我好，他的办事能力更是我全没有的。我举他代我，很可以对商务诸君的好意了。①

王云五的到来，除了商务为适应时代变化的要求而寻找新型人才之外，也跟商务的体制有关。它不再是作坊，更不是家族企业，而是一家规范的股份制公司，有严格的董事会制度，因此，王云五才得因胡适引介而出掌编译所。

胡适除荐举王云五外，回京后又十分用心地草成一份《关于商务印书馆改革的报告》敬呈张元济、高梦旦审阅。胡适"针对事实，处处求其易行"，这一份改革报告，也为其荐代者王云五提供了坚实的踏脚石。

王云五是大作手，又有先前在公民书局编书的实际经验，进馆观察三个月后，便迅速完成了一份长达万字的《改进编译所意见书》。《意见书》利用胡适"改革的报告"作底子，而且有新的高度与概念。核心是：

"普通书肆之出版物所以追逐潮流者，以资本短缺，亟图目前之利益，然潮流既至，尽人得而追逐之，则竞争者多，为利宜杈矣。以本馆资本之雄厚，在营业上固不必追逐潮流，而当以激荡时代潮流，益显而易见者。"②

---

① 曹伯言整理：《胡适日记全编》（五），1921 年 9 月 1 日，安徽教育出版社 2001 年版，第 456 页。

② 王寿南：《王云五先生年谱初稿》（第一册），台湾商务印书馆 1987 年版，第 109—115 页。

《改进编译所意见书》令张元济耳目一新，更让他感到王云五足以胜任编译所所长一职的是，《意见书》有完整的执行方案，针对当时编译所存在的种种问题，提出了改进办法与考成标准：把以前以时间定薪金改为“按事计值之法”，将编书、译书、改稿、审查、计划等项分别难易、定出价值，做出考成，以此激励同人奋发向上；按人员特长区分对待，各司其职；扩大专门书籍编译等。他的新思路、新办法，于管理与经营上着力，正是张元济完全意想不到，并十分期待的经营管理之道。

王云五报告也充分体现出他是一个遇事肯为，并勇敢表达己见的人。一方面，他作为新人完全没有包袱，另一方面，他又有出版从业的经验，所以敢在商务大佬面前提出改进建议书。张、高二人不仅勇敢地接纳了，而且全力支持王云五的改革意见。更为让王云五惊愕的是，1922 年 1 月，在他进馆才三个月的时候，高梦旦果决举其为编译所所长，自己转任出版部长，屈居于王云五之下，并辅助其工作。

王云五进馆知道是安排他担任副所长，辅助高梦旦，但未料高梦旦迅速执意要王云五自代，反而让他有些措手不及，心中开始不免有些惶恐不安，王云五还写信给胡适，希望高梦旦能够继续主持下去，自己仍为副手，襄助他处理一切琐事，并且盛赞高梦旦的为人诚恳仁厚，心思细密，为不可多得的领导人物。他还说：“除非接替的人和高一样，倘若没有，商务又看得起他的话，他必将尽全力为商务服务”①。但最终的结果是，王云五勇敢地接受这一挑

① 王云五：《我所认识的高梦旦先生》，《旧学新探——王云五论学文选》，学林出版社 1998 年版，第 152 页。

战，于 1922 年正式接任编译所所长，张元济多年的努力终于达成初愿。

王云五凭着来自于胡适的背书和张元济的鼎力支持，在担任编译所所长后就大刀阔斧地进行改革，改革的核心就是大力网罗新式人才，实现张元济用新人的主张。从 1922 年至 1924 年，编译所进用新人达 266 人，尤其大规模引进了学成归国的青年学人，这不仅为英才俊杰提供了一个施展学问的平台，也为商务真正开发资源，成为学术重镇，积累了得天独厚的资源。新聘进入编译所的人员中，著名的有朱经农（留美教育学硕士）、唐钺（留美心理学博士）、竺可桢（留美地理学博士）、段育华（留美专攻数学）、秉志（留美哲学博士）、任鸿隽（留美化学硕士）、周鲠生（留法法学博士）、陶孟和（留英经济学博士）等。同时还聘请了大批的知名大学教授、学者任商务编译所的兼职编译人员，可谓是极一时人才之盛！

有了众多人才做后盾，王云五展开了大手笔的出版运作。1922 年，商务开创大规模出版“文库式小丛书”：《百科小丛书》、《国学小丛书》、《新时代史地丛书》、《农业小丛书》、《工业小丛书》、《商业小丛书》、《师范小丛书》、《算学小丛书》、《医学小丛书》、《体育小丛书》等相继问世。三年间，馆内馆外专家学者在王云五格式化的编写体例下推出普及性读物，为商务提供了类工业化的产品。出书快而又成本低，是王云五主导产品的显著特征，也是商务获得新竞争力的重要手段。

如果说，求新式人才是王云五对张元济梦寐以求的文化主张的超越式落地，同样，系列小丛书的操作也是对张元济原有思路和想法的执行并且充分展开，“小丛书”的创意并非来自于王云五，而是由张元济与高梦旦最先筹划的。[①]

为传播新知西学，张元济与高梦旦曾筹编丛书。1920 年 1 月，高梦旦建议编一种哲学、教育科学丛书，选西方名著，“托胡适之等人代办主持”。张元济表示认可并开始着手，“以新思潮一类之书选十种八种”，另拟编选每册三四万字之小丛书。3 月，梁启超来馆，张元济、高梦旦、陈叔通与其晤谈，商编小本新知识丛书等事，梁启超主张丛书可“分两种，一为此类，二是历史类，每册约十万言”。但张元济尚未满足于梁启超的建议，主张丛书题目范围不宜过窄，要使读者易于了解。这件事后来又商议过多次，1921 年 6 月，商务印书馆董事会第 263 次会议，黄炎培云：“吾国教育未能遍及，故普通常识多未通晓，深冀本馆多编常识书籍，以助文化。”[②] 可见张元济一直推进小丛书编纂出版事宜，王云五就职编译所所长。

编小丛书，顺利成为他开局之作，也可以说是认同下的“衔命而为”，它不仅是对张元济曾经筹划的落实，也更是他的学识和能力的发挥与表现。王云五深切感受到，自“五四”以来，出版对于激荡时代的作用。《新青年》、《新潮》、《小说月报》、《东方杂志》是引导时代、传播新思想观念的前所未有的平台。期刊有期刊的特点和局限性，特点是快、新，但局限性是内容不深。尤其是“五四”潮息之后，新

① 章锡琛：“1921 年 9 月，王云五就任编译所长。记得他就职后曾在北四川路底 188 号公馆设宴招待所中重要干部，饭后他提出《百科小丛书》的编辑计划，请大家商讨。这套丛书，专门介绍西洋最新的学术思想，每册二三万字，预先拟定有关哲学、文学、社会、政治、经济、自然科学等一大篇书目，请各人提意见，并认定自己愿编的书名。这套书后于 1929 年开始出版，多数是从《大英百科全书》分条译出，这是他后来翻译《百科全书》计划的开端。”《商务印书馆九十年》，商务印书馆 1987 年版，第 118 页。

② 张人凤、柳和城编：《张元济年谱长编》，上海交通大学出版社 2011 年版，第 624 页。

知、科学、民主已不再是口号，需要更准确、全面深入地介绍。正是在这个背景下，新文化运动中产生的各种新潮、激进刊物坚持未久或偃旗息鼓，或无疾而终。这不仅是因为主事者不能坚守，更主要的是社会也不接受这种长久的、热情的、口号式的呐喊。有之，唯有《学艺》与《科学》杂志一直连续出版，因为主办人始终志业于人文、科学事业并逐步在教育界、出版界、科学界发展。王云五正是掌握了这个趋势，以出版小丛书为手段，以激荡社会潮流为目的，以大气磅礴之势，全方位地编辑社会教育的小读物，一类一类地推出各科丛书。这些丛书的分册，虽仅为几万字的读本，但绝对是原创，且为大众而作，十分符合社会实情。张元济的发动和时代的需求，使王云五编印小丛书得以一举而成，再举而红，并在经济效益上大获成功。此举不仅为当时完全空白的学校机构图书馆送上了基本装备，而且也使受过新式教育的人享受到了继续读书的食粮，所以小丛书大行于市场，经营上也大有突破。

（三）国故与新知并举

新文化运动与其说是引进新发展方向，不如说是突破了人们观念的禁区，使社会思想多元化得以展现，而且，新文化群体在 20 年代初期大都表现出对知识与学科的多样化关注或染指，并非唯“新”是求。在小丛书大规模又程序化推进中，王云五积极吸纳胡适的文化新主张，投身于正在兴起的国学运动中，自主推出《学生国学丛书》。王云五在又一个出版方向上获得成功。

《学生国学丛书》提出并确立的文化与时代背景是，新文化高潮之时，胡适突然反向提出整理国故，并在1921年1月发出："大胆的假设，小心的求证。"① 他认为"有系统和带批评性的整理国故——是'中国文艺复兴运动'中的一个部门"，② 并提出了国学研究的三个方向：一是用历史的眼光来扩大国学研究的范围，二是用系统的整理来部勒国学研究的资料，三是用比较研究来帮助国学材料的整理与解释。③ 针对国文教育，胡适认为在接受国文教育后，学生文言文水平应该达到"人人能看平易的古文书籍，人人能作文法通顺的古文"的水平。④ 针对当时出版的古籍不能完全适应国文教育的状况，胡适提出了一个基本的整理办法：加标点符号、分段、删去不必要的旧注、酌量加入必不可少的新注等⑤，胡适认为："现在还不曾经过一番相当的整理。古书不经过一番新式的整理，是不适宜于自修的。"他不仅自己说，而且还督导他关系密切的上海亚东图书馆第一次运用新式标点，并分段排印出版了白话旧小说《水浒》（1920年8月）。这是古籍运用新式标点的开始，后来发展为"亚东"版。

张元济出版思路中开始并没有把国学作为普及教育的方向或具体安排，此时的胡适说："我提倡学生自读古书，但是有几部古书可以便于自修呢？我曾举《资治通鉴》，但现行的《资治通鉴》——宋本，百衲本，局本，石印——哪一部可以供普通中学学生自修呢？"胡适从国文教育角度对当时的古籍出版提出了批评，当然，这并不代表他对张元济学术的批评。对于年轻的文化领袖和朋友的主张，张元济开

① 《胡适文存》第一集卷2，黄山书社1996年版，第298页。

② 《胡适文集》第1卷，北京大学出版社1998年版，第396页。

③ 《胡适文集》第1卷，北京大学出版社1998年版，第376页。

④ 1920年9月1日，《新青年》第8卷第1号。

⑤ 《胡适文集》第12卷，北京大学出版社1998年版，第93页。

始并没有太多的思考，但他也努力在这一领域尝试变革。王云五在胡适整理国故思路的引导下，着手用新法整理旧籍，推出《学生国学丛书》，这与张元济整理影印出版古籍的思路并不相同，带有明显的整理国故理论和方法的痕迹。王云五于 1922 年 9 月 14 日致胡适信中坦言："我个人对于这部丛书，以为纵不能办得美满，总该尝试尝试。但是菊生等对于旧学研究较深的，却稍存慎重怀疑的态度。"①

开始，王云五在古籍出版的具体方法上，他就认同胡适倡导为学和古籍整理的方法。他入馆后，首先策划了"国故丛书"，即后来的《学生国学丛书》。尽管王云五有所顾虑，包括人才的不足，但还是根据胡适提出的整理思路，最后确认《学生国学丛书》的整理方法是：

> 本丛书所收，均重要著作。文辞则上溯汉、魏，下迄近代，诗歌则陶、谢、李、杜，均有单本，词则多采五代、北宋，曲则撷取元、明大家，传奇、小说，亦选其英。诸书选辑各篇，以足以表见其书、其作家之思想精神、文学技术者为准。其无关宏旨者，概从删削。所选之篇类不省节，以免割裂之病。分段落，作句读，以便省览。有注释。古籍异释纷如，则采其较长者。注释刊载每页之末按检至便。注音切，述作者生平、本书概要，凡所以示学生研究门径者，不厌其详。②

随后，由于新文化运动的影响日益扩展，新式标点的使用愈加广

---

① 陈达文：《胡适与商务印书馆》，《商务印书馆九十年》，商务印书馆 1987 年版，第 596 页。

② 《学生国学丛书编例》。

泛。然而这些使用标点的古书，大多都是小说等文学性质的书籍，很少以丛书方式发行。对《学生国学丛书》，张元济本人参与热情度不高，王云五可利用的社会资源本身尚且不够，加上内部这方面编辑人手不足，因此与其他小丛书的快速结合有些进度缓慢，1925 年才出版。但它仍然是第一部以丛书形式，选辑国学要籍，涵盖了经、史、子、集等内容并使用新式标点的古籍丛书。

《学生国学丛书》的出版，标志着商务用新式标点、分段、注释、导读等新法整理古书的方法的开始。这种经过新式方法整理的古籍对国学入门的学子帮助很大。王云五通过《学生国学丛书》的编纂，确立了用新方法来整理排印古籍的出版途径，使古籍更为普及化。对此，张元济曾稍存慎重怀疑态度，但一向开明的张元济还是全力支持王云五的做法，由此而在新产品、新方法、新市场上，王云五走出了一条新路。王云五逐步得到了张元济的认可与支持。

《国学基本丛书》也是王云五独立主持，使用排印整理的方式运作的作品，结果大获成功。

其实，张元济也于 1921 年底即约林纾选编《名家文集丛书》，1924 年全部出了 16 种 15 册，这也是他重视国学出版、开发名家资源的一个重要举措。之前，林纾一直与商务互动，进行他的古文事业。陆续出版有：《韩柳文研究法》（1914 年）、《浅深递进国文读本》、《畏庐续集》（1916 年）、《左孟庄骚精华录》（1917 年）、《古文辞类纂选本》十卷（1918—1923 年）、《左传撷华》（1921 年）、《畏庐漫录》（1922 年）、《庄子浅说》（1923 年）、《畏庐三集》（1924 年）。这些都是有影响力与拥有巨大市场的产品。虽然张元济早已卸任编译所所长改任监理，但他还是梳理旧资源，集合林纾的作品，对旧学进行推广，也可谓与王云五注重《国学基本丛书》桴鼓相应，同忾相求。由此可见，张元济求新不是在寻找萧规曹随之辈，而是对出版事业和商务发展能全新拓展并与社会相适应，更能带动社会发展的人。不明乎此，不足以知张元济。

二、复兴商务

编译所经过王云五的整顿与人才的扩张，商务出版图书由 1922 年的 289 种，增到 1923 年的 667 种，其后三年，均在 550 种左右，一直到"一・二八"之前。产品规模化夯实了商务的龙头地位，也激发了市场活力。商务的发展呈现出全新的局面，走上效益与规模的上升通道。

王云五在四十岁前后展示出其"文化奇人"的特征：1925 年，王云五发明了"四角号码检字法"，运用杜威的十进分类法，创立了"中外图书统一分类法"。从此，彻底解决了汉字检索中的大难题，还为中国现代目录学的分类奠定了基础。四角号码的发明，既为商务带来巨大收益，也为王云五带来显赫名利。经过几十年的实践证明，这个发明是有价值的。这种创新，在文化史、出版史上也是前所未有的。王云五入馆后，所表现出的气象格局、执行力和创新精神，都使张元济对王云五的能力有信心。

如果说，张元济投身商务近二十年，亲力亲为把商务的品牌、产业、价值确立并发展起来，那王云五执掌编译所后，他更主要的工作是坚定地支持、倾力帮助王云五，把商务发展到了一个全新阶段。

（一）催生东方图书馆

1921 年 2 月，张元济退居监理。当月，他在董事会上建议，设公益基金，以涵芬楼藏书为基础，扩大规模办一个公共图书馆。董事会通过之后，为此设立公共图书馆委员会，张元济、高梦旦、王云五为委员。董事会讨论决定，先在公益费中提出 4 万元，用作开办经费，两年内公司每年拨 8000 元作为常年经费。

涵芬楼本是编译所的附设机构，王云五接手编译所事务，自然就要接手实施这一事业。为了让张元济的文化理想变成举世公认的成就，他在开拓编译所业务的同时，全力以赴地操办东方图书馆。

由于有馆方的财力保障，加上王云五超人的执行力，仅用三年时间，即 1924 年 3 月，楼房在上海宝山路落成，除“涵芬楼”少量善本书籍外，其余都移入新楼，为“聊示与西方并驾，发扬我国固有精神”，定名为“东方图书馆”。

东方图书馆宗旨：一是为编译所提供古今中外各种备用参考书，以提高编译人员知识素养，保证书刊质量；二是扶助教育，供学校师生及各专业人员进行教学、研究之用，特别为经济困难，无力购书的穷学生提供免费阅读之便；三是防止古籍珍本被外国人购去而散失，旨在保存民族文化遗产；四是为整理、出版影印古代文献提供底本，使之流传后世。

据《东方图书馆概况》记载：共计藏书 33 万余册，中外杂志 900 多种，中外报刊 45 种，地图约 2000 幅，各种照片约 10000 余张。后又经多年搜求，在 1932 年 11 月 28 日，东方图书馆毁于日军炮火之前，东方图书馆共计有藏书 51.8 万余册，图表照片 5000 多册。不仅是上海最大的图书馆，也是当时全国范围数一数二的文化公共设施。因为那时候的国家图书馆——京师图书馆（今北京图书馆的前身）的藏书数量，也无法与之抗衡。

张元济在《东方图书馆概况》缘起中说：

> 今海内学者，方倡设立图书馆补助教育之说，沪上为通商巨邑，天下行旅，皆出其途，黉舍林立，四方学子负笈而至者，无虑千万，其有需于图书馆者甚亟。是虽权舆，未始不可为土壤细流之助。①

东方图书馆的创立是张元济在这一阶段的文化史迹，是他为之努力了 20 年的文化理想，最终物化为上海最大的文化设施，也是中国现代化之路上的一个重要标识。

东方图书馆的建立与对外开放，体现了张元济服务社会的文化愿望，更是张元济兴办文化事业为之努力的顶峰与代表。商务的许多人才就是通过这种方式不断成长起来，后来成为社会知名的专家和学者。张明养说过，商务印书馆“是一个培育人才的大学校”，“一个培育人才的大学校，至少要具备两个不可缺少的条件。一是拥有学有专长的热情的导师，二是具有做调研工作所必需的图书资料设备。除了一些大学和研究机构外，商务编译所在这两方面都有它独特的有利条

① 《张元济全集》第 4 卷，商务印书馆 2008 年版，第 392 页。

件”。[①] 这些藏书为职工的进修及业务提高创造了便利条件，许多原先文化不高的青年职工在此通过自学得到深造，为以后的发展打下了扎实的基础。如世纪出版大家胡愈之，进馆时只有初二的文化，他的书都是在商务读的，这期间学到的知识为他以后的成长奠定了良好的基础。对此，他终身感念并尽全力支持商务的发展。

伟大的文化事业不仅可以造福于当代社会，更可以影响一代又一代追求文化作为和奉献的人，东方图书馆就是 20 世纪中国文化史上的灯塔，照亮了历史与未来……

（二）急流勇退

王云五担任商务编译所所长后，出版规划上开始着重教科书外的一般图书和各种丛书，而古籍出版仍由张元济主持。就在张元济埋首旧籍，依次展开《道藏》、《续藏经》[②]、《四部丛刊》（续编）、《百衲本二十四史》等浩大工程时，五卅运动在上海爆发了。王云五专注出版的环境与条件开始发生重大转变。

作为上海产业界的巨头，商务无法幸免，自然也被卷入风潮。最早最激情投入这场抗争的就是编译所的一批新人，其中郑振铎、沈雁冰、胡愈之等人尤为积极，他们还编印了一份《公理日报》，揭露“五卅”惨案真相，抗议帝国主义暴行。

---

① 《怀念与感激——纪念商务印书馆建馆八十五周年》，《商务印书馆九十五周年》，商务印书馆 1992 年版，第 292—293 页。

② 《续藏经》，全名《日本藏经书院续藏经》，乃承续《卍大藏经》而编，始刊于 1905 年，成于 1912 年。刷印贮于藏经书院，后因书院失火，经版及成书均不存。上海涵芬楼乃据中土仅存之本影印 500 部，题《续藏经》。此藏方得广传。

五卅运动给上海工商界带来了巨大变化，尤其是导致工会组织向企业中扩散开来。商务工会最先成立于1925年6月21日，成立不久，就加入到全市大罢工运动中，并成为共产党员秘密组织核心，其执行委员会的第一任委员长为廖陈云。8月22日，商务工会发动全馆职工首次大罢工，引发全馆及上海产业界震动。罢工者开始向馆方提出，承认工会有代表全体职工之权、增加工资、缩短工作时间，废除包工制，优待女工等条件。由于罢工正值8月下旬，直接影响到9月新学期教科书的供应，令馆方十分头疼。劳资双方进行了谈判。

对于张元济来说，这是他入馆20年从来没有经历过的事，由于事件已无法由当时执事者平定，本已息肩馆事的张元济只好出马，参与主导谈判事宜，故谈判伊始，他开始秉着与人为善的态度和德高望重的身段。经过谈判，劳资双方互有让步，达成妥协，工人工资得到较大幅度提高，工潮暂时平息。张元济心中松了一口气。

然而不到半年，12月末，商务因年终馆方辞退工人，工会方面发动罢工，表示拒绝，又提出增加工资要求。这种频繁的闹剧当然是张元济所不能接受的。

他所领导的商务董事会这次开会决定，不愿再让步。如何解决切实问题，张元济仍持和平解决态度。经理王显华则主张用强硬手段平息工潮，在解决过程中，他调动驻厂军警开枪打伤数人，拘捕数人，使事态恶化。张元济只好再次出面先是委托夏鹏等到厂协商，做出决不带走一人的保证，稳定局势，使谈判得以进行。

情急之中，张元济请王云五假以援手，工潮问题的解决本来与王云五这个编译所长无关，因为那是工厂与其他部门的事，编译所在全馆人数比例不多，参加工会的人更少。但在这种情况下，王云五仍不负张元济所托，王云五第一次以“救火队队长”身份在馆内出现，并快速地处理了停工问题。转危为安的结果展现了他处理问题的能力，尤其他的果敢和权变是常人难以企及的，张元济从此明白，在大动乱时期要让大企业不随着社会沦亡或沉沦，就必须具有超强的控制力。历史证明，王云五是这样的强人、能人。他早年从政的经验和见识、博学与努力是他创造奇迹的条件！但从此他惹火上身，成为后续此类事情处理的馆方主导者，也让他无法在编译所的乐园中悠游自在，而卷入到复杂而不快的馆务中。

工潮中，张元济虽然人望不低，得到工人的拥护，但也颇受刺激，处理劳资纠纷的两难困境使其心情低沉，渐萌退意。当时商务的福利在上海首屈一指，劳方的某些要求也并非馆方不能承担，但企业的用人、裁员本属正常，而成为社会化事件，则是张元济所无法预料的。

张元济曾同高梦旦有过约定，二人在60岁时退休。1926年，他按中国传统算法60岁了，第二次工潮过后四个月，他苦思无果，一件偶然实则必然的事让他突然决定，于4月27日到29日，直接登报辞去商务监理职务，自行宣布正式卸职退休。

事情的原委是这样的：4月25—27日召开股东年会，这次会议，在高凤池、王显华等坚持下，不顾张元济反对，股东会通过了《修改股息公积办法案》。原案是1922年由张元济提议设立的，为的是让企业长期发展，将股东的部分权益提取为公积金，而且规模不小，由于企业发展迅猛，公积金猛增。面对可得而未得的实际利益，部分股东多次提出减少公积金而多分红。对此，张元济当然按原定方案执行，因而导致一些股东多有不满，争吵了几年。这次股东会决定修改原来的办法，规定将原有提存的93万分配现款。张元济对这种不顾长期发展而求短期利益之举竭力反对，与同事“宗旨”大异，决定自行引退。

当然，还有一个内因导致的他绝辞，即他因收购“密韵楼”藏书一事受到各种非议。[①]1926年初，张元济提议斥资购入密韵楼藏书：

> 鄙意久思再出《四部丛刊》续编，留心访求，已有数年，无如好书极不易得。如能将蒋书收入，则《四部丛刊》续编基础已立，再向外补凑若干，便可印行。[②]

此事虽经商务总务处讨论通过，但却各种非议不绝。无奈内外物议汹汹之时，性格倔犟的张元济在事先不告，无人预晓之时，选择在《申报》、《新闻报》同时刊登《海盐张元济启事》，公布自己的决定：

> 鄙人现因年力就衰，难胜繁剧，所任商务印书馆监理之职已向本公司董事会辞退。四方人士如因关涉公司事务有所询商，务请径函商务印书馆总务处，勿再致书鄙人，免致迟误。谨此通咨。[③]

① 1925年，商务以16万元盘购蒋汝藻的密韵楼藏书，共得宋本563册、元本2097册、明本6752册、抄本3880册，成为涵芬楼设立以来最重要的大宗收藏。

② 张人凤、柳和城编：《张元济年谱长编》，上海交通大学出版社2011年版，第734页。

③ 《张元济全集》第4卷，商务印书馆2008年版，第391页。

张元济忽然宣告辞职，如平地起雷，池中掷石，不仅让社会为之错愕，更引起馆内同人、董事以及各地股东的关切，纷纷表示挽留。连从不过问公司事务的夏瑞芳遗孀鲍金玉也出面来劝说，胡适也从北京来书，“盼先生再支撑几年的辛苦”。面对各方殷殷挽留之呼声，张元济虽不得不做出解释，但决绝之心，不为任何人所撼，社会舆情和馆内外友朋反复劝辞均无效。

张元济的辞职，既是性格的张扬，其实也是一种责任和担当的承担，他要坚持企业的发展以资本实力为基础，而不是为股东权益而折腰。重事鄙财，是他的主轴。于是，他抽身而出，不想再纠缠在利益和事务之中。

1926 年 7 月 21 日，张元济辞职终被董事会接受，正式退休。但不久便被推选为董事会主席，对公司事务仍居顾问之位。十年的杂务得以卸下，23 年的历程得以告一段落。

（三）专注搜寻散佚古籍

张元济不再夹着他的老皮包上班了，他安居于家里，清理了一下数十年来的杂事旧务，开始了他早已规划了的新的文化征程，专心于他喜爱的古籍校理和出版工作。

所以回到重构古代学术文化经典，主要是基于他本身出身于文化世家与长期受到古典的熏陶，他的文化血液中充满了传统的要素，就如同吃中餐长大，终生享受中式美味，因此，返本溯源，自然轻车熟路。同时，文化现代化与新教育社会化的人才不断涌现，商务西学团队已经形成，而且他们在这方面的才学、能力、资源远超没有受过系统西式教育的张元济，对此，张元济本人是自觉体认的。第三是，他30年来经历的社会变革和此起彼落的欧化思潮，固有文化此时出现了前所未有的断崖式崩塌：因为这个国家日益衰落而被人丢弃、破坏而沦丧。他忧心如焚，他的维新启蒙文化思想从来就没有抛弃。否定固有文化的主张，有之，则是选择而已，而现代文化尚未真正建立起来，文化国运的衰落却已坠坠不已，他当然以其所学所思所长投身其中，最终的征程中奉献他的生命学术与智慧。

在动荡的时代里，坚持辑校、整理古书，进而维系着中华文化的命脉，守护、重构、整理故有文化，成为他花甲之年后的重要抉择。

张元济为商务营业计，印行古书，主持辑校古籍工作，至退休时已进行了15年左右，而且分别于1919年和1922年开始辑印的《四部丛刊》和《续古逸丛书》，效益不俗。但商务毕竟是企业，搜集、编校古籍毕竟需要巨大的成本，所以商务一些股东等人不能理解他当时的良苦用心，他因此而投入大量资金收集古籍的做法难免遭到非议。有股东甚至在报上写反对他的文章，指责张元济收购古籍是“徇一人之嗜好”。文弱儒雅的张元济看后即拍案而起：“此事决不使公司于营业上有损！”他要向社会、向股东证明，他的努力与投入，从任何角度来讲价值都是巨大的。他坚持退休，就是要专注、更大规模地投入此项事业，因为《四部丛刊》要续出下去，《百衲本二十四史》需抓紧校辑。

坚定选择后，张元济梳理思绪，他深知涵芬楼虽已收集不少善本，但要用于出版之资，作为底本，或作为参考，自然多多益善。多年来，张元济总是通过各种渠道，了解更多、更好的本子，国内公私巨子所藏，通过十几年的联络，已基本掌握资讯，并大致获得所需之本。如今他退休了，把搜古探秘的眼光放到了历来重视中华古籍的日本，何况他20年前亲身经历过皕宋楼去国之痛。于是，他决定循当年杨守敬、黎庶昌、董康之路，去日本访书。当然，张元济东渡扶桑访书的目的，为校辑古书而搜寻、访求散佚的我国孤本、善本。另一目标是去看看东去难再归的皕宋楼群书，以慰他们这一代人的文化思痛。

张元济此次是以中华学艺社名誉社员名义赴日访书，也是由中华学艺社居间联系介绍。① 中华学艺社东京分社干事马宗荣在东京帝国大学文科大学专门研究图书馆学，知道日本公私立各图书馆藏有宋、元、明、清中国精版图书甚多，他曾向张元济建议，由学艺社向日本各藏书家选借，作为《中华学艺社辑印古书》，这个办法得到张元济高度认可和赞同。于今，他退下之后，身体尚健，足以远行，于是1928年10月，张元济和郑贞文以东方文化事业委员会中国委员的名义，和中华学艺社的朋友一起出席第四届日本学术协会大会，开始他的探宝搜书之旅。

张元济在日本访书时间达一个半月，因为他在国内外的名望，得以饱览东京、京都等著名的汉籍收藏：静嘉堂文库、宫内省图书察、内阁文库、私立东洋文库、帝国大学图书馆，感觉如入宝山，琳琅满目，美不胜收。同时还应邀参观了京都东福寺藏书以及几家私人藏书，与汉学家诸桥辙次、盐谷温、狩野直喜、服部宇之吉、长泽规矩也等数度聚晤，收获不小。

---

① 中华学艺社是一些留日学生于1916年在东京创立的学术团体。它的骨干如郑贞文、周昌寿、杨端六等回国后曾办过《学艺杂志》，由商务排印发行，张元济、高梦旦还支持了学艺社同人出版其他书籍。学艺社骨干也大都于1920年后进入商务编译所工作，因此关系很好。

张元济的访日搜书不是为了赏宝猎奇，作文人状，而是秉承他一惯的精神，有十分明确的目标，就是要将珍本文化回归，因此，在巨量的宝藏面前，他利用难得的机会和短暂的时间完全忘我地工作。在日本期间，“除星期日外，每日不息地阅选古书”，虽然那时他已是年逾六旬的花甲老人，“每晚必作笔记，至于深夜”。每个图书馆，大约各阅书三四日，为了快览而求广得，他和郑贞文各自分工合作。自己专看经、史、子、集，委托郑贞文阅读古小说，这样，不仅大大加快了工作进程，也为他探孤取珠提供了良机，就这样，他们紧张而有条不紊地工作着，由张元济初步选出后，由马宗荣等部署拟借书目，协商照印事宜。最终精选并拍摄，将所拍各书的底片带回上海，由商务照相部修整扩大后，作为《中华学艺社辑印古书》陆续出版。

张元济早已最大化地了解国内精善之本，也对日藏善本早已关注，商务曾经董康之手，向日本三菱财阀岩崎氏借到宋本许慎《说文解字》30卷及标目一卷，经张元济鉴定为北宋珍本，后影印，刻入《四部丛刊》。他的先祖所著《中庸说》六卷一书，不见中国著录，张元济最早也是在日本涩江全善的《经籍访古志》一书中见到，书中著录并注明藏于普门院。普门院在京都东福寺内，于是，这部失传了近千年的书，先按原大小收入《续古逸丛书》，后又缩小收入《四部丛刊》三编之中。按当时设定，这批所印古籍当时不能用作商业经营，因此，《四部丛刊》原则上是限收的，但张元济为了文化，在此事上有些破格，所以他也引起了日本各方的不快。

张元济一行在东福寺还有另一项重大发现，即见到了宋本全帙《太平御览》。随后，他又在宫内省图书寮和静嘉堂所藏皕宋楼见到均有多种宋版《太平御览》，后来张元济终于得以配齐，并加以刊布，为国内学界得一珍本，我们今天所常用的仍是此本。

张元济日本访书的最主要成果先是按约以《中华学艺社辑印古书》名义影印，有些则与国内的版本配合校辑，如《太平御览》配得整套完全宋版之书，又如宋刊《三国志》、宋刊《晋书·列传》、宋刊《陈书》、宋刊《新唐书》等和国内原有各史配成《百衲本二十四史》，等等。《四部丛刊》三编也得到了极其重要的底本，今可考者，如宋本《尚书正义》、宋本《礼记正义》、《太平御览》。

这次日本访书，张元济写有叙事长诗《东瀛访书记事诗》一首，详记其事并注。张元济这首赞美中日文化合作的长诗，在离开日本前已撰好并分发给朋友们，在欢送宴上，著名汉学家盐谷温读后兴奋不已，在欢送会上，用日语朗诵了诗的最后一段：

回首乡关烽火路，礼失求野计未左。国闻家乘亡复存，感此嘉惠非琐琐。

呜呼！世界学说趋鼎新，天意宁忍丧斯文，遗经在抱匹夫责，焚坑奚畏无道秦。

当世同文仅兄弟，区区阋墙只细事，安得尔我比户陈诗书，销尽大地干戈不祥气。①

张元济远驰域外，不仅收获奇丰，也谱写了新的中日文化交流之歌，中日学术文化出版界之努力共结硕果，至今学术文化界犹被其泽。

---

①《张元济全集》第4卷，商务印书馆2008年版，第55页。

（四）参与《丛书集成》

王云五入馆，从大项目策划着手，在时代快速发展和商务上下配合，尤其是在张元济的支持下，成就日显。一·二八事变之后，王云五成功地推出《万有文库》二集、《丛书集成》，这两大书一个是新知识的总论，一个是古籍的集成。

张元济退休后专注于古籍影印，王云五受张元济影响，同样将古籍整理视为一项重要的出版资源，更以他的创造力和胆识成功运作了《丛书集成》这一超大规模的文化工程。与前期他主导的《万有文库》一道成为他出版的符号。商务又诞生了一位大出版家，是社会公认的事实。

1931 年 1 月 15 日，张元济在致傅增湘的信中就提出辑印一部“大丛书”的计划：“比与友人谈及，拟将各种丛书选择较精之本（其无单行本者尤宜注意），每一二十本为一集，随出随售，汇印为一大丛书。此于读购之人必甚便利。但有同系一书而为各丛书均收者，则以何本为佳，此层必须精为别择。此类丛书多系明清近刻，访觅初印尚属不难，将来不必照相，直接翻版，岁出数千册书甚不难也。”[①] 友人即王云五，此信清楚表明，此工程是与王云五等友人共同谋划的。

由于当时张元济正忙于《百衲本二十四史》的辑印，不久又遇一·二八事变，商务印书馆和东方图书馆被毁，编印“丛书之丛书”的计划被迫搁置了起来。1934 年秋，商务复业已两年，于是张元济再次部署了这一计划，亲自选定了丛书百部的目录，制定选取各

① 《张元济全集》第 3 卷，商务印书馆 2007 年版，第 381 页。

本的标准，亲自撰写《丛书百部提要》，具体操作则由王云五主持，所以王云五在《丛书集成初编缘起》中说：“《万有文库》二集计划甫就，张菊生君勉余，以同一宗旨，进而整理此无数量之丛书；并出示其未竟之功以为楷式。余受而读之，退而思之，确认此举为必要。半载以还，搜求探讨，朝斯夕斯，选定丛书百部，去取之际，以实用与罕见为标准，而以各类具备为范围。”[①] 王云五此言正与张元济信中相呼应，完全是两人的默契与配合，通力而为。

《丛书集成》去重留精已十分不易为[②]，出版方式采取了排印和影印相结合的做法。凡排印者加上句读，这是一大创新，因为目的是为了读者方便。如全部按影印出版，必然是皇皇巨制，社会上也无力购藏。虽然《丛书集成》的大部分为排印出版，但是版本要求没有降低，完全贯彻张元济的学术追求标准，其中一些罕见的丛书仍然采用了影印的方法。如元刻医书《济生拔萃》、明刊《范氏奇书》等均是。限于市场，最终只有500多种是影印的，其他2000多种均用排印，大大降低了购藏者的支出，排印、断句，出版方为此付出大量的工作与劳动。

王云五在《丛书集成》出版策略上利用排印和影印相结合的办法，以省篇幅成本，这样成功地解决了定价高、部头大的缺点，利于市场推广外，更主要的是商务已有讲版本价值的《四部丛刊》和更高端的《续古逸丛书》，而且中华书局的《四部备要》就是以排印方式与商务竞争。但是，尽管要付出更多，《丛书集成》如加上断句，这又超越

---

① 王云五：《商务印书馆与新教育年谱》，台湾商务印书馆1973年版，第495—496页。

② 《丛书集成初编》共收录丛书100种，其中综合性丛书80种，专业性丛书12种，地方丛书8种。汰去重复，实存书4107种，约2万余卷。分装为4000册，5月开始预约，1935年底第一期书出版。

了《四部备要》(没有断句)。王云五还是从《学生国学丛书》出版的经验与抱定创新的方针大试身手。

今天来看，确为短期的利益和条件所限，王云五这种集成取巧的办法不无缺点，尤其是剔除同书他本和部分排印的方式，而且排印本的质量出现粗糙引起了人们的负面评价。但《丛书集成》的创意和整合手段无疑具有可行性。任何大项目建设不可能不存在缺陷，一如张元济对《百衲本二十四史》进行描润有人持不同看法一样，都是理想和现实、学术与文化角度的矛盾。①

今在张元济致友人的信中，常有谈及编《丛书集成》而甚忙之事。当然这也非张元济一人而为，既有馆内胡文楷、丁英桂一帮古籍行家里手，也有馆外的许多人共同参与，是合全馆之力共同创造的一巨型文化工程。

唐锦泉《回忆王云五在商务的二十五年》一文说:《丛书集成》“选书、编目具体工作是由图书室翟孟举选定，编目制成一套卡片，复经张元济、王云五几次审核后才完成编目工作。断句工作主要委托馆外加工，馆内胡文楷、缪巨卿、徐益之等担任核对工作。张元济再复审”。②

胡文楷更具体介绍说:“商务规划大量印古籍，成立旧书部，聘樊少泉（炳清）先生为部长，编千种丛书书目，樊先生病痢，不久逝世，继其任者为林仲枢(志煊) 先生。”③张元济从计划、选书、借书、编目、撰写提要，直到后期断句复审，都曾付出很大劳动。当然，王

① 张元济早期推出的《涵芬楼秘笈》也是排印与影印相结合。王云五是师其意而为之，但以排印为主，以压成本为核心。

② 《商务印书馆九十年》，商务印书馆 1987 年版，第 263 页。

③ 《商务印书馆九十年》，商务印书馆 1987 年版，第 273 页。

云五作为总经理，自始至终主持了《丛书集成》的整体设计与出版，功不可没。尤其将《丛书集成》全书按中外图书统一分类法编排，分十大类，541 小类。这在当时古籍印行中又是一个创举。傅增湘对此曾颇不以为然，认为“非驴非马”，难以接受，写信给张元济提出异议。为此，张护犊心切，专门复信解释：“主者（王云五）谓是书专备各图书馆之用。杜威十大类目世界已通行，吾国新设图书馆不能不兼收外国书，将来排比势必不能分中外为两部，只能冶为一炉。吾国之旧分类法因此全废。且四库史部之别史、杂史，子部杂家之六类，亦甚难分辨，故不如全盘更换之为愈。弟亦无以难之。今此书竟售至二千余部，则其说胜矣。”更以市场法则和效果宽慰嗜古之友，尤显出版家风范。

《丛书集成》定位为一个实用的古籍资料库，以罕见与实用为标准，传罕见之文献。王云五依靠张元济的指导和背书，出奇制胜的创新方式，十分成功，并创造了巨大价值。他就是这样，以全新的创意去引领社会，主导市场，在 20 世纪 30 年代前后，几乎无往不胜，写下了一个又一个的文化传奇，建构出又一个不可逾越的文化标高。

八一三事变爆发，商务再次遭劫，《丛书集成初编》出版事中辍，只印成了 3062 种，3476 册，尚有近千种，计 533 册未出版。原拟计划尚有“续编”，则更无从谈起。

战争的冲击与老境的将至，让张元济对古籍出版的整理方式发生改变，他已无法像从前一样，潜心搜寻，孜孜校订，精摹细刊，时局迫使他改辙易轨为以化身百千为使命，使文化不坠，同时也为商务营业带来品种规模，以弥补编译所之撤销所带来的产品不足。所以，他虽然退休，却十分支持王云五的大型工程，如《丛书集成》、《国学基本丛书》，这些都不再是崇善本但却集大成的项目。他亲自组织诸多专家为《丛书集成》、《国学基本丛书》从事古籍断句工作，为的是配合王云五廉价产品的策略。这充分表明，张元济不是一个为情结和文化而固守不变的人，相反，他痴而不顽，是一个为商务的生存与发展而懂得取舍与权变的人。

三、董理国故

1926 年，张元济刚刚退休，担任董事长，杂务大大减少，好整以暇，便醉心于古籍之中，特地选择校辑《夷坚志》一书。对此书的校定，他已着手了将近十年的时间，最后，以黄丕烈校订旧抄本 100 卷和严元影宋手写本 80 卷为底本，从多种不同版本中辑得 206 卷，并精心校勘，于 1927 年以涵芬楼名义排印出版，成为现今存世的最完备的版本。① 张元济很少从事具体单种古籍校刊，他这次选择将《夷坚志》校定，一是积稿有年，二是刚从馆务中解脱出来，但尚有余事未了，择要籍勘定作结，是一种见缝插针的做法，也是为他的长远规划热身试笔。

他儿子张树年回忆说："为校书，白天大部分时间都在临窗书桌边校阅书稿，晚上也常常在煤气灯下工作。1929 年，他在庐山忙的主要是《四部丛刊》初编重印的事。1928 年 10 月，他从日本访得好几种珍本，加上自国内各地借得的初刻本或全本，决定更换《四部丛

① 参见胡文楷：《我与商务印书馆》，《商务印书馆九十五年》，商务印书馆 1992 年版，第 273 页。

刊》第一次出版时的部分底本。”这样的工作，不仅仅是一种心情的寄托，也是一种新的文化生命的展开。《四部丛刊续编》与《百衲本二十四史》成为他桑榆之年的出版巨献。“父亲在山上曾与吴梅、叶恭绰、丁文江等友人通信。与吴梅是为编印《奢摩他室曲丛》，讨曲目增删事。”[①] 这是他又着力于出版的另一方面，1930年，自诩为“书丛老蠹鱼”[②] 的张元济虽已退休数年，但一直倾全力投注于其一生最喜爱的工作——整理古籍。

（一）校辑《百衲本二十四史》

蔡元培曾说：“张先生自六十以后，摆脱他事，专致力于《百衲本二十四史》之校订，几于寝馈皆忘。”[③]

张元济正式退休后，《四部丛刊》已经完成初编，《续编》也准备妥当，因此他可以全力以赴完成《百衲本二十四史》辑校工作。他在家中设立校史处，这项工作，他完全当作是自己的私事而非馆务，当然也是其编辑出版事业的延续。

“二十四史”之名仿于清乾隆皇帝“钦定”武英殿本《二十四史》，也是研究中国历史最为流行的版本。殿本因是官纂，有些赶时赶工，校勘上态度不够谨慎，如段落颠倒、整段文字脱落丢失的情况也时有发生，更没有利用皇权优势广集宋、元旧椠，用于校正，因此学术文

① 张树年：《张元济往事》，东方出版社2015年版，第121页。

② 《张元济全集》第4卷，商务印书馆2008年版，第21页。

③ 蔡元培：《汪龙庄先生致汤文端七札之记录与说明》，《张菊生先生七十生日纪念论文集》，商务印书馆2012年版，第431页。

化价值难餍人望。[1]

清代重经学而弱史学，作为文献大国、历史大国，把最完备正统的《二十四史》整理好自然是文献学家的责任，也是历史留给后人的机遇。于是，张元济站在历史的高度，重新清理《二十四史》，就是要汇集千年旧本，恢复正史原貌，纠正殿本的缺失，保持史料的真实性，驾殿本而上之。但他的目的与先前及同代纯学者不同，他们或限校勘考证，或摘力于一史或数史，张元济则是通汇异本，全面校勘。[2]

（1）

自《四部丛刊》初编出版后，张元济访书的主要目标之一就是为辑校《二十四史》作准备，他曾说：

> 为学不可不读史，尤不可不读正史。长沙叶焕彬吏部语余："有清一代，提倡朴学，未能汇集善本重刻《十三经》、《二十四史》，实为一大憾事"。余感其言，慨然有辑印旧本正史之意。求之坊肆，丐之藏家，近走两京，远驰域外，每有所觏，辄影存之，后有善者，前即舍去。积年累月，均得有较胜之本，虽舛错

① 傅增湘在《校史随笔》序言中写道："窃惟史籍浩繁，号为难治，近代鸿著，无如王氏《商榷》、钱氏《考异》、赵氏《札记》，三君皆当代硕儒，竭毕生之力以成此书。其考辨精深，征引翔实，足为读史之津寄。然于疑、误、夺、失之处，或取证本书，或旁稽他籍，咸能推断，以识其乖违，终难奋笔以显为刊正，则以未获多见旧本，无所取证也。第旧本难致，自昔已然。钱氏晓徵，博极群书，然观其《旧唐书考异》，言关内道地理，于今本多所致疑，似于闻人诠本未全寓目，明刻如此，遑论宋元。"

② 所谓"百衲本"，是指采用的各种版本，残缺不全，彼此补缀而成，有如僧服的"百衲衣"一样。清初宋荦曾经把宋版二种、元版三种配成了《百衲本史记》，傅增湘也用不同的宋本拼凑了《百衲本资治通鉴》，张元济定名为《百衲本二十四史》，也是师其意而用之。

疏遗，仍所难免，而书贵初刻，询足以补殿本之罅漏。[①]

早在1912年，张元济和傅增湘通信中就有讨论收罗全史的计划，《百衲本二十四史》的准备工作开始得更早。张元济曾自述说："曩见王莲生先生笔记，有欲辑印旧本诸史之意，弟窃慕之。"[②]王莲生即著名的甲骨文收藏家王懿荣，去世于1900年，则可知张元济立志早萌于戊戌变法之前。[③]

1919年，张元济曾询及傅增湘所藏北宋本《史记》和庆元本《五代史记》，当是"百衲本"准备工作。1921年，他在给美国图书馆专家施永高的信中说："《二十四史》已全数售完，此书系用乾隆四年殿版影印，现不再版，无以应命。敝馆欲搜集更精之旧本（合宋、元、明、清四朝之版）另印一部，此时尚未十分决定。"[④]

《百衲本二十四史》一名，最早见于1924年底张元济写给他的朋友朱希祖的信中：

近拟辑印百衲本《廿四史》，除《旧五代》用《四库》抄本、《明史》用殿本外，其余均用宋、元、明三朝刊本（《旧唐》只有明刊，《新五代》元本皆漫漶不能摄照，拟用汪谅本，《元史》亦

---

① 《张元济全集》第9卷，商务印书馆2011年版，第620页。

② 《张元济全集》第1卷，商务印书馆2007年版，第436页。

③ 据张元济在1930年5月6日写给傅增湘信中云："《百衲本廿四史》经营二十年，全赖友朋之赞助，幸得观成。"是年稍晚，他在写给另一位朋友赵熙信中亦云："弟读殿本正史，觉其多误。遂有辑印古本之愿。经营廿载，始克就绪。付商务印书馆影印发行"，并于是年，张元济购得残宋本《史记》。

④ 张人凤、柳和城编：《张元济年谱长编》，上海交通大学出版社2011年版，第619页。

有明初刊本，其余皆宋、元旧椠）。南北诸史凡京师图书馆所藏宋、元残本，均已尽数摄照，然残缺颇多。《周书》至今竟无一叶。世间所存三朝本大都字画磨灭，不易影印。厂肆为古书渊薮，不知能觅较佳之本否？敬乞代为留意。除嘉靖补刊无须外，其余如有宋、元旧椠尚属清朗者，即一、二残册，亦愿得之。①

他向朱希祖报告除《旧五代史》用四库抄本，《明史》用殿本外，其余均用宋、元、明三朝本，说明已做完准备工作。1925 年初，他开始向刘承幹借书：刘承幹显然插架不俗，一下子奉上了三朝本南北四史：《宋书》、《梁书》、《陈书》及《北齐书》，其后又提供了残宋本《旧唐书》（六十九卷）、《新唐书》、《魏书》等。

1926 年 9 月 26 日，张元济再度致函朱希祖提到此事：

敝馆辑印古本正史，弟从事于此几及十年，近渐就绪，拟即开印。允以珍藏嘉靖初印补宋本《陈书》慨借，欣感之至。京师图书馆仅存宋本八卷有半（为列传卷二十二第十八页至卷三十），已悉数照来，其余只可以南雍本补足。涵芬楼储有两部，均不甚好。尊藏为白棉纸初印本，自必较精，甚欲乞假。如蒙检交孙伯恒兄（列传后八卷可以除出），当有妥便可以携带南来也。《南齐》借得沅叔宋本。其如《宋》、《梁》、《魏》、《北齐》，凡京师图书馆所有残宋本，均已照来。《宋书》仅缺四分之一。《魏书》敝处有元印本，补配所缺亦无多。独缺《周书》，而涵芬楼适有

① 《张元济全集》第 1 卷，商务印书馆 2007 年版，第 355 页。

南雍精印白棉纸本一部，可以凑足南北七史，总算差强人意。最难得者为宋本《旧唐书》，亦觅得六十余卷，行款与闻人诠本同，所缺即以闻人诠本补入。《新五代》有宋本（弟已校阅一过，曾有后跋一通。兹寄呈，乞教正）。《宋》、《辽》、《金》三史均有元初印本。兹书一出，差可为乙部生色也。《两汉书》宋本不易得。李木斋有之，然《后汉》一种颇欲用大德正统本。而涵芬楼所有印本均不精，有可用者又不全，难于土石，不知都中可能觅得否？如卒不可得，则拟用汪文盛本。未知尊意以为何如？①

虽然张元济云“近渐就绪，拟即开印”，但两信间隔近二年。是因为《百衲本二十四史》开始计划列入《四部丛刊》，所以在《四部丛刊》发行简章中说：

惟武英殿版世人久厌习见，校刻虽精而脱简讹字，时所不免。敝馆拟辑印古本全史，搜求数年，幸得集事。除《明史》仍用殿版外（但另附《考证》），余如《史记》、《晋书》、《宋书》、《南齐书》、《新旧唐书》、《新五代史》均用宋本，《三国志》、《隋书》、《南北史》及《宋辽金》三史均用元本以校殿版，增出全叶者凡数见，其阙文讹字足以补正者，尤指不胜屈。有志史学者，不可不读，即曾购殿版者，亦不可不手此一编也。

这当然是张元济的原始构想，立意虽善，但要实施整个计划，马

① 《张元济全集》第1卷，商务印书馆2007年版，第362—363页。

上便陷于版本难求与出书之限期的纠结之中，他最后选择了不达目的誓不罢休，延期出版，埋头搜校，尽一切努力搜全古本残叶。最后决定别刊，并定名为《百衲本二十四史》。

（2）

张元济要达成这样的宏愿，没有艰辛的付出是不可能实现的，凡得一存世孤善之史，岂止攻城掠地可比，至于校勘裂合之劳苦则难以描述。张元济在 1927 年分致伍光建、胡适的信函中，访书、校勘之苦况跃然纸上：

> 《旧唐书》宋本只存三之一，弟亦尚未校竟，其三之二幸尚有校本可以过录，但以一手一足之力为之，恐须数年后全史方能毕功也。近甫校毕《魏书》（有十之七是宋本）。其佳处胜于明监本、汲古本、殿本者不知凡几。继此将续校《北齐》、《后周》矣。①

付出的艰辛与收获的快慰并存，七十老者，拼博不已，终于在 1927 年底，他刚退休一年，就基本编写了《百衲本二十四史》目录，并亲自校勘了《南齐书》、《宋书》、《陈书》及新旧《唐书》。他的壮举也成为学术文化圈共同关心的事业。胡适也督促他说：“先生校全史之功作，真可敬佩，令我神往，整理全史，今日已刻不容缓”，并建议“鄙意以为先生宜倩一二助手。”张元济再一次听从其说，迅速

① 《张元济全集》第 2 卷，商务印书馆 2007 年版，第 540 页。

组织十多位人员，在住宅附近建立了校史处，以汪诒年、蒋仲茀为正副主任，先后有王绍曾、钱钟夏、赵荣长、朱仲青、吴让之等襄其事，辑校工作全面展开，计划于1928年发售。首种为《汉书》。从此，“近因校印衲史甚忙”[①]屡见于他写给朋友的函札。由于工作过巨，信心与现实往往相攻，他不得不再次改期，延至1930年1月开始发出样本并发售预约，8月截止。

巨量的工作，吞噬着他年迈的生命。《百衲本二十四史》发售预约之后，1930年11月中旬，张元济因劳累过甚，罹病住院，但他心中仍萦怀斯事，病体稍瘳，则“终日伏案校阅旧史印本，日数十百纸，寝馈不遑”。更为不幸的是，当他似乎马上就可以看到成书在望，大功告成有期之际，却在《百衲本二十四史》第二期出书后，即遭“一·二八”战火之难，《百衲本二十四史》第三期原存底版12月9日大半毁失，国祸天灾，让一个年近七旬的老人承受，其痛锥心。当时灾后校史处同人至张元济寓所慰问，张元济见到各位，“几乎抱头痛哭，呜咽得话亦说不出来”。[②]此语为所有文献中记录张元济唯一真情外露处。然而当张元济稍事平复心情，思虑为馆务复兴难以有所为，只有恢复重校二十四史工作，也许可以为全馆上下做出表率，也可为废墟重建做定海神针。于是他顽强地从书斋里走了出来，怀着愤懑而沉重的心情，选择了忘却伤痛。重检残册，为二十四史作结，仅半年后，校史处便在他家中重建并恢复工作[③]。1933年12月复傅增湘书：

① 《张元济全集》第1卷，商务印书馆2007年版，第447页。

② 王绍曾：《商务印书馆校史处的回忆》，《目录版本校勘学论集》，上海古籍出版社2005年版，第749页。

③ 参见张树年：《张元济往事》，东方出版社2015年版，第159页。

弟近日为核印衲史，几度废寝忘食，今岁只出南朝四史，宋、梁两朝均有邋遢本补配，即宋元旧刻亦多烂版。《陈书》照自日本，尤为模糊。工程之难，为从前竟未想见。年前必须赶完，过年后方可议及他事也。①

时光就这样流逝，艰难的校史工作如同跋涉未知的险途一样，他完全无法预料前景的险阻，他只能努力努力再努力，一晃就到了70岁。为补时救失，张元济甚至忙得在旅行途中的车船上赶阅校样。在1935年5月，张元济为校史最繁忙之时，他的夫人不幸去世了，这也给他带来很大的打击，但他同样搁置悲痛，继续投入到校史工作中。以校史疗伤，他在写给刘承幹的信中，字里行间仍显见张元济工作量之繁重与善本难求的忧虑：

承惠借王氏《史记》，留滞三年，久借不归，至为歉疚。《史记》原拟早印，嗣以宋刻尚缺数卷，辗转寻求，至多延阁。现定明岁必须出书三本。如尊藏清朗者，亦甚难得，可否求再宽借数月。今岁拟出《隋书》、《南、北史》、《元史》四种，一俟转岁，即当校阅迁史，校竣即当奉缴，决不延误。不情之请，务乞鉴原。《旧五代史》至今未遇，丁氏藏本，想被胠箧，所冀者尚留天壤间耳。②

自古以来有“艰难玉成”的励志之语，张元济校二十四史，堪称对此语又一厚重注解。经过漫长而繁重工作，终于在1936年全部告

① 《张元济全集》第3卷，商务印书馆2007年版，第398页。
② 《张元济全集》第1卷，商务印书馆2007年版，第455页。

成面世。

伟大的事业和高尚的人格以及艰难的历程，张元济也得到了几乎国内外公私之藏，所有版本几乎皆自他求，除老朋友傅增湘、刘承幹之外，为《百衲本二十四史》各版本的提供帮助的单位有中央研究院、北平图书馆、江苏省国学图书馆，个人则有瞿启甲、潘博山、潘明训、蒋藻新，此外不少藏家热心提供，但并未采用，如朱希祖、张石铭等。①

《百衲本二十四史》的辑印，搜罗汇集了宋刻善本 15 种、元刻善本 6 种、明清初刻 3 种，是宋元以来全史善本的一次大结集，是宋元以后全史最佳的汇印本。只有《五代史》辑自《永乐大典》，其余非宋即元，配补的珍本达 18 种之多，汲古阁、殿本全套旧史则用于参校。由于所取旧本多非完帙，或年久漫漶垢污，故订谬补脱，精心校勘，整旧如新，历时十八载，方告功成。全套共 820 册、3301 卷。该书自 1936 年全套出版以来，史学界一致公认其为“中国最佳全本正史”，具有极高的版本价值、研究价值和收藏价值。

《四部丛刊》选目和择本，相对而言还有一定的自由度，他可以根据版本和校勘的情况进行取舍和先后安排；而《百衲本二十四史》则不然，必须是在限定的范围内竭泽而渔，所以他只能在《四部丛刊》成型后去努力为之。作为前所未有的旧本撮合工程，《百衲本二十四史》也在《四部丛刊》的经验上，着力于追求遗存一切旧本的拼合、校订，凡有初刻旧本者，必先用之于底本，其后所得诸本皆为校勘之资。其目标与使命是存录最古最善的版本，再辅以异本的校勘和考证，“校史”的范围与方法完全突破和超越了清代阮元对《十三经注

① 《张元济全集》第 9 卷，商务印书馆 2011 年版，第 621 页。

疏》的校勘，从而弥补了清人重经学而薄史籍的缺憾，这对于中国学术史、文化史的贡献是前所未有的。

古本搜寻既难，访得后出版时要拼衲时亦多有难处，古本年代既久，漫漶垢蔽之处所在不少，给制版增加了困难。摄影后的底版非进行仔细、耐心的描润手续不可。为此，张元济先是制定《百衲本二十四史影印描润章程》，包括“修润古书程序”“修润要则”“填粉程序”等详细的工作规则，有初修，有精修，有初校、复校、总校，具体细致到洁版、梳剔、弥补等流程。所以，诸史在经过描润后付印，字迹清朗，既不失古本之真，又得古人精魂重生化身。

张元济校勘《百衲本二十四史》之认真程度是常人很难做到的，他亲力亲为地对每一册古书重生而不惜一切地工作。他终日伏案，每天的工作量是100页，每一页都校勘到准确无误为止。“先生每晚复校校史处当日送来之校稿，发现问题，即贴上签条，用朱笔批注，并在每页上加盖‘断版勿拼’‘断版剪开，拼准修好’等戳记，翌晨发还。”胡文楷在《张菊老校书琐记》中这样写道：“菊老校《百衲本二十四史》，逐页签名，填注年月日；复样时，逐页批可印，然后付印。全史无一页漏去。”他对古书的描润则完全是以巨大的人力投入，为后世学者提供一份清晰、可读的书本，就如给遍布尘埃的佛像掸尘、贴金一样，让其散发出应有的光辉，吸引世人的关注。

因为他不是纯书斋式学者，而是以出版为前提，因此，限时迫刻的推向市场、社会，带给他巨大的时间压迫。而精益求精的学术精神，又不允许他轻而易举地放弃对存世善本的求索，如《旧五代史》，开始只有《永乐大典》辑本，或闻有他本传世，即布告天下，最终无处可寻，才用可得之本。

（3）

《百衲本二十四史》的发轫和成功，还应该记上傅增湘一笔。傅增湘不仅全程参与规划，一直推动，更难得的是提供了多种善本，或为之借书，或为之配本，并呈送校记，供张元济采撷。辑印《百衲本二十四史》，操心用力除张元济之外，傅增湘也为此付出不少。有一个事例可以说明，傅增湘知道李盛铎所藏有宋本《晋书》是海内孤本，但李盛铎是一位保守的藏书家。开始，李并不打算提供底本，为了达到用此海内孤本的目的，傅增湘与其反复协调，费尽心机，几次亲自往天津与李相商。李盛铎看到傅增湘已将珍本《南齐书》、《五代史记》慷慨相借，才同意刊用，最后李盛铎仅以要求赠送三套新印本衲史作为提供底本的回报，完全是象征性的要求。这样不仅为衲史得一善本，也为商务省去不少费用。

《史记》为《二十四史》之首，预约时公布在目，用明本配补。作为正史之首，傅增湘见此，向张元济建议，最好得到秘本。张元济颔首以对，罕见地延期违约，转而广搜奇秘，自信天壤间必有秘本在。果然，功夫不负有心人，经过多重努力，终于从日本获得宋庆元建安黄善夫本，只缺 67 卷，已有逾全史 130 卷之一半以上，随后，他们再竭泽而渔，终于以涵芬楼、傅增湘、潘明训三家藏本拼合，再从日本借到上松侯爵家补上缺卷。这些散卷的搜集，许多都是傅增湘千方百计联络得来的。经过漫长的聚合校定，“遍访之诸家，卷第粗完”，[①] 终于得以变残为全，直到 1936 年，《史记》得以最后一期面世。

① 《张元济全集》第 9 卷，商务印书馆 2011 年版，第 710 页。

《百衲本二十四史》以朴实严谨的学术风格从事史书辑校，其学术价值显然超出了这一出版工程本身。刚一出版，胡适就评价道："此书之出，嘉惠学史者真不可计量！"

《百衲本二十四史》学术文化价值是无与伦比的。张元济不仅实现了校定全史的夙愿，也为当代学人及后来者留下了一部经典。时至今日，虽有点校本问世，但仍然不可偏废。点校本工程是在毛泽东关心和周恩来具体布置下，集中全国史学界几十位名流大家，前后努力了 20 多年才告成，而张元济虽有助手为其襄理，却几乎以个人的力量，发千古之秘，而且分文报酬不取，这种不惜一切献身学术文化的精神，实乃对民族文化的坚守。正因为如此，藏书界才大力支持，傅增湘也倾力相助。学术乃天下公器，这是一般文人的共识和理论。因此，当求《旧五代史》旧本而不可得时，整个学术界、收藏界都行动起来了，尽管最后还是未能如愿以偿，只有殿版可资取用，但学界、藏界的努力还是不应不提的往事！

1936 年，在王云五带领下商务不仅全面复兴，也达到了一个发展的顶峰时期，此时也正好迎来了张元济 70 大寿。王云五富于创意地提出祝寿计划：发起组织学术文化界撰文编辑出版《张菊生先生七十生日纪念论文集》。计划一经提出，立刻得到了胡适、蔡元培等人支持。蔡元培、王云五、胡适等《征集张菊生先生七十生日纪念论文启》："(《百衲本二十四史》) 这一件伟大的工作，在他七十年生日之前后，大致可以完成。这也是中国学术史上最可纪念的一件事。"一部书刚问世已被历史定格，张元济退休后的作为及对馆事的贡献，岂不伟哉！

（二）《四部丛刊》再努力与其他

一·二八事变，张元济花费精力苦苦搜集的30多万册珍贵图书毁于一旦，给他的古籍出版工作带来重重困难。他不但没有因遭逢日本对中国文化的摧残而倒下，反而激发出更大的爱古救亡之心，在校勘《百衲本二十四史》的同时，带领全馆团队投入《四部丛刊》的完善与续辑工作。

《四部丛刊》的确立与发展则几乎共他一生。他集结一切经典、善本，始终没有放下。更让人钦服的是，他在不断续事，在推进二编、三编进程中，竟然对已誉满天下的初编进行了富于价值的更换版本工作。

《四部丛刊》推出后，国内外震撼，尽管当时新文化浪潮高涨，旧文化几乎成为敝履，而《四部丛刊》的问世，不仅对矫正时风，激浊扬清起到关键作用，并得到中外学术文化界的共推。赞誉之外，献芹尤多，有贡献秘本者，有期待续刊者，当然也有批评者，形成一股强大的文化力。对张元济而言，本来以四部和善本作为架构，自然有扩展的空间，初编创刊时，他抓住良机，多用外援，最更取资的涵芬楼及馆内诸多别馆的自有孤善之本，反而暂缓刊行，这也是他为续刊备资用意所在。因此，当他集中精力践行《初编》，预约二十四史之事中，同步开始续事丛刊工作。

他由于馆务的变动及对新文化建设的发力，《续编》工作没有走上正常轨道，但他不断地备粮积资，待时而刊，由于社会对初编的热求及关注，他更把完善初编放在首位，并在初编刊行后七年间，每次加印，均进行了诸多的更换最新善本的工作，并不惜工力，置换旧版，加入新本，1929年第三次重印《四部丛刊》时，抽换了二十一种版本，给一些书加了校勘记。他在《重印四部丛刊刊成记》，详细记录版本之变更、卷叶之增补、校记之增加，最终成果是：宋本增多六种、元本增多一种、影写宋本增多一种、影写元本增多一种、增多元写本一与明写本六、校本增多七种、高丽旧刻本增多三种、《释》、《道藏》本增多二种。[①] 其余局部增补抽换以臻完善者为数不少超过原本的十分之一。这是多大的收获，又是多大的付出，可见其勇传文献，追求至善的精神。

早在《四部丛刊初编》告竣，张元济立马寄给诸多朋友《续编》拟目，共265种。[②] 如致信傅增湘，希望"痛加减削"，应加者亦代为酌定。但因诸事鞅掌，他一直到1928年，《续编》才正式确定目录。此时距《初编》面世已有六年之久，并有两次加印的业绩。面对社会不断的需求和渴望，张元济在将《初编》基本确定后，便着手推出《续编》，并正式将前出本定名为"初编"。为了不再延宕，决定缩小规模，以最为易得而又珍贵的傅增湘与铁琴铜剑楼两大藏书为主干，推《续集》、《三集》。傅增湘自然不负所望，两次专门开列了双鉴楼藏书，供《四部丛刊续编》选印目录达74种。最后供《四部丛刊》、《续编》刊用，经张元济采择利用的有八种：《颜氏家训》、《西京杂志》、《幽忧子集》、《皎然集》、《后山诗集》、《范德机诗集》、《李义山诗集》、《林和靖先生诗集》。另用《山海经》、《西域记》、《元次山集》、《浣花集》四种为对校之用。

《四部丛刊》借自私家底本不仅以铁琴铜剑楼为最多，而且其中

① 《张元济全集》第9卷，商务印书馆2011年版，第8页。

② 柳和城：《潘景郑题识的〈四部丛刊续编草目〉》，《藏书家》第七辑，第66页。

尤多良弓美玉，如卷帙浩繁的宋绍熙刊本《温国文正司马公集》80卷、宋刊本《皇朝文鉴》150卷，均为铁琴铜剑楼所提供。《四部丛刊》续编共收书75种，其中底本借自铁琴铜剑楼者最多，达40种，占半数以上，几乎成为铁琴铜剑楼的专刊。《四部丛刊》三编共收书70种，其中借自铁琴铜剑楼的底本有16种。这一方面是出于双方合作的良好，另一方面也是铁琴铜剑楼藏书移来上海，因而得以发尽囊底。

1924年，齐卢战争爆发，为了藏书的安全，瞿家在上海租界内租屋，将家乡的古籍移庋上海，商议印书事更为方便。由此开始了合作最密切的时期。当时瞿启甲在家乡居住的时间较多，所以在上海就由他的三子凤起负责联系。瞿凤起遵照其父嘱咐“随时请示张元济老，尽吾家所藏，待选所需，俾丛刊更为美备”，更为可贵的是，瞿家视影印之业为己业，不仅全力配合，且几乎未取酬资，更感到能贡献善本是一份荣幸，这是多么难得的一种境界。

由于有着共同的志趣，张、瞿俩人成了相交甚深的朋友，举一事例证明。1927年10月，张元济遭绑架六天，时在上海的瞿启甲一闻消息，即与二子一同前往张府打探问询。苦难更加巩固了他俩的友谊，也更快推动了流播善本的事业。两位老人不能再等了，张元济回家后仅十天，即与瞿启甲商量借印铁琴铜剑楼藏书，很快双方签订了租印善本书事议合同，由此《四部丛刊续编》得以顺利实施。摄照铁琴铜剑楼所藏善本就在上海商务工厂内进行，两家合作更为紧密。

除私家藏书外，《四部丛刊》续编工程得到北方文化机构的珍藏，新成立的故宫博物院珍藏所收尤多，今《四部丛刊》中刊入故宫所藏者有宋本《郡斋读书志》、《山海经》、《集韵》和《蚁术词选》，这些，都是在故宫博物院院长马衡的关照下得以实施。《四部丛刊》三编收有明本《蚁术词选跋》："《词选》，刊本已佚，从故宫博物院图书馆借《宛委别藏》抄本，配合印行，可能完璧。"这是从选印《宛委别藏》中取得的底本，故此书没有再收入后来合作的《宛委别藏》选刊40种之中。除此之外，还有《嘉庆一统志》这部巨帙，共562卷，收入《四部丛刊三编》之中，也是从故宫摄得的抄本，但不幸在"一·二八"战火中毁去三十余种，后幸又借得友人蓝印本补齐，激发了张元济刊行此书，不仅仅是为抄本，主要是有感于国土凌侵，几欲亡国，而以此书载之疆土强大来比观当日之弱势，所以，一改不收巨帙之例，特予收录，"考文献而爱旧邦"，乃其真实写照。

《四部丛刊》初编与续编、三编的出版过程中，张元济几乎商借了国内外公私所藏，除海源阁因战火所隔未得采用外，几乎发尽了公私乃至海外所藏，成千上万卷价值连城的古籍拂尘而出，化成千百，经不完全统计，达57家之多。《四部丛刊》三编于1934年出齐，计11921卷，3112册。

《四部丛刊续编》与《三编》的编纂，张元济也根据资源进行了调整，本来《四部丛刊》不收卷帙过巨之书，但在《续编》中还是破例收录了《罪惟录》这部102卷的抄本，《罪惟录》这部湮没了近300年，连书名也没有的清代禁书，终于得以重见天日。[①] 此书与《清嘉庆一统志》和《天下郡国利病书》两大手稿共同构成了《四部丛刊续编》、《三编》中的不传之秘，与《太平御览》一样，突破了《初编》不收巨帙

① 《罪惟录》，查继佐所撰，由于查继佐遭文字狱迫害，"冒死成书，为有明留三百年之信史。"但没有来得及定稿，更未有刊本行世。经过张宗祥抄录整理，得复归观。张元济为之借得嘉业堂所藏手稿，又命馆内专家何炳松、姜殿扬核定校对，费半年之久，最后由商务排印出版。张元济《手稿本罪惟录跋》，"修饰点窜，尤具苦心"，详记其事。

的常规，体现了张元济勇传古籍文献之雄心。

如果说《初编》之贵在传印善本，那《续编》、《三编》则在此基础上更着力于聚合众本，撰写校记，实为一书而多本之作。由于所选用的大部分都是宋元明旧椠，张元济与同事们对《四部丛刊》中的每一部书都进行了校勘，采用多种版本进行对校，张元济亲自为《四部丛刊》写下了42篇校勘记，附于正文之后，大大增加了《丛刊》的使用价值，也为读者带来了方便。由于藏书来源较《初编》量大，但没有当初孙毓修那样的行家里手帮忙，他自己便亲力亲为地校定每一种古书并撰写校记。当然也带领同事们参与其中，通过这项工作，又为馆中培养一批人才，所以《续编》、《三编》不仅是宋元旧刊的集合，也是对同书异本，可资学术研究众本的取资，撰写校记是续、三两编的重大突破和显著价值。

胡文楷曾回忆道："《四部丛刊》初编再版，凡误字缺页，皆送菊老核定，改换版本，增补序跋。""《四部丛刊》续编、三编题跋，由菊老亲撰，间由楷拟稿，经菊老修改后即署余名，此前所未有，皆菊老培养人才及后辈之盛意。"①

由于这个时期，商务前所未有地承印了大批古籍，如《天禄琳琅丛书》第一辑（15种，1933年）、《宛委别藏》（40种，1933年）、《北平图书馆所藏善本》（20种，1933年）、《四库全书珍本初集》（1934年）。《续编》原来的拟目280多种，最终压缩为81余种。这种抉择，对老境渐至的张元济来说，也许有些痛苦，但他内心却具有一种自信，四编、五编当可期，或可补当时之憾。

---

① 胡文楷：《我与商务印书馆》，《商务印书馆九十五年》，商务印书馆1992年版，第273—274页。

之所以压缩规模，也是由于选印《四库全书珍本初集》、《宛委别藏》一次性贡献了二百多种，如果《续编》与此两书品种相加，则与《初编》规模相近。《续编》出版时距《初编》首刊已13年，而《三编》又在续刊后一年，更有现实原因，其时仅商务一家就有多种大部头图书出版，中华书局《四部备要》先于《续编》推出，《丛书集成》也正在迫日赶工，1935年开始发售，所以《续编》与《三编》在品种规模上大大压缩至原来规划的四分之一。市场上一下出现这么多的产品，如果《续编》再编《初编》同样的规模，是作为经营者必须考虑的。但最后的结果是《续编》、《三编》销售不甚理想，远不及《初编》三次加印的盛况，当然与时局的动荡关系甚大。

回望历史，张元济与《四部丛刊》犹如他与商务印书馆一样，已完全成为历史不可分割的一个整体，他们互相融洽，无法分置，走入历史与未来。

四、同心勠力

（一）委馆王云五

五卅运动后，商务职工在内部发起多次罢工运动。由于资方的妥协而劳方胜利，使得商务的工会得以在日后迅速壮大起来。王云五多次代表馆方去应付迭起的劳资纠纷，感到厌烦，他原本把张元济所赋予的攻坚克难，为馆务济危纾困，视为一种责任，可是长年如此，渐渐意兴阑珊，对商务有了脱离之心。加上“编译所的行政成分太多，如能摆脱，只愿担任纯粹的研究或著述工作。”

1929年，王云五主编的《万有文库》在巨大的争议中出人意料地获得成功，但复杂的馆务和不和谐的环境让他产生厌倦，9月他便辞去编译所所长职务，自己到中央研究院社会科学研究所担任专任研究员。离开时，他推荐何炳松为他的继任人选。

1930年2月，商务印书馆总经理鲍咸昌去世时，张元济物色继任者，开始属意于黄炎培接班，也考虑过启用夏瑞芳之子夏小鹏。最后，张元济在细观内部无人接手总经理一职的情况下，决定让离职不久的王云五回来主政，担任总经理一职。

张元济做出这重大选择后，他就坚决行动，亲自出面邀请，但王云五心中并无意愿吃回头草，他内心真切地希望摆脱出版，从事学术研究工作。这并没有难倒张元济。他不顾老迈之身，又和朋友们一道反复劝驾，王云五还是以只懂编辑、出版，不擅经营管理为托词再三拒绝。张元济仍不放弃，在万辞难拒的情况下，王云五心生一计，出人意料地开出了任职条件——出国欧美考察半年、费用由馆方承担，取消总务处合议制，改由总经理独任制；更不近人情的是，还要求张元济重要助手李宣龚去职，但在他考察期间还要负责代理。王云五自认这项设计应该不会被张元济及董事会接受，那就等于是“客气的拒绝”，尽管王云五这种选择乃不得已，他的本意是激将法，让馆方包括张元济难以接受而放弃。不期张元济铁心请他，代表董事会全盘答应。李宣龚虽比不上高梦旦那样主动退守，却也甘心代理。王云五这下退无可退，只得答应重返商务，担任总经理一职。

如果说，胡适举荐王云五到编译所是出于张元济求新求变及对胡适的信赖，那么这次张元济坚定的选择刚离职的王云五出任总经理，则完全出于自己的判断和认知。他这一决定与安排，带给商务一个新时代，也造就了王云五传奇的一生。

这次关乎商务印书馆管理和发展的大事如同戏剧一般上演。王云五 34 岁入馆，实干苦干八年后，回归学术，不期四十三岁出任总经理更加重任在肩，更不期波澜壮阔的出版人生就此重新展开。

王云五重返商务，面对这样一个庞大而复杂的机构，到任的他果然有气派，依然按计划出国考察，半年后如期归国，并带回了他考察欧美所思、所见、所得的一整套科学管理法。

王云五已在馆内工作近八年，除主持编译所之外，也参与了许多馆方事务，他当然熟悉馆内的所有问题与优势，这次经过他半年的环球考察、研究，给他带来了全新变革的思路与方法，自国外返回上海后，以十二万分的信心与理想，即实行当时世界最先进的科学管理法，设立研究所，同时改组总务处及编译所；1931 年 1 月 10 日，又宣布实施《编译所编译工作报酬标准施行章程》，此举不期首先遭到他出身的大本营——商务编译所职工的坚决反对，公开发表《商务印书馆编译所职工会宣言》，表明“绝不可用科学管理法试控御之商务印书馆编译所！王君此种举动，关系中国实业界、劳动界及文化事业前途，至为巨大，固不仅敝同人身受其痛而已。”① 王云五雄心万丈地推出科学管理法。这一招如野牛冲入瓷器店，引致全馆大乱，引起了劳资双方的激烈矛盾，结果使得王云五只得采取让步的方式以平复员工的情绪。虽然这次的纠纷落幕了，但是随之而来的战争才是王云五

① 《商务印书馆试行编译工作报酬标准办法纠纷记》，张静庐编：《中国现代出版史料》丁编下卷，中华书局 1959 年版，第 420 页。

经营商务所面临的最大考验。

1931 年，馆内出现的纷争，王云五并没有让张元济太多的劳心费神，加之张元济常常生病在家校刊，迫日赶时地投入《百衲本二十四史》的校刊作最后的清理。经过巨大的付出，《百衲本二十四史》的编校一切就绪，甚至影印所需的样张都已完成。此时，一·二八事变爆发，使商务印书馆遭到灭顶之灾。

（二）舍命复兴商务

1932 年 1 月 18 日，日本三个僧人及其信徒故意向三友实业社总厂工人义勇队抛石挑衅，发生“互殴”。事后日方声称有一名受伤僧人死于医院，乃指使数十名暴徒纵火、破坏三友实业社，煽动日侨集会、游行，捣毁商店，杀死、击伤三名中国警察。日本驻沪总领事竟然还向上海市政府提出道歉、惩凶、赔偿和取缔抗日运动等无理要求。尽管上海市政府已表示接受四项条件，日本军队仍于 28 日夜向中国军队发起了攻击。驻守上海的十九路军被迫进行抵抗，一·二八事变由此爆发。

1 月 29 日清晨，进攻闸北的日军飞机轰炸了商务印书馆。位于宝山路上的总厂制墨部最先中弹起火，继而，总管理处，第一、二、三、四印刷所及纸库、书库、尚公小学、东方图书馆均中弹起火，因战火激烈，馆方竟然无法来得及抢救财产。

2 月 1 日，日本浪人再次疯狂地闯入东方图书馆纵火，将日机轰炸时未毁之图籍再次放火加以焚毁。一时间，灰烬与纸片随火光冲天而起，上海的上空飘满小纸片。

东方图书馆被毁后，张元济的感受如同炼狱一般，对此情景，不禁为之潸然泪下，几十万册图书被毁，许多珍品不可复得了。他对好友傅增湘说："连日勘视总厂，可谓百不存一，东方图书馆竟片纸不存，最为痛心。"也曾对许夫人说："工厂机器、设备都可重建，唯独我数十年辛勤搜集所得的几十万册书籍，今日毁于敌人炮火，是无从复得，从此在地球上消失了。""这也可算是我的罪过。如果我不将这五十多万册搜集起来，集中保存在图书馆中，让它仍散存在全国各地，岂不避免这场浩劫！"但一切都无法挽回，他只有仰天长叹："廿年心血成铢寸，一霎书林换劫灰。"①

这当然不是张元济的错，而是全民族的灾难。商务在上海的资产几乎全毁，这是中华民族历史上无可挽回的，永远令人痛心的悲剧。商务印书馆被毁是侵略者早有预谋的。日寇曾经放言：我炸了你一条街，明天就可以修复，但是我炸毁了商务印书馆，你就永远也恢复不了。欲灭其国，先去其史，是一切侵略者的疯狂野心，作为东方文化明珠与宝库的商务，就这样遭受到了万劫难复的灭顶之灾。

1932 年 2 月 1 日下午，东方图书馆的大火仍在燃烧，张元济急切地召开商务印书馆董事会紧急会议。2 月 6 日，设立善后办事处，推选张元济为特别委员会委员长，王云五为善后办事处主任。

既是总经理，又是善后办事处主任的王云五经过彻夜苦思，明知前途艰险莫测，但他仍决定勇敢地肩负起复兴商务的责任。为了挽救濒临破产的商务，他最先紧急提议：上海总馆及两分店停业，总馆

① 《张元济全集》第 4 卷，商务印书馆 2008 年版，第 100 页。

同人全体停职。同人薪金除支付至1月底外，另发薪金半月。各分支馆、分局暂时照常营业，但竭力紧缩。在这危急关头，王云五的提议得以通过，但真正措手实施不易。

在经过董事会同意后，他被迫解雇了3700多名员工，而解雇职工成了敏感而棘手之事，挨骂和闹工潮的风险他都一一顶住了。他认为，不如此，这么庞大的财务负担就足以把商务压垮，更谈不上复兴；保全商务对国难当头的中国教育文化事业尤其重要，与此相比，他个人成为众矢之的是小。在这场灭亡与复兴的斗争中，王云五的强干和胆略为商务的新生做出历史性贡献。经此浩劫，王云五痛心疾首，一夜而成“白头翁”，这足可见其内心的焦虑和所承受的压力。为救馆济工，他一方面清理被毁资产，一方面在租界设厂营业。

当时战火未停，张元济和馆中元老每日均到办事处料理善后诸事。先是兵火之灾，人未缓过劲儿来，又是劳资纠纷，还要应付其他善后事以及复业、安排秋季需要的课本，张元济不仅不能“退休”，还把他推到一个比较复杂艰难的决策地位上。

王云五实施的“全员解雇”处理问题的办法，遭到许多人反对，张元济在遇到这么大的危机情况下，为保大局，只能理解支持王云五，因为实在找不到其他解决的办法或途径，只有馆务的复兴才是唯一的重生之路，张元济也深切体会到置之死地而后生的痛苦。内外交困中的商务，在张元济的支持和率先垂范下，更在王云五的勇敢与顽强布局下，商务被毁后的半年，即1932年8月1日，商务总管理处、上海发行所、新开的印刷厂同时复业，在发行所门口，悬挂了一副对联：“为国难而牺牲，为文化而奋斗。”这个口号强烈表达了王云五和同人当时的心愿，也振奋了国人。

总馆、总厂复业后，王云五新订雇用契约重新录用职工，以保证生产，也着手安排员工逐步上岗事宜，同时，他在危机中化被动为主动，按他原来的管理思路，陆续公布各种章程、规则，全面推行“科学管理”，还改组了机构。对商务两大核心机构——编译、印制所进行了撤销，由总管理处取代总务处，下辖生产、营业、供应、主计、审核五部及秘书处、编审委员会、人事委员会。王云五以总经理兼生产部长及编审委员会主任委员，总揽编译、出版、印制全权。王云五的强悍作风和全馆上下顶着机会大于绝望之心情，大家在高昂而悲愤的复兴之路上急行。王云五的调整，竟然在灾难中产生了神奇的效果。经过加强对工厂的管理及其他种种的改革，生产增加，成本降低，大量重版旧书和增出新书，神奇地再现“日出新书”一种的局面。商务的重生迈出了充满希望的步伐，并迅速走上复兴发展之道。

商务这场重生，最重大的变化是取消了编译所和印刷所，从过去的重资产与大兵团作战，改变为用精干队伍和平台发展，商务的传统结构完全得到改变，它更像一个出版经营机构，不像一个企业集团了。

对于取消编译所，从董事会开会的情况看，张元济对王云五的措施是支持的，王云五这次将编译所完全解体，张元济又怎么舍得让他这样做？但在当时已没有什么更好的应急办法。尽管他对编译所怀有创始者的感情，但他更加明白，于内，商务无力负担如此庞大的开支；于外，他也看到，上海不少出版机构并没有自己的编译所，也同样发展。当然他的情结是难以割舍的，对一些老友如杜亚泉等因此而失去工作也是无法释怀，但他只能忍受。

王云五这次取消编译所之举，从历史来看是正确的。20世纪20年代后知识分子大批产生，社会教育文化也空前进步，主要靠编译所内部编写产品的时代已经不适应发展，一则产品品种、数量跟不上，二则水平也不如社会力量，更为主要的还有成本考虑，吸纳一种稿子，只需支付版税，不必再养人，作者和馆方只是一种交易，更何况以当时商务的威名，学者文人著述谁不争趋商务，稿源自然不成问题。王云五的变革带来了好处，张元济当然全力支持、帮助王云五，在奋力校辑《百衲本二十四史》之时，于馆务从未倦怠，从来就是人退事不退，实际上是职退人未退。

其实，编译所撤并是因国难造成的，并非王云五主动撤并。有人认为，王云五后来撤并编译所是一次失误，其实不然。他曾撰文谈及此事：

> 心中常常感到一件最痛苦的事情，就是许多专门学者，我们好不容易把他们请了来，不能让他们专从事于著作，却让他们终日对付许多不相干的杂事。这一点，我觉得很对不起这些学者，而且有许多人。①

当然，这场国难中损失最大的是那批跟随张元济，为商务奉献了一生的老人，而新人也不得不流失，但大多数走上了新的岗位，不少后来还取得了卓越的成就。首届中央研究院院士选举，其中多半与

① 《王云五先生年谱初稿》（第一册），台湾商务印书馆1987年版，第234页。

商务有关。因此，这不能归结为他个人的决策，犹如东方图书馆未能恢复一样，时代、条件、实力均不允许王云五为之。尽管编译所没有了，王云五充分利用商务大平台、大机构的优势，推出了更多品种、更高质量的文化产品，从实质上降低了成本。当然，这也与几十年来时代文化的发展有关。20 世纪 20 年代，中国文化学术进入现代化时期，在欧风美雨的滋润培养和中国现代教育的作用下，一代文化、学术新人成长起来，尤其是现代大学和学术机构的出现，在中华大地上开垦了前所未有的现代学术文化事业，也使商务有获得上佳学术著作的可能。

正如王云五入馆前豪迈地表示，出版当激荡时代潮流。他主持全面工作后，拼尽全力地沿着这个方向努力，短短时间内，商务就实现了全面复兴，再度开创了出版史上一个鼎盛的时代。王云五说自己之所以不顾艰苦，不避嫌怨，力排万难复兴商务印书馆，仅仅是为我们中国人争口气。历史再一次见证，苦难出英雄，王云五尽管当时几乎成馆内众矢之的，但他随后的拼搏努力不仅堪称复馆功臣，也是文化英雄。

在商务复兴过程中，他不是只做旧版书的重印，而是在提出“日出一书”的口号下，出人意料地以新撰新创高质量、高水平的产品作为复兴与发展的大任。首先把编撰出版他谋划已久的《大学丛书》放在工作首位，请蔡元培领衔，邀请国内各大学及学术团体代表 54 人组成编委会，以他立意之高和商务印书馆的品牌价值，很快得到了各学术机关和大批学者的支持。自 1932 年开始出版，到抗战前，六年期间已出 200 种。抗战八年，还续出了 170 种，共计达到 370 种。这套教材为中国大学学术本土化起到了根本性的作用，具有开创性的意义，对中国的教育事业和学术研究卓有贡献。这也成就了商务作为有影响力和作用力文化机构的精神内核。王云五作为一个中国现代出版巨擘，前所未有地做到了以出版来推动学术文化研究，在这一点上，现代中国出版至今无有出乎其右者。

其实早在 1931 年 9 月，他上任总经理之后的重大构划，就有意于推出大学教科书，他在《最近三十五年之中国教育导言》中曾说："窃不自揣，愿为前驱，与国内学术相关各学者合作，从事于高深著作之译撰，期次第贡献于国人。"他还没有得措手，就发生了全馆被毁的灾难，然而他在复业后却时不我待地邀集各方力量共谋伟业，充分彰显了王云五的出版能力，也为商务复兴再助一力。

作为现代大学教育的一项基础性工程，由国人自己编撰大学教材以取代外国人的讲义，革新旧式教材，也是蔡元培主导大学教育以来努力的重点。大学教育经过十多年的发展，成就已卓然可观，这与蔡元培的示范和推动是密不可分的，对此，蔡元培也完全呼应王云五的行动，以当代祭酒之尊参与其中。

由于商务丰厚的学术资源、强大的团队为支撑，《大学丛书》在王云五主持经营下，大力推进，品种不断扩张，迅速成为商务文化重生与新创的核心力量。王云五的这种卓识与魄力带给商务，带给张元济的当然不只是欣慰和希望，实际上也是全新的发力和价值创造。《大学丛书》之后规模一路拓展，尤其是抗战期间，不仅让抗战后方的学校有教材可用，也让一大批饱学之士在战火中在板凳和膝盖上写就的专著得以问世，成为抗战文化的重要一页，也成就了王云五"出版当激荡时代潮流"的文化主张。

复兴东方图书馆也是首要大事，东方图书馆被炸后，董事会立即组成特别委员会，处理一切善后事宜。次年4月29日，组织复兴委员会，胡适、蔡元培、陈光甫、张元济、王云五为委员。6月7日，召开第一次会议，推张元济为主席、蔡元培、王云五为常务委员，并推定美国人盖乐、德国人欧特曼、英国人张雪楼、法国人李荣以及国内知名学者罗家伦、郭任运、袁国礼、金湘帆、何思源、杨端六、曹典球等任东方图书馆复兴委员会成员。复兴东方图书馆成为全社会乃至全球各界为复兴东方文化坐标的重大事业，其后就陆续有欧美国家机构表达人类共同的文化正义，向东方图书馆捐书。

在“复兴商务印书馆”的时代，张元济对于工作有一种责无旁贷的紧迫感。尤其是诸多重要著作及独一无二的古籍被毁，让他悔恨交加。“一·二八”之后，战争阴影仍未消失，考虑到“近岁战争之事层见叠出”，古籍若不尽早重印恐致毁灭销亡，他不能不为之忧心如焚，之后短短时间内，组织编订出版《四库全书未刊珍本丛书》，辑印《四部丛刊续编》、《四部丛刊三编》、《丛书集成》以及其他古籍，工作烦冗，负担有甚于难前者。张元济以忧患心情加以督导，复业后的商务在古籍出版方面迅速恢复并超过国难前的水平。

作为商务印书馆的奠业者，又是“一·二八”之后的复兴者，张元济的努力是不平常的。1935年夏，商务印书馆负责人致信张元济，言“近年公司印行《百衲本二十四史》、《四部丛刊》正续各编，全赖我公一手主持，劳苦功高，远非公司在职同人所及，而纯任义务不下十年，尤为全体同人所敬佩不已。一·二八以后，编审部同人较少，所有印行古书事宜，在编校以至广告，在在费神”。特别向张元济“奉酬四千元”。对此，张元济断然谢绝，表示：“弟终当常为公司办事，但终不能受公司一钱，以此报诸君，并以此报身殉之故人。”他的这种以馆托命和舍身奋斗精神，不仅在馆史就算在整个社会历史长河中，亦难觅其匹。①

五、未竟的事业

（一）谋印《四库全书》的挫折与遗憾

现代出版业的创立和发展是幸运的，因为有张元济、王云五、陆费逵等一大批人耕耘其中，但苦难的时代总是让这些有理想、有担当的人付出艰难的代价，甚至还难以志伸意展。

张元济退休后，因战争和年龄的原因，留下了不少未竟的事业，让他一生抱恨，这也是现代出版史的曲折历程和重大遗憾。

编成于 18 世纪后期的《四库全书》，阅世仅一百多年，就不仅残失殆半，且随着清室灭亡而迁徙不定。面对这卷帙浩繁的镇国奇珍，有识之士自然不会忘记《永乐大典》化作灰烬的前痛，系心于如何保存与传播。19 世纪末，罗振玉等人就倡议将其迁入新创建的京师图书馆，并让其有永久无虞的安身之地。自然，要让这东方文化的金字塔不遭沦灭，印行是最好的办法。然而，在那个积弱混乱的时代，典

① 1934 年 9 月，张元济代表东方图书馆复兴委员会，接受德国学术团体赠予的德国编印、出版的化学、药物学年鉴、文学等德文著作 2000 千余册。1935 年 6 月，张元济再次代表东方图书馆复兴委员会，接受法国公益慈善会赠法文名贵书籍 1600 册，并相继得到国内藏书家捐赠善本图书。1937 年全面抗战爆发而停止。

藏尚难实施，何况将其予以付印。但文化的魅力和历史的责任总是激发着人们的梦想。20 世纪初，张元济已措意于此事。[①]

1917 年，得知上海犹太富商哈同筹印《四库全书》，张元济认为，此书为民族文化之宝藏，不宜假外国人之力。虽然他知道，以是时商务的实力无法与哈同相比，但民族责任心和追求事业与发展的梦想，促使张元济决定置身其中。他选择了积极的行动，张元济以商务印书馆的名义呈文教育部，商借京师图书馆藏文津阁《四库全书》影印却被驳回，依靠政府不行，张元济只好退而求其次，寻求与哈同合作。他感到以他和商务的名望尚不足以使哈同认同合作事宜，为了使此事更有把握，他首先找到清朝要臣岑春煊，期待这位故友能够促成此事。致信岑春煊，恳请他介绍与哈同接洽合作承印《四库全书》，[②] 岑春煊自然是乐意为之介绍。2 月 19 日，持岑春煊信往访哈同，又见其管事姬觉弥，为其承印《四库全书》事说项，因其早与中华书局有约，答之“茫然”。

刚刚崛起的中华书局抢先一步取得了商机，并没有使张元济改变初衷，他再次致函岑春煊，希望他能促成哈同与商务的合作。岑春煊的斡旋终于给事情带来了转机：

> 4 月 16 日《日记》：岑西林（春煊）约在哈同花园内午饭，姬觉弥言，大宗印刷托本馆，余允即派人趋前接洽。

---

① 1910 年 4 月 16 致孙毓修：“湘潭王君，其文汇阁《四库全书》如可让，鄙意每册一元总可值得。”这是他留意购藏之始的记载。1911 年，张元济曾期待：“俟热河《四库全书》运到，当可就抄，此不难办也。”这是他留意抄录之始的记载。

② 《张元济全集》第 6 卷，商务印书馆 2008 年版，第 158 页。

4月17日《日记》：郑炎佐(禹）往晤姬君、并晤邹景叔(安)。云：《四库全书》可分一半与我处承印。[1]

这位姬觉弥，是哈同的大管家，他监印过《频伽大藏经》，于出版也是内行。他使张元济终于得到了《四库全书》承印权的许诺。不过，张元济与哈同的合作，主要还是从扩大、发展商务的印刷业务角度考虑，因为当时商务的主要优势还是印刷，在当时的具体条件制约下，张元济不过是欲借船出海，进而建树一桩文化伟业。这是张元济第一次动议辑印四库。尽管哈同的筹划最终没有实施，但这已成为张元济一个文化梦想的开始，而且一梦半世纪。

1919年，北洋徐世昌政府在法国、日本、美国政府推动下，拟用庚子赔款印行《四库全书》。为此，北洋政府还做出了正式的政府决议。事情的来由是这样的——

第一次世界大战胜利后，中国政府派代表团到巴黎参加和会。当时有一位留法的学生为代表团做翻译，乘机向法国政府大谈《四库全书》，建议其向中国政府借用之。法国内阁总理班乐卫是一个热爱中国文化的人。答应以庚款来印行，并打算第二年访华。代表团中的叶恭绰是典型的文人，所以在归国复命时，就大谈此事，而徐世昌总统也是有学问癖的人，乐于为之，就应承下来。

印《四库全书》，不仅法国政府重视，日本政府也想以重金借钞副本。此举一出，一唱百和。英、美、德、奥等庚款受惠国也表示赞同。北洋政府迅速决定在北京设立文化局专门主持印行，交通总长叶

① 《张元济全集》第6卷，商务印书馆2008年版，第191—192页。

恭绰统领其事，还安排内务府主管朱启钤督办，叶恭绰旋即安排朱启钤与张元济展开磋商。同期，委派陈垣着手调查文津阁《四库全书》详情，陈垣带领六名助手，经过三个月的努力，清点完毕。

1919年9月班乐卫如期访华，顺道到上海并参观商务印书馆。当月底，叶恭绰即正式与张元济商议印行此书。

叶恭绰制定出了印书计划，原样影印100部，并拨款30万，由商务印书馆承印。针对这一计划，张元济在看到陈垣的详细调查之后，提出了自己的看法：

> 一是工程难。约二十年方可完成。二是材料难。国内材料不能满足。三是定价难。印行一百部即总费三百万元，需时二十载。每部难以定价。四是销售难。要广厦一二十间方可度藏原书，重金购后，又要设室。①

为此，张元济提出了与政府方面完全不同的印行方案，即一是政府拨款，商务代办承印；二是商务承办，政府筹得庚款作为代垫之费。但叶恭绰主张由商务联合诸家共同承印，张元济认为联合印行不可行。后来，张元济又提出了两种印行办法：一是分批印造，一是选印。并设计了招商承印的两种办法，一是与各厂家签订短期合同，各为一年，一是总包方案。由于双方分歧过大，难以达成一致，叶恭绰由于是衔命而为，虽知道原计划不可行，也只能坚持原意。

计划筹措中，张元济曾专程赴京，费时将近一个月，从实际情况

① 《张元济全集》第1卷，商务印书馆2007年版，第521页。

考虑，提出了符合商业运作的理念。并不断调整、制定可行的承印方案，但好事多磨，由于北洋政府难以筹措足够费用，此次筹印的努力终付东流。

1924 年，商务印书馆即将迎来 30 周年纪念。此时之商务已非昨日，发展迅速，实力大增，也积累了古籍影印的经验，完全有能力独立实施五年前未能实施的出版《四库全书》计划。

张元济曾想印行《四库全书》，曾任商务董事长的郑孝胥早就知道。1923 年底郑孝胥入了小朝廷，第二年 1 月 7 日，被溥仪命为首席总管内务府大臣，受命整顿宫中财政。郑孝胥便告知张元济，宫内的文渊阁《四库全书》可以交商务印行，郑孝胥此举，既为清室得一笔收入，也强化他在宫中的地位。因为有郑孝胥作为奥援，张元济、高梦旦再次提议印行这部书。他们内外合计，事情就启动了。

从郑孝胥的日记可知，1924 年春节，他是在上海度过的，即着手办理此事。新年一过，即见张元济、陈叔通、王显华、鲍咸昌等商务高层。是年 2 月，张元济派高梦旦进京与清室内务府接洽，商借文渊阁《四库全书》运沪影印事宜。

经过郑孝胥从中协调，小朝廷同意一次将全书运上海，可以按商务方拟定的计划，印行四百部，付给朝廷一笔费用，以四百一套起付版税一成。这是一个双方有利的方案。张元济、高梦旦还计划，如果销售成功，所得盈余将用于编辑续修《四库全书》。

商务印书馆终于与清室方面达成最终协议，并报请北洋政府国务院、内务部、交通部教育部备案，由交通部派专列运上海实行。4 月 5 日，商务派员如约到文渊阁查点装箱，4 月 7 日已装三分之一，准备起运事宜，曹锟亲信利用手中权力向商务索贿，遭到拒绝后，借故以总统府公函阻止装运。并向上报告，说是有人对运行出京持不同意见，所以未同意放行；另一方面，又在社会上造谣说商务想将《四库全书》转售给外国人，又说商务是受了日本人的委托印行。

面对如此横生枝节，张元济心急如焚。他致信当时北洋政府各政要，如孙宝琦、颜惠庆、王克敏、张国淦和顾维钧。[①] 他在 4 月 15 日给孙宝琦的信中说："此书关系中国文化，且卷帙繁重，印刷不易，需费尤多……今敝公司所印，系就原书缩照，定价较廉，意在广为流布。窃维与政府宣传文化、嘉惠中外之意，尚不相悖。何敢为罔利之计？""乞俯予援助，代恳极峰，准其放行。"[②] 并驳斥了社会上种种恶意中伤："敝公司为流通国粹起见，辄发宏愿，借期观成。本可在京请书影照。所以必呈准运沪之故，实因工程过巨，需用机器手工，为数至伙，必须由总公司用全力经营，方可克期事。"孙宝琦接信后，也不敢怠慢，5 月 3 日复信张元济说："有主张原式样不改者，有主张在京印行者，一时尚难解决，必须通盘计划，方能定计。"看来，孙对此事还属认真，并邀张北上商议。

随后，张元济又致信给孙宝琦，长达一千三百余言，此信，可谓情真意切，读之让人心颤。先为其陈言印此书之四难、两不能。最后，他以一个文人之身向总理诉说他悲愤的预言："元济敢妄言，商务印书馆若不印此书，在若干时期以内，必无人能肩此任。此若干时期以内，又不知经几许沧桑，今仅存之三部，恐且为《永乐大典》之续矣。"性格耿直的他最后明言："如各方误公，不易了解，尽可作罢，

① 孙宝琦，时任曹锟内阁总理。王克敏，为内阁财政部长。颜惠庆，内阁外交部长。张国淦，著名的方志专家，时任政府要官。

② 《张元济书札》，商务印书馆 1997 年版，第 462 页。

敝馆亦不再续陈。惟望政府诸公，指拨帑项，妙选通才，克期兴之。勿再蹈五年以前之覆辙，此则元济祷祀以求，不胜其拳拳者也。”①

《四库全书》的印行再一次中辍。

商务谋印《四库全书》，毕竟投入巨大，张元济虽思独立承担，主张全印，郑孝胥积极为之谋划，想方设法利用日本退还庚款支持此事，并为之张罗，可见其用心用力。从《郑孝胥日记》中，我们可以看到一直到5月他还在周旋，以求其成，郑孝胥并不甘于失败，“4月23日，答访胡新三鄂公，谈《四库全书》事，余详语之。且曰：国会如能提议通过，可谓有光于国。”② 胡鄂公乃北洋的教育次长。得到的结果是如能以贿，犹可挽回。对此张元济当然不肯以贿求解。这件事中，郑孝胥一方面是以股东身份为商务办了一件大事，另一方面也是作为内务府大臣想为小朝廷生财，当然也有亟助张元济刊成此书之夙愿存矣。

谋印失败后，郑孝胥仍然鼓励张元济努力为之。1927年4月21日《郑孝胥日记》中有这样一段话：“过菊生，与菊生谈商务印书馆事，余曰：能印《四库全书》，则商务书馆诸君皆不朽矣。菊生曰：一息尚存，必达此愿，梦旦、拔可皆有此志。”③ 这场谈话，完全是他们朋友之间对事业的表述，可见，郑孝胥对印四库之事仍挂心中，且一直期待大功告成。这也是郑孝胥作为文化大家的自觉选择和追求，与其后失节落水无关。

1925年，叶恭绰多次致电张元济，表示政府仍有意印行，并希

① 《张元济全集》第1卷，商务印书馆2007年版，第521页。

② 劳祖德整理：《郑孝胥日记》第四册，中华书局1993年版，第1996页。

③ 劳祖德整理：《郑孝胥日记》第四册，中华书局1993年版，第2141页。

望再派专人北上商议。张元济立派李拔可北上，经商榷，最终同意按张元济缩印方案实施，并由商务与教育部签订合同，将文津阁《四库全书》运上海影印。结合双方的需求，张元济也调整了方案，决定按三种方式印行：1. 特种本，按原样 36000 册印行，仍为政府出资印 30 部，每部售价一万二三千元，政府按每套 10000 元收，商务可自行加印；2. 甲种本，合原书四页为一页，精装 1000 册，售价四千元；3. 乙种本，平装 5000 册。①

但事不凑巧，此时，"直奉战事"爆发，铁路运输中断，李拔可建议改由海运，张元济不愿冒险，只好待时局稳定再施行。1926 年，时局已暂平息，8 月，张元济指派孙壮到教育部要求履行合同，但政府方面却换了新人，新来的教育部次长称：此事不但部中反对者多，且阁员中亦少明白真相者。予以回绝。

对政府的彻底失望，使张元济没有了运作的信心，前几届北洋政府中，朋友、故交及志同道合者不少，像叶恭绰、章士钊、朱启钤等人，都是传统的知识分子出身，与张元济交谊甚深，遇到困难，张元济还有斡旋的机会。而这时的北洋新政府，张元济与他们没有什么交情，也不抱什么希望，所以他只有等待。他曾致函好友傅增湘吐露心声说："如此一大事因缘，自然不能不有许多魔障，但使吾辈力行不懈，终当有登彼岸之时。"②

不久，张元济从商务退休。尽管如此，他对商务印行《四库全书》之事仍然痴心不改。当好友傅增湘来信告知，奉天政府张学良拟印行

① 参见高梦旦：《校印四库全书及其他旧书计划》，《商务印书馆九十五年》，商务印书馆 1992 年版，第 37—38 页。丁英桂的《商务印书馆与四库全书》，同书，第 142—147 页。

② 劳祖德整理：《郑孝胥日记》第四册，中华书局 1993 年版，第 2141 页。

文溯阁《四库全书》（1929年元月），他连续发电给对方，希望花落商务。但当他看到由金梁设计的印行方案时，他就知道那是外行人在办事，不可能成功，只有向北而叹。事情果然不出所料，印行文溯阁《四库全书》成了奉天政府的作秀之举。

九一八事变发生后，北平告急，古物南迁，文渊阁《四库全书》转运至上海。在这民族危亡之际，有识之士深恐《四库全书》遭《永乐大典》的命运，遂重拾影印之议。

1933年春，教育部委托当时庋藏文渊阁《四库全书》的中央图书馆筹备处负责人蒋复璁亲自找到张元济，请求支持影印《四库全书》珍本。一开始，张元济不甚赞同，因为他对《四库全书》的一贯主张是：全印、缩印。他的出版原则是“库本还他库本，善本尽可别行”。明确反对选印。

国难当头之际，张元济坚持理想，显示了他书生意气的一面，此外，他更担心战乱时期协调不易。但张元济碍于故人之子的面子，没有当面拒绝，便将此事交给王云五，让蒋复璁与王云五接洽。

王云五知道这是十几年都没有等来的机会，他经过考虑后，决定接手，但头一件事就是要说服张元济。为此，他拿出了最能说服张元济的几条杀手锏：“为营业计可不做，为名誉计，为事馆同人宗旨计者，不能不做”“先印珍本，以后徐图续印，日久便可成一全库书。”这一番话，打动了以馆名誉为生命的张元济，终于下定决心同意实施。当时商务正处于恢复期，要全部印行，实不具此能力。此外还有一个情况，竞争对手中华书局正在议印出版《古今图书集成》。张元济不能不对此做出回应。“四库不能全印，诚属憾事，然能印未刊之本，慰情究为聊胜。”他看到事已至此，而只有印行《四库全书》才是“为名誉计，为本馆同人宗旨”的可行办法。

1933 年，中央图书馆筹备处和商务印书馆合作选印珍本的消息对外一公布，学界一片哗然，针对初步拟定的《影印四库全书未刊本草目》366 种，在教育界、文化界掀起了一场激烈争论。当时，北图馆长袁同礼和善本部主任赵万里主张以善本代库本，并得到了蔡元培的支持。[①] 对教育部拟定的 13 条原则予以评论，重点是对选目发表意见。陈垣、王重民、柳诒徵、孙楷第、傅斯年、董众、郑鹤声、金梁、董康、叶恭绰、谢国祯、黄云眉、吕思勉、孟森等知名学者对《草目》中选书发表的意见尤多。

看到再生波澜，为刊成此本。张元济改变了方法，他先是登门造访刘承幹，未遇，即去信予以解释，并把他发给袁、赵的信件附发给刘承幹，并与董康沟通[②]。同时，张元济还分头与老友蔡元培、傅增湘沟通，终于平息了学界的争议。最后，教育部对《草目》进行讨论修改。1933 年 10 月，终于编定《四库全书珍本初集目录》，选定书目 231 种。

影印工作开始，由故宫博物院、中央图书馆、商务印书馆及有关各方代表组成的临时监察委员会同至上海，监视开箱，按目检出各书，点明册数、页数，分期交付商务就地影印。至 1935 年 7 月，《四库全书珍本初集》共计 231 种，分装 1960 册，先后分四期陆续出齐。《四库全书珍本》拂尘而出，让学术文化界受惠不浅。

商务内部方面为影印《四库全书》付出精力的除张元济外，还有

① 袁同礼:《选印四库全书平议》、《影印四库全书往来笺》,《袁同礼文集》，第 219—230 页。

② 《张元济全集》第 3 卷，商务印书馆 2007 年版，第 453—454 页。

高梦旦、李宣龚、孙壮、糜文溶、张季安等人。他们为此奔波协调，付出了极大的艰辛。在这场争论中，张元济选择了“不便有所论列”的应对态度。趁机到杭州文澜阁观书。为明心迹，他还亲自挑选了经、史、子、集各一种，原样仿印成书。

《四库全书》首次付印以这种形式开始，与张元济辛苦十多年的努力目标相距甚远，尤其与他主张流通古籍的想法大相径庭。但是无论如何，出版之事终于告成了。这是《四库全书》之幸，更是商务印书馆对民族文化的莫大贡献。所以，珍本初集刚一问世，学界反应强烈。即使在今天来看，《四库全书珍本丛刊》的印行仍有着相当的历史意义和学术价值。一是这些未刊之作得以化身千百，免除了人们对四库精华遭沦亡命途的担忧；二是由商务承印《四库》再无争议，众望所归。张元济的梦想迈出了现实的一步。①

在印行《四库全书》珍本的同时，张元济有一个小的意外收获，那就是印行了同样的手抄本和另一重要文献——《宛委别藏》。1933年故宫古物南迁，来到上海期间，张元济特别珍视这样的时机，用故宫所藏于1935年底完成了另一项目：选印出版了《宛委别藏》40种，150册。

《宛委别藏》共收书173种，实为《四库全书》之续编手抄本②。张元济曾多次致信傅增湘：“《宛委别藏》及北平图书馆所藏善本，弟极愿流通，应如何订约、借用，并祈鼎力询商，玉成其事。”③看来此

① 王云五去台后，重掌商务，再次启动分辑出版，徐图成一全册库书。遗憾的是，在他生前，只印行了十三辑，仅居一半，其接续者若干年后才得以印成全套四库书。

② 卢仁龙：《〈宛委别藏〉编纂始末考》，《文献》第一期，1990年。

③ 《张元济全集》第3卷，商务印书馆2007年版，第395页。

事应是傅增湘提醒张元济所做，因为当时《宛委别藏》也正在上海。1933 年 10 月，故宫博物院与商务印书馆签约影印《宛委别藏》，共 40 种，缩印成与《四部丛刊》大小的小六开本，送院方 1/10 印数，包括重印，印数由馆里定。这个合约，较之《四库全书》早了近一年，也比《四库全书》合约条件优惠许多。

《宛委别藏》实施顺利，只是拘于当时形势，选印了其中一部分。为何张元济只选印其中一部分？这其实并非张元济本意。他在给傅增湘的信中说："尊意照目全印，甚是甚是。惟亦财力所限，只能先印所谓罕传者，其余请俟异日。"① 他删去《宛委别藏》部分，主要是《四部丛刊》、《道藏》中收录部分以及《宛委别藏》原书残本及地方志。

是啊，在这个内忧外患的时代，先谋抢救之效，再图传世之功，才是现实的选择。从今天来看，《宛委别藏》选印工作的重要性，其实一点也不亚于《四库全书珍本》的出版。只是由于《宛委别藏》过去学界知之甚少，其中大多为罕见之本，并无巨著，所以不及《四库全书》之盛名也。也就是说，张元济在这样一个特殊的年代，抢救出版了两大国宝秘藏中的不传之秘，终于使其不再成为张元济一向所担忧《永乐大典》之续。

（二）功亏一篑的《国藏善本丛书》和《四部丛刊》四编

张元济对《四部丛刊》一直有着长远的规划，终生没有放下，在

① 《张元济全集》第 3 卷，商务印书馆 2007 年版，第 397 页。

《续编》尚未出版的1930年，已表示“此书尚思踵出三集、四集”。[①]丁英桂在《商务印书馆与四库全书》中提及：“1937年（民国二十六年），张菊老复为商务辑印《国藏善本丛书》，编定目录，发售预约。由于八一三事变发生，中止进行。”[②]张树年说得更明白：“《四部丛刊》三编出版之后，由于全面抗战爆发，四编的出版计划被迫搁置。”[③]但在他的书房里放满了“正准备辑印的《四部丛刊》四编和校勘的《册府元龟》等古籍”。[④]这些都成为了张元济一生奋斗而未果的事业，作为史传，要关注他的成功，同样要记录他的失败，而且这种失败是由于时代和环境造成的，对历史与现实更具悲怆感。

（1）

先说《国藏善本丛书》出版，早在1930年，学界就有刊行国立北平图书馆珍本经籍的计划，傅斯年、徐森玉、袁同礼诸人有感于《四部丛刊》所收善本大率囿于江南私家珍藏，罕及北京公藏，因此，倡议发起编纂《国藏善本丛书》计划，以弥补《四部丛刊》的缺憾。合作自然首选商务。1936年4月5日，傅斯年特致信张元济称：

年来斯年有一微意，以为北平各国立机关藏有善本者，不妨各出其所藏，成一丛书，分集付刊，先自有实用、存未流传之材料者始，其纯粹关系版本问题者，可待将来社会购买力销抒时。

① 《张元济全集》第2卷，商务印书馆2007年版，第98页。

② 丁英桂：《商务印书馆与四库全书》，《商务印书馆九十五年》，第147页。

③ 张树年：《张元济往事》，东方出版社2015年版，第158页。

④ 张树年：《张元济往事》，东方出版社2015年版，第166页。

书式如《四部丛刊》，以保原来面目，且可定价低廉（《续古逸丛书》式不适用）。选择时宗旨不在玩赏，而在流传材料，不多注意版本，多注意重实用，销路当可超过《四部丛刊》之上。兼以公家所藏，名声较大，故宫之菁华（观海堂所藏包括在内），北平图书馆之秘籍，未尝不可号召，在日本及西士尤动听闻。此事就事业论，就生意经论，皆有意思。果此事有先生与子民师之提倡，斯年自当效奔走之劳。至于各处之出其所藏，斯年可保其必成功也，便中幸先生详计之为感。群碧楼书及史语所所藏，如有需用之处，自当奉借。①

傅斯年用他的远见卓识，建议张元济将北平各国立机关，如故宫、北平图书馆、北大、历史语言研究所所藏之善本书，擘画了一套继承和发展《四部丛刊》的大型文化工程——《国藏善本丛书》，希望张元济以己之长来实施之。这是又一个庞大的出版计划。这样的计划，自然最能打动张元济的心思，因为刊印善本古籍，一直是他的志业。十几年来，为《四部丛刊》刊行，虽得南北公私之助，却困难重重，遗憾甚多。《四部丛刊》前三编中的重大缺憾就是北方公藏及名家藏本（傅增湘所藏除外），罕有择入。今傅斯年诸公能举天府之秘，献名家之珍，自然欣喜不已。对于傅斯年的运作能力和学界号召力，张元济也是十分认同的。而且当时还有一个重要机缘，继 1933 年 2 月故宫古物南迁到南京后转运至上海，1935 年底至 1936 年初，北平图书馆重要珍品也运存于上海租界。

① 《张元济全集》第 3 卷，商务印书馆 2007 年版，第 270 页。

张元济对傅斯年的建议极为重视，当即去信表示感谢，尤表示“国立机关所藏，善本流通行世，极所欣愿”，并解释过去他因故宫及北平图书馆索酬较重未能如愿[①]，现在傅斯年愿鼎力促成此事，并愿以史语所所藏“为之先导”，自当欣然。

1936 年春天，傅斯年实际主持中央研究院工作。中央研究院也近在南京，张元济深知其利，立刻复信傅斯年道：“国立机关所藏书善本流通行世，极所欣愿，书目编成，尚祈示阅，尤深企盼。”[②] 老友傅增湘也一如既往地支持张元济，为编辑此书，他曾集中袁同礼、徐森玉、张庾楼、赵万里一起确定目录。计划九月底出 100 册。为此，张元济把正在推进的《四部丛刊》四编工作搁置起来，就是利用天时地利人和，毕其功于一役。

1937 年初，《国藏善本丛书》计划正式启动。张元济曾亲自赴南京“检阅版本”，为时三天。期间除拜客访友外，绝大部分时间均在南京的故宫博物院书库和中央研究院史语所图书馆检阅藏书。期间还专题讨论了国藏善本事项。

《国藏善本丛书》出版工作，张元济交付给王云五。傅斯年和王云五联手，很快进入选本编目工作。王云五正忙着《中国文化史丛书》，具体出版工作则由胡文楷负责编辑，丁英桂负责制版印刷。在多方支持下，6 月，《国藏善本丛书》第一辑 40 种书目确定，当月底，已基本完成了各书提要。工作之神速，如老吏断狱，干净利落，何曾想到这是一位年过七旬的老人呀！

① 周武：《张元济与傅斯年往来书信的发现与研究》，《档案与史学》1999 年第 2 期，第 71—72 页。

② 《张元济全集》第 3 卷，商务印书馆 2007 年版，第 271 页。

选目确定后，在傅增湘的协调下，故宫、北平图书馆都迅速行动起来。商务陆续收到了《宋史全文通鉴》、《龙虎山志》、《国朝诸臣奏议》（北平图书馆）、《皇明经世文编》（北大）、《历代名臣奏议》（中研院）、《尚书注疏》、《周礼注疏》、《玉海》、《山海经》（故宫）。于是，张元济已决定先印行《国藏善本丛书》，将基本编完的《四部丛刊》四编暂时搁置起来。他们还亲拟或审定了《景印国藏善本丛刊缘起》，其中亦称“《四部丛刊》，至于三续未已”，他是心系两美，无非调整步骤出版。

《国藏善本丛书》发起人阵容强大[①]，计划也十分庞大，达千册，近七万余页，但出版规模计划并不大，第一辑仅 50 种，1000 册[②]。为什么张元济如此重视，甚至把《四部丛刊》四编延缓不出呢？“闻《四部丛刊》四编或不复付印，极觉可惜。”[③] 这当然是一个值得探究的问题。傅斯年的构想和能支配的资源，自然让张元济动心。如果真如傅斯年所规划，不仅可以公布、刊传又一大批善本，与《四部丛刊》也并不矛盾，且更具实用性。《四部丛刊》续事，张元济并无心碍。

不久，八一三事变爆发，商务不得不战略大转移。其后，进入八年苦斗。《国藏善本丛书》虽发行了样张及目录，也撰写好了提要，但战争的扫荡，把这一刚刚启动的文化工程扼杀了。从此，商务再也没有条件、实力实施大型古籍出版工程。傅增湘也只有对老友感叹：

---

① 《国藏善本丛书》发起人：任鸿隽、江翰、朱希祖、李煜瀛、李宗侗、李四光、沈兼士、易培基、周诒春、周作民、马鉴、马叙伦、胡适、容庚、陈寅恪、陈垣、傅斯年、傅增湘、张继、张元济、张星烺、杨铨、叶恭绰、福开森、刘复、蔡元培、谈荔孙、蒋梦麟、罗家伦、袁同礼。

② 《张元济全集》第 10 卷，商务印书馆 2010 年版，第 288 页。

③ 《张元济全集》第 3 卷，商务印书馆 2007 年版，第 270 页。

“《国藏丛书》大可作罢”，“《国藏丛书》自宜缓矣。”

（2）

再说《四部丛刊》四编工作，此事张元济早已着手，应在他《续编》、《三编》工作之后将依次展开，目录也已拟就，自然分发给各位老友，如张元济向瞿凤起去信寄去拟订了《四部丛刊》四编的书目说：“尚有待印目录，备再续者，其中吾家亦有十余种。”1937 年 2 月，张元济也致函刘承幹：“承询《四部丛刊》四编，今岁仍当续出。惟发售预约时间，现尚未定，一俟书目编成，即当呈政。”[①] 拟借《五代史阙文》、《五代史补》、《大唐创业起居注》、《册府元龟》、《天盖楼诗抄》等。[②] 显然，也是为刊印《四编》作准备。期间因赶出《百衲本二十四史》，《续编》、《三编》销售不佳，也是《四编》没有正式编定的内在原因。《国藏善本丛刊》工作的加入，也带给他更多的资源和信息，如执掌北京图书馆的版本专家赵万里告诉张元济：“瞿目有汲古阁抄张小山《北曲联乐府》，似出元本，甚属罕见，可否影入《四部丛刊》四编，以广其传。”以张与瞿家关系交好而得赵万里之提示，张元济自然欣喜不已，他即致信赵万里：“承示瞿氏所藏《北曲联乐府》甚属罕见，尊当与书主商假印入《四部丛刊》四编，惟拟先行《国藏善本丛刊》，恐须稍迟。”[③] 朱文钧也出借了元本《吴渊颖集》，计划安排在四编之中。[④] 二、三编拟收而没有来得及收的，

① 《张元济全集》第 1 卷，商务印书馆 2007 年版，第 456 页。

② 柳和城《四部丛刊未刊书考略》有 132 种，《济南大学学报（社会科学版）》，2009 年第 6 期。

③ 《张元济全集》第 2 卷，商务印书馆 2007 年版，第 533 页。

④ 参见《张元济全集》第 1 卷，商务印书馆 2007 年版，第 338 页。

他期待安排在四编之中，他依然沿袭《续编》、《三编》之例，传承孤本巨帙，如《国榷》，他曾与傅增湘商榷："抽去《新元史》，拟补入查伊璜之《罪惟录》、谈孺木（迁）之《国榷》。此二者皆为人间未见之书，且二人皆吾乡先进，于弟亦有应尽之责。未审卓见以为何如？"① 因《国榷》一书多有缺卷，有的还被藏家故意涂抹，还有书贾割裂，错乱者有之，张元济将此事委托张宗祥悉心校理，提供浙江省图书馆所藏丁氏八千卷楼本、海宁蒋氏衍芬草堂本、卢氏抱经楼本诸本供其比校，此书终于俾复旧观，张宗祥最终经厘定为一百零八卷，而且已校定可读，但时非旧时，书刊有期，八一三事变爆发，商务再遭劫难，《四编》计划流产，《国榷》一稿一直搁置，出版之事竟延宕了二十多年，直到 1955 年，商务拟印此书，张宗祥才重拾旧业，并补校新得版本，以排印本方式问世，1959 年出版，成为商务新中国成立后最主要的古籍出版物。可惜的是，出版时张元济已经过世。②

《国藏善本丛书》多由国内权威编定，"四编"则全赖他与馆内人士，幸喜丁英桂、胡文楷等馆内专家均是行家里手。1937 年 3 月 6 日他指示丁英桂："《衲史》已完，传真遂闲。《丛刊》备用之书，如《契丹国志》、《名臣碑传琬琰集》、《诸儒鸣道集》、《玉堂类稿》、《周益公文集》，照存底本可作传真者，乞检出发下一两种(此外或尚有他书)，以便续制。"③ 其时《百衲本二十四史》之《宋史》、《明史》尚在最后

① 《张元济全集》第 3 卷，商务印书馆 2007 年版，第 399 页。

② 卢仁龙:《合刊抄本，共传四库——记张元济与张宗祥》，《天一阁论丛》第 11 辑，第 190 页。

③ 《张元济全集》第 1 卷，商务印书馆 2007 年版，第 96 页。

印制中，张元济已迫不及待着手《四部丛刊》四编的准备。

七七事变前一天，他指示丁英桂：“《四部丛刊》四编之书，如已查齐，乞即发下。”[①]8 月 7 日，又向丁索要“《丛刊四编》目排就即发下”。[②]但到了 8 月 10 日，又指示丁英桂：“已制传真之书备《丛刊四编》者，现在不印。”[③]无奈八一三事变爆发，陷于战区的商务制版厂匆匆撤至租界，古籍印行被迫中断！不过，张元济始终关注着已打成的底版和毛样的宋本古籍命运。他利用工厂重排机器的间隙，组织人员整理、清点。9 月 8 日，他告诉丁英桂：

> 《北礀诗集》宋本毛样是在敝处，昨已查得，可请勿念。《公羊单疏》毛样一本，又刘刻二本、阮刻注疏本四册，又校记一本，另附致姜佐禹兄一笺，请阅过饬人打存（交下备查），再送与佐兄。请其注意。属校《邵氏闻见录》或《周益公文集》，本馆均有藏本，但毛样只有一份（昨示库存毛样清单已收到），馆存本亦甚贵重，每一次以一本为限，校毕收回续发。[④]

从上述张元济致丁英桂信可以知道，当时保存下来的《四部丛刊》未刊书已摄底版、毛样，为数不少。1938 年，“孤岛”局势相对平静，商务恢复了古籍出版。张元济老矣，身边无人，四编、五编无法续出了。今天，我们仍然能见到他所拟草目。

---

① 《张元济全集》第 2 卷，商务印书馆 2007 年版，第 100 页。
② 《张元济全集》第 2 卷，商务印书馆 2007 年版，第 101 页。
③ 《张元济全集》第 2 卷，商务印书馆 2007 年版，第 101 页。
④ 《张元济全集》第 2 卷，商务印书馆 2007 年版，第 102 页。

《四部丛刊》“四编”作为张元济未竟的事业，据现存资料，可能辑入的有《契丹国志》、《名臣碑琬琰集》、《诸儒鸣道集》、《北曲联乐府》、《玉堂类稿》、《国朝名人事略》以及《国榷》和《册府元龟》两种大部头。《四部丛刊》前三编不仅未能穷尽涵芬楼之资源，也没有来得及聚合张元济二三十年代以来进一步知悉的收藏家资源，皆有不少属于“家传户诵”之善本，四、五编足够他取资择本，他当然希望赓事续作，而时代、环境、生命再没有给他这样的机会。尽管各方均尽努力，但还是没有战争逼近得迅速。1938 年，上海战事稍平后，关爱此事的傅增湘、瞿启甲均曾致信张元济，相询《四部丛刊》四编事可否继续为之。可见老人们对此事之用心。在文化的救亡传承中，一个七十多岁的老人，空有一腔热血，尽管不再需求海内外，只需付印发行就是了，但上海已沦陷，商务谋印万卷善本之事，终成绝响。新中国成立后，一部《古逸丛书三编》，完全是沿袭了张元济《续古逸丛书》的路子。几十年下来，也仅出几十种而已。

（3）

《册府元龟》也是他努力传承目标，这部多达 1000 卷的宋代著名大型类书。陆氏皕宋楼旧藏残宋本《册府元龟》流入东瀛后，国内只有零星残卷分藏数处。张元济也十分重视此书，1928 年他到日本访书时曾从日本静嘉堂文库摄回所藏全部 474 卷，委托傅增湘校订，编入《四部丛刊三编》“预备续出之书目”。1937 年 7 月，他致吴其昌信：“于《四部丛刊》四编应采之书多多指示。”“现正编定《四编》目录，前在日本照存宋刻《册府元龟》四百数十卷，嗣又在国内公私藏家影得百余卷，其阙者思以明抄本配入，然借到五、六部，每部抽校数卷，无一可用者。颇疑明代所抄三大书皆市贾射利之作。”[①] 其用力可知。遗憾的是，虽然傅增湘校书万卷中，对《册府元龟》尤其用心，但一直没有写定。1957 年，商务为纪念馆庆 60 周年，在郑振铎的推动下，准备印行《册府元龟》。张元济时已 91 岁高龄，且偏瘫卧床，闻之欣然，甚至提出要看毛样，后来因故未果。1959 年 8 月 20 日，张元济弥留之际，口中喃喃自语：“册，册……”其实是一心愿念于《册府元龟》的影印工作。[②]1989 年 1 月，中华书局终于出版了《册府元龟》张元济所摄宋本，补足了国内所藏 318 卷。

值得插叙的是，张元济因感《丛书集成》偏重排印，影印者也有所缩小难见古书风貌，于是他爱古传本之心又发，别择十种《元明善本丛书》，加以原式影印，并亲撰提要，赶在上海全部沦陷之前刊行，不仅于古书传承又下一城，又于商务业务开发得新机，体现了他“多印一书犹如多做一善事”的主张，传古之心，再次努力，古稀之年，或为一乐也。《元明善本丛书》的出版，成为上海撤退后的一项重要生产业务，也成为张元济从事大规模出版古籍的休止符。

① 《张元济全集》第 2 卷，商务印书馆 2007 年版，第 100 页。

② 胡文楷：《我与商务印书馆》，《商务印书馆九十五年》，商务印书馆 1992 年版，第 276 页。

第四章

文化传奇

——从绝境到绝响（1937—1949）

一、苦撑危局

张元济在生命的最后20年经历了更为巨大的曲折与苦难。从抗日战争、解放战争到新中国成立，国内局势前所未有的动荡。作为70老翁，张元济朋友凋零，痛失长孙，身遭骨折，上苍给了他长寿，时代却给了他灾难，然后他在苦难和煎熬中，依靠他顽强的毅力和为文化而存在的精神，完成了一桩桩伟业，结撰了一部部经典。人生不幸，却是文化出版之大幸！“人与草虫蜂旦暮，天留一老试艰难。”叶景葵的赠诗，写尽了张元济70岁以后的生命苦难的历程！

他跨入70岁门槛的这年，开局是幸福的。在动乱的1937年，《百衲本二十四史》的校勘、描润工作宣告竣工，《百衲本二十四史》终于写下了“后序”，张元济数十年夙愿得偿。另外，《四部丛刊》三编已经告竣，全书还出版了缩印精装本。数十年的努力与付出，经过两大工程得以展现世人面前，今朝，当然可以展眉一笑，老境可期，或为当时他的心情。

1937年初，王云五献上《张菊生先生七十岁生日纪念论文集》，这是文化学术界高规格的贺礼，张元济收下了。书前标明是胡适、蔡元培和王云五编辑，其实主要是王云五的努力。① 在此之前，学术文化界曾出版过《蔡元培孑民六十五岁生日纪念》，这次王云五以张元济为题，有意将这两位既是好朋友，又实力相当的文化人放在了同样的地位。王云五还奋力赶出首批《中国文化史丛书》，并标设为他70岁生日的纪念版。以书为寿，一惯避寿的张元济接受了。

更让张元济兴奋的是，王云五在董事会上报告，1936年，商务出版物占全国市场额52%，商务恢复股本500万提案。仅仅三年的复兴大业，他亲自参与，而且取得了意想不到的成功。不甘于一生只做出版的王云五，再动心思，趁机打算辞去担任近八年的总经理，以便功成身退，开拓自己新的人生。张元济再次躬身相劝尽力挽留之。最终，年近50的王云五听从张元济的劝说，打消了辞职的念头。当然，王云五之所以接受劝留，也是深知自己作为张元济身边的朋友，为商务有一份应尽的责任，而且东方图书馆还没有复兴，《丛书集成》也在继续运作中，他确也无法离身。彼此的情愫与商务

① 胡颂平编：《胡适之先生年谱长编初稿》中记载：“先生与蔡元培、王云五三人出名，有《征集张菊生先生七十生日纪念论文启》。但此启并非先生（胡适）所写。”

的纽带以及对出版的挚爱，让他们产生了不可分离，并一起走下去的信念与力量。

王云五决择一定，就迅速发力，以更大的气魄开始规划他的出版项目：发动全国学术文化力量，编撰《中国文化史丛书》，与《大学丛书》一起，构成现代学术高水平的双翼扛鼎之作，为高等学术文化树立起一个标杆，也为 20 多年来现代学术的发展作一次总结。

张元济看到劫后复兴的馆务及王云五让人怦然心动的规划，也感到前所未有的开心、顺心，他终于可以卸下一些馆务，开始腾出精力与时间整理自己的存稿——《涵芬楼烬余书录》。但他还没来得及纾稿濡笔，时局却轰然改变，国难正在迫近。

1937 年七七事变爆发，日本军国主义者悍然发动了蓄谋已久的全面侵华战争，在北平卢沟桥打响了第一枪，全面抗战从而拉开序幕，当月 29 日，北平沦陷。

8 月 13 日，日军大举攻击上海守军，淞沪会战爆发。战役持续了两月余，由于日军不断增援登陆，实行大规模迂回包围作战，国民党守军被迫撤退，11 月 11 日，上海宣告沦陷。商务在闸北及租界东区的工厂皆陷入战乱。在经历了八一三事变之后，刚刚恢复不久的商务再次陷入深重的灾难之中，从此，商务进入了一个极其艰难的历史时期。

7 月下旬，因获邀参加蒋介石召集的庐山会议，王云五知悉更多的大势，即国民政府决定资产西迁内地，实行全面抗战。王云五闻此，决定先行而动，庐山会议尚未结束，他即提前离开返程，以果敢作风和集权方式，一路沿途调整各分馆业务。待到上海已是 8 月上旬，战火已经打响，他便着手战略大转移与外迁。王云五“首将大政方针密商张菊老”特作如下安排：

> 第一步，将原有三个工厂迁至上海租界中区，以保安全，暂行维持工作，并对外宣布十月开工。同时着手将设于香港的工厂扩充，使相当规模之业务得以继续。最核心的安排是，三个月内在长沙设一工场，将出版重心转入内地……但不久因长沙大火，湘厂被毁，抢救出来的部分机器西迁重庆，又添购若干小机器，于重庆设厂。辗转播迁，商务印书馆总管理处先迁长沙，再迁香港。①

王云五的决策核心是管理机构和业务重心开始由上海转往内地。这对已深深地扎根于上海滩40年，资产、资源、员工几乎全在上海的商务来说，无异于又一场“灾难”。

张元济深感老矣，自然不敢轻离上海。早在1936年10月间，他在给侄子的信中说：“万一变生意外，我处重心在此，非至必不得已之时，亦难轻离。”② 战事爆发后，又觉得“此时家眷遽尔南行，未免近于张皇。我意非万不得已时，不宜轻动。”③ 此外，由于太平洋战争爆发前上海租界尚能苟安，更由于商务董事会及留守上海机构亦须维持，张元济也自忖。熟悉租界的生存法则，加上他本人的老成持重以及对时势观察的差异，不能不有所犹豫，但他还是和董事会成员一道支持王云五的战略大转移，自己则作为定海神针，以董事会的名义留

① 王云五：《商务印书馆与新教育年谱》，台湾商务印书馆1973年版，第639页。

② 《张元济全集》第2卷，商务印书馆2007年版，第345页。

③ 《张元济全集》第2卷，商务印书馆2007年版，第347页。

守上海，王云五以总管理处作为指挥实施机构，事实上也是决策机构，转战香港、长沙。

1937年，商务把上海的编译、印刷力量转移过去后，抗战前期，王云五常驻香港，开拓港地、南方业务，并于10月1日恢复出版新书。上海的业务和产业就由李宣龚与夏鹏主持，张元济仍厕身其中，努力维持之。张元济不得不放下了刚刚动笔的《涵芬楼烬余书录》，受朋友之托，全力以赴完成《宝礼堂宋本书录》。

由于王云五的远离，张元济只有披挂上阵，再次为维持馆务而费尽艰辛。从七七事变全面抗战开始，到1945年8月15日抗战胜利，这段时间，张元济在上海孤岛坚守苦撑，与时在香港或重庆的王云五只有依靠书信来往。王云五作为总管理处负责人，从生产、运作上始终向董事会负责，沟通无碍。如今，再次面对灾难，王云五勇往直前，他心中知道，张元济会全力支持、欣赏甚至依赖他，所以他无须多虑，拼尽全力即可。

但是年底，上海几乎没有出路，库存高企，生产几停，只有节省一途。1938年12月上旬，夏鹏即向张元济提出请假准备出洋，董事会通过之后，由鲍庆林代理经理，夏鹏从此离开他父亲创业并为之献身、同人又对他寄予厚望的商务。1939年底，李宣龚多次坚辞经理，张元济、王云五一再挽留，终允继任其劳。

在许许多多困难向近半个世纪的老企业压过来的时候，张元济、王云五以及多位董事、职工还是尽力顶住压力，在隙缝中寻求生存的机遇。他们想了一些适应现实环境的措施，甚或试探有实现可能性的拓展方向。总管理处驻上海办事处分为三组：一组为《辞源》增订组。二组为《清代人名大辞书》组。三组为《丛书集成》组。三组实质工作均是整理古籍为主，一则因为留守之人多是年老旧人，一则整理古籍较不易受日人的干涉，且有工可做，不致受到日人的征调做其文化之打手。[①]于是张元济决定以修订《辞源》的业务留住老人，加大《元明善本丛书》出版以增业务，保齐工人生计。王云五通过在内地分设小厂，以工代赈，并通过南方业务补充上海，支付股息以维持生计，同舟共济，勇往向前。

抗战爆发后，商务总馆以及各地分支机构也遭到不少损失，但比起 1932 年的“一·二八”之难，尚堪称幸。但此时的商务，上海只有老弱病残固守，张元济、李宣龚均困于孤岛之中，处境十分艰难，张元济和董事会成员忧心忡忡。在战乱中，书出版了销不出去，这是商务面临最紧要的问题。上海总馆势不能不收缩。但大转移时，上海方面因不愿意转移或无法安排的人达千人，在此情况下，张元济认为：“欲维持公司之生命，开源非易，唯有节流而已。盖此后情形，全国人民及本公司均非穷干苦干不可，目前公司尚有微力，若不及早绸缪，待至消耗已甚之时，再图挽救，恐已无及。公司能早日节省一分，即可多一息之生存，亦即可维持同人一息之职务。元济亦知同人薪水被减，已大为难，然过此以往，欲图生存，唯有节衣缩食之一策。”[②]在张元济提议下，电灯、电话、包车费均力行裁减。

除了大环境的险恶，馆内也不太平。虽然“八一三”后王云五承诺不解雇职工，但上海业务的收缩已经无法维持正常有序的运

① 杨荫深：《在商务印书馆的十八年》，《商务印书馆九十年》，商务印书馆 1987 年版，第 396 页。

② 张人凤、柳和城编：《张元济年谱长编》（下册），上海交通大学出版社 2011 年版，第 1164 页。

作，职工时时处于失业的威胁之下，生活自然越来越艰难。他们纷纷要求馆方立即建厂复工，互助会和同人会两个组织也于此时先后出现。其间，上海留守人士也不时发生工潮，虽多针对王云五，但往往只有李宣龚出面，因王根本就不在上海，可见其所付出的艰辛。

1941年的夏天，多病的李宣龚撑不住了，上海的业务也一落千丈。虽然年届65，早已过了张元济与高梦旦当初设定的退休年龄，但李宣龚提及退休之事，张元济还是只同意“给予长假，俾资休养”，可见张元济对他的依靠。

12月，太平洋战争爆发，日军进占上海租界和香港，商务在沪、港两地资产又遭到一次洗劫。王云五其时正在重庆，他不顾在香港的家人安危，毅然决定不返回香港，在重庆设立总管理处。此后沪、渝两地通讯断绝。在上海的商务机构已完全处于绝境，其凄惨景象，令人黯然。

随着战局的恶化，商务和张元济本人的境遇也每况愈下，进入一个极为艰难的时期。

王云五曾这样回忆道：

> 上海的后方，赖菊老于不屈不挠之下，维持同仁生计与残余资产，我辗转派人返上海提供我对于沦陷地区保持大义之指示原则，亦获菊老全部赞同与接受，迄于抗战胜利时，幸能保持大节，得与我在重庆所发展之声誉相配合。①

① 王云五：《岫庐八十自述》，台湾商务印书馆1966年版，第344页。

二、文化风骨

（一）出版《中华民族的人格》

1937 年 5 月，战争已山雨欲来，张元济出人意料地编写了《中华民族的人格》一书。此书虽是他整理《百衲本二十四史》时，摘录史汉人物故事编译而成，却是感于时事而作，所以内容都是他从《史记》、《左传》、《战国策》等典籍中撷取的人物故事，其中有“士为知己者死”的聂政、刺秦王而亡的荆轲、仗义而死的樊於期、复仇而死的高渐离、知“耻”而死的田横等。所择故事的主人公的结局都是“死”，但表达的是“忠、孝、节、义”，突出的是“人格”。

这部公开出版发行，并署名为张元济的著作，是一位 70 多岁的老人撰写的几万字的通俗小册子，充分体现了张元济对人格的追求与呼唤。他在书中说：

> 我现在举出这十几位，他们的境遇不同，地位不同，举动也不同，但是都能够表现出一种至高无上的人格。有的是为尽职，有的是为知耻，有的是为报恩，有的是为复仇，归根结果，都做到杀身成仁。孟夫子说是大丈夫，孔圣人说是志士仁人，一个个都毫无愧色，这些人都生在二千多年以前，可见得我中华民族本来的人格是很高尚的。

一个从不轻言著述的人，一个手中积稿无数的老人，为何在这个时候以最浅近的语言写出这样的小册子呢？其实这与他当年编纂《修身教科书》，提倡人格养成是一脉相承的，是他对传统文化精神的呼唤，也是面对山雨欲来的社会的一次震醒，“只要谨守着我们先民的榜样，保全着我们固有的精神，我中华民族不怕没有复兴的一日。”

张元济编写此书的目的，就是要再现那些义士身上所体现出来的杀身成仁、顶天立地的人格。在国难当头、民族危亡之际，在张元济看来，人格就是潜藏于历史最底层的民族生命力的所在，就是摆脱和超越民族灾难的精神原动力，一个民族要在灾难中走向复兴，必然有赖于这种人格力量的支撑。

《中华民族的人格》1937 年 5 月面世,7 月即得以再版，抗战期间，王云五又安排在长沙、重庆多次印刷。该书显然产生了极大的反响，这使张元济感到慰藉。1945 年抗日战争胜利后，张元济为是书再作题辞:“孔子曰杀身成仁，所谓仁者，即人格也，生命可掷而人格不可失。圣训昭垂，愿吾国人守之毋?”1947 年，将该书被朱经农编入《新中学生文库》而广为发行。《中华民族的人格》一书共印行了六版。

70 年来，由于亲身经历民族的苦难，他越来越关心时事，甚至大声疾呼，一改昔日之沉默。1937 年 7 月 5 日，张元济致《大公报》函上，发出怒吼指摘官僚的腐败：

> 敬启者，近日政府撤查投机一案，独贵报著为评论。义正词严，钦佩无极。国家财政穷困，人民日被剥削，几无生路。若辈把持政局，贪污至此，可谓全无心肝。吴、盛亦不过窃钩之徒。民众若不严与监督，结果可以想见。闻诸银行家言，法院果肯持正，将所有各项支票逐一根究，必可得其主名。敢请贵社将此层

明白揭破，使法院不敢含糊了事，各银行亦不敢代为隐藏，或者贪吏伏法，政局澄清，国家前途庶犹有望。贵报为民喉舌，责无旁贷，敢贡愚诚，伏祈垂詧。

二十六年七月五日[①]

张元济暮年“为拯国危频发愤”，针砭时弊，得到各界的热烈回应，老友蔡元培特将张元济此举与编著《中华民族的人格》一书结合观察：

《大公报》上载张菊生函，勉以彻查纱布投机事。此老久不干涉政治问题，近渐渐热心。苏州法院审沈钧儒七人案，张君特赴苏旁听，亦其一端。商务近印其所著《中华民族的人格》一书，亦其热情所寄也。[②]

所谓“沈钧儒七人案”，即1936年11月23日，“救国会七君子”（沈钧儒、章乃器、邹韬奋、李公朴、沙千里、史良、王造时）因主张抗日救国被国民党当局以“危害民国”罪而受审一案。就争救国无罪与民族人格而言，张元济是认同“七君子”的，他曾专程去吴县横街看守所探监。

1940年3月26日，张元济重印《中华民族的人格》，也是给他的旧识、如今分道扬镳的汉奸汪精卫一点警示。另特给远在美国的胡适寄书并写信说：“弟于三年前辑有《中华民族的人格》一书，不知

① 《张元济全集》第3卷，商务印书馆2007年版，第578页。

② 张人凤、柳和城编：《张元济年谱长编》，上海交通大学出版社2011年版，第1062—1063页。

先生曾见及否？兹姑寄呈一册。乞赐小序，当俟再版时录入简端，借以增重。”[①] 接信不久，胡适在华盛顿为《中华民族的人格》写序：“张元济先生爱国忧国的深心，是我最佩服的。我也相信‘榜样’的功效远过于空言。”“我颇希望张元济先生在这些古代故事之外，另选一些汉以后的中国模范人物的故事；时代比较近些，使读者感觉更真实，更亲切；事迹不限于杀身、报仇，要注意一些有风骨，有肩膀，挑得起天下国家重担子的人物。”[②]

从抗日战争爆发之日起，张元济就开始密切关注着时局的变化，并以古稀之年积极投入了抗日斗争。他组织发起了“孤岛星期聚餐会”，与来自文化界、实业界、外交界等社会各界名流一起座谈时事，讨论战局，交换各自所知所闻之日寇暴行、我军民浴血抗敌的英雄气概，以及政府抗战的态度等。

抗战期间，作为商务的董事长，张元济蛰居上海孤岛，拒绝与日本人和汪伪政府任何形式的合作。一方面，他主持的商务董事会坚决不在汪伪政权下注册，为了防止汪伪势力渗透，甚至停止了股东年会。另一方面，他在贫病交加中以廉直之操“鬻书为活”，“苦持待晓”。这足以展现一个大文化人的那种“至高无上的人格”，以及这种人格所具有的穿越时空的力量。

正因为他有如此的人格和操守，所以抗战八年，他在艰难困苦中，知行合一，践行了他自己所倡导的文化人格，并承担着他所无法承担的责任和使命。

---

① 《张元济全集》第 2 卷，商务印书馆 2007 年版，第 552—553 页。

② 傅安明：《一篇从未发表过的胡适遗稿 · 纪念适之先生逝世廿五周年》，《胡适与他的朋友》第二集，第 184 页。

（二）售藏书与鬻字谋生

战争让中华大地陷入灾难，全面的抗战必然将战争引向更长的周期，日本攻下上海。

上海沦陷为“孤岛”后，商务的经营及上海的市况每日俱下，与大后方的王云五也隔绝了。其实在此之前张元济的生活早已陷于困顿，所以他只好变卖家中收藏以渡难关。1939 年初，张元济卖掉了居住了 20 多年的极司菲尔路的老宅，租住到霞飞路上方花园。这对于一个 70 多岁的老人来说，不能不说是件极为痛心的事。接着因生病住院，他只好登报“鬻字”。年底又大病住院几个月，经济甚窘。恶性通货膨胀加上大病所耗去的庞大医药费，张元济此间的生活更加困难了。

他本来是买书的人，现在也开始出售藏书，可以想象他心中其悲何如。如郑振铎在一封信中说：“菊老病后需款，其宋本《荀子》已交来，谈妥价值洋四千元。”这是他第一次售书。1941 年 5 月，张元济又出让唐写本《文选》、宋写本《太宗实录》以及宋刻本《山谷琴趣外编》、《醉翁琴趣外编》和《王荆文公诗注》元刊本，这五种书，为张元济得款 2600 元，1941 年，张元济先后售予文献保存同志会多种珍藏善本古籍，共得款 36000 元。然而这也是杯水车薪，张元济早已不从商务里支薪，有限的股息又因战争而多年未发，唯一所得是董事会开会的车马费，但这无法解决其沉痼的经济问题，不得已，只有接续售书，别无进项。1942 年，在为馆方筹措财源因为与傅增湘商量售书一事时，他亦曾请托玉成私人售书之愿，其谓：“弟私藏弘治本《宛陵集》，欲得联银千番，不过易米六、七石耳。兄能为我玉成否?”①

1942年，日军占领租界后，物价日昂，张元济生计日绌，但典当有尽时，所以他听取了朋友的建议，开始了“鬻字”的生活。张元济首先致定润格，并函请友人代为招徕写件，南方托顾廷龙为之介绍“苏垣之笺扇店”，②北方则由孙乾三接洽梦花室、文渊阁、九芝堂等店代理，③另外再函请商务各地分馆分发润例和代收写件。由于他的“太史”“翰林”的盛名，一时写件纷来，聊补医药费。

售书不足，他又开始出售所藏古物。9月4日，张元济致书顾廷龙：“迩来生计日艰，思效东坡之在海南，尽货酒器，以资衣食。弟藏有明万历、清顺治（此两种真赝未敢决定）、嘉庆及同光间之旧墨，亟思售去。因思令亲湖帆世兄驰誉丹青，当有需用之处。市上所售多用洋灰，色泽欠佳，必不能合名家之选。拟请于晤面时代为探问。如须购用，当以样品送请鉴定，乞勿道及为敝处所托。如不需此，尽可拒却也。”④这是委托顾廷龙向自己的好朋友、上海著名书画家吴湖帆出售家藏古墨的请函，其艰苦之状无法想象。

1945年，已是抗日战争第八个年头。沪上物价飞涨，有岌岌不可终日之势，人人均不知命在何时。商务是“难以复兴”了，张元济个人的生计也再次陷入了困顿。从1946年8月起，张元济不得不重新“开始卖字”，并在1947年1月两次提高卖字的润例。即便如此，

① 《张元济全集》第3卷，商务印书馆2007年版，第417页。

② 《张元济全集》第3卷，商务印书馆2007年版，第43页。

③ 张元济致孙乾三书云：“上海百物昂贵，生计大难。弟今岁起以鬻书度日。闻友人言，津门商界中人，寄件来上海托书者亦颇不少，兹另寄润格十纸，能否转托当地笺扇店代为招徕。”《张元济全集》第3卷，商务印书馆2007年版，第47页。

④ 《张元济全集》第3卷，商务印书馆2007年版，第47页。

也抵不过直线上升的生活必需品价格，常常入不敷出。据其子张树年的回忆："父亲在大圆桌上，站着写对联、堂幅、屏条；小件如厨面、册页则坐着在书桌写。曾写过几堂寿屏，每堂八幅，一般用泥金或大红洒金纸，昼好方格，费时伤目。""费时伤目"道尽了张元济鬻字的辛劳，其辛苦所得又常常因为币值日落而仿如泥牛入海。随着物价的飞涨，润例一再增加，直到抗战结束前，张元济制定的润例共加价四次，足见日子愈来愈难过了。张元济有诗说得不错："更阅一二三十载，事难思议尤纷纷。天地为炉万物铜，朝夕煎炼何艰辛。"①

在沦陷区，张元济往昔的友人，如汤尔和、董康在北方出任了日伪的职务，温宗尧、陈锦涛在南京下水，分任南京汪伪政权的立法院长和财政部长，而出任伪行政院长的汪精卫，张元济曾与其有交谊，但是汪精卫作了汉奸。1941 年，汪特意将其与陈璧君合撰的《双照楼诗集》，托人带上海赠予张元济，并嘱其复函，张没有理睬。张元济鬻字谋活之时，汪曾匿名致厚酬以相助，张元济知道坚拒不受。

1942 年初，正是日伪统治更为严酷的时候，上海出版业皆被封闭，人心惶惶。在张元济看来，"情形日趋窘迫"，已想到"迫不得已时，拟将涵芬藏本售出若干，以解燃眉之急。"不过，处境虽难，张元济却绝不与日伪方面打交道，据他儿子张树年回忆，当时，"两名日军军官驱车抵先生寓所，送上名片求见。先生拒不晤见，挥毫书曰'两国交战，不便接谈'八字。"②

张元济始终坚守贫贱不能移的原则，不因环境的艰苦而有所移志。还有一件事，更足以说明其同仇敌忾的脾性。1945 年 7 月，汉

① 《张元济全集》第 4 卷，商务印书馆 2008 年版，第 116 页。

② 张树年：《张元济往事》，东方出版社 2015 年版，第 185 页。

奸傅式悦暗托夏敬观送来一幅画卷，请他在画卷上题写引首“菉竹轩联吟图”，上款“筑隐先生、菉君夫人”字样，并支付了一张面额11万元的支票。张元济觉得事有蹊跷，经查后发现支票上盖有傅式悦的图章印记。张元济极为光火，旋即将图卷、支票原封退回，直称：“是君为浙江省长，祸浙甚深，即寒家宗祠亦毁于其所委门徒县长，以是未敢从命。”① 民族气节与对政治的警觉，使张元济即使需财若渴，也仍然清贫自守。

生活的苦难也许可以坚守，唯有亲友的丧离痛不可持。在承平时，八旬老翁时遭丧痛亦本常事，但张元济此时最难承受的便是这份伤痛，然而却一件一件地袭来。1943 年 7 月张元济的老友伍光建、北平分馆经理孙壮相继去世都让他陷入难以自持的无奈之中，只有无尽的感慨，“最痛知交零落尽，相将携手赴泉台”，然而处此晦暗时节，也只有勉自排抑：“天既生才胡不用，士唯有品乃能贫。”②

三、文化大救亡

生命的坚守有时是多么艰难的一件事，八年全面抗战及胜利后五年，张元济的苦熬非常人所能坚守，然而他不仅坚守，正以秉烛余光，垒成了一件又一件文化奇观。

张元济的生命已属于文化，他的存在时光就是文化传承的系缆绳，他的用心用力就是文化的存续。所在“孤岛”八年，张元济仍

① 张树年：《张元济往事》，东方出版社 2015 年版，第 184 页。

② 《张元济全集》第 4 卷，商务印书馆 2008 年版，第 114 页。

为文化的保存尽其心力，勇传文献，贡献非凡。有几件大事值得叙述。

（一）出版《孤本元明杂剧》

《孤本元明杂剧》是张元济晚年得郑振铎、王季烈之助，各谋其力，奇迹般地在太平洋战争爆发前出版的绝世珍宝。

1938年5月底至6月初数日间，傅增湘连续致信、致电张元济，告之听闻常熟丁祖荫秘藏《脉望馆钞校本古今杂剧》64册绝世国宝在苏州现世。[①] 此书原为明代赵琦美的“脉望馆”所有，后入钱谦益之“绛云楼”，又历经钱曾、季振宜、何煌、顾珊、黄丕烈、汪士钟、赵宗建等辗转递藏，清末民初，丁祖荫从赵宗建的“旧山楼”得之，并秘藏于“缃素楼”30年，不为外界所知。是故，傅增湘听闻此珍本现世，亟托张元济代为商购，“务以必得为幸”。对于视珍本异书为生命的张元济自然不会轻掷，他不顾年迈病躯，6月9日即出发，到苏州一探秘本。

巧的是，大约张元济得傅信20天前，即1938年5月初，收藏家陈乃乾也告诉同样困在上海的郑振铎关于此书散出的消息。[②] 郑闻此讯后，即刻寻访，但还是晚了一步，已为消息至灵的书商孙伯渊、唐

① 明人赵琦美的钞校本，“脉望馆”为其室名，亦自署“清常道人”。约在天启、崇祯之间，书散出后归钱谦益。钱谦益又将清常道人钞校本的书全部赠给了钱曾（遵王），所以古今杂剧也被收于“也是园书目”。《脉望馆钞校本古今杂剧》242种是一个元明杂剧的宝库。比明人臧晋叔编《元曲选》多出一倍半。

② 郑振铎早已关注此书，1929年，他避难归国后，曾读到丁祖荫所撰《黄尧圃藏书题跋续记》。丁氏过世后，藏书被看守的仆人偷出，流散于书市，无从寻访。

虞庚捷足先登了。

郑振铎知道书贾如居奇，无非求利，如此巨献，非巨资难以购下，他自己也无力购入，因此萌发了为国家而购书的想法。于是，他分别电告北平图书馆馆长袁同礼和教育部，终于得到时在教育部任职的朋友也是戏曲专家卢冀野支持，同意以 3000 元购下。这样价格对他来讲已不放在首位，他关心的是攻下此城，完璧所得。他太想得到此书了，求索十年，怎能失之交臂。当他找到孙伯渊后，孙向郑振铎要定金 1000 银圆，郑振铎答应第二天就凑钱去。当郑振铎拿了 1000 元钱去买某书商处的 32 册时，又晚了一步，已被古玩商买去了。

他忧心忡忡电告在汉口的卢冀野和香港的袁同礼，教育部答应由郑议决后出资购下，绝处逢生的郑振铎和卖主讨价还价，终于以 9000 元成交。但卖主要求在十几天内交割，郑振铎最后承诺：20 天内全款付清，否则千元定金不用还了。

由于教育部款项没有及时汇到，最后经郑振铎活动，何炳松动用学校公款垫付给卖方。这样，这部 300 年来不为外人所知的戏曲精品，终得以归于公藏。

张元济此时对正在发生的事尚一无所知，但他知道这套奇书太重要了，又有老友相托，自然不能懈怠。张元济马上打听，很快知道书在著名收藏家潘博山手头。6 月 4 日，张赶到苏州玉海堂拜访潘博山后，只见到了此书的一半，即 32 册。潘博山是张元济的老友，其实也是这件事的真正幕后操纵者，尽管已收郑振铎的定金，但他不敢拂长者的面子，并没有告诉已与郑签约并收定金，只说了一个 3000 元的价格。商务没有巨款，张无力阻止。他对潘说：书一出国，此后恐不可复见，可否请留数日，将不见于《元曲选》中者，让商务印书馆拍照留作底本。回家后，张又写信给潘，以昭郑重。潘答应了张的要求，拍照制版，以供出版，但要付 1000 元费用。张元济迅速把开价告之傅增湘。

而此时此刻，郑振铎已经得手。经过郑振铎千辛万苦收罗“绝世之国宝”，《脉望馆钞校本古今杂剧》原书 64 册、242 个脚本，“几得而复失者再”。看到如此多的孤本，郑振铎希望能将之传世。郑振铎自然也很快知道张元济多日来也为此空忙一场，他买定书后，就立刻去信张元济商量出版事宜：“闻潘博山先生言，先生对于此书亦至为关切，知保存国宝，实人同此心，不知商务方面有影印此书之意否。”张元济虽感意外，但在出版上，两人不谋而合。而影印此书事，张、郑两位都不能决定：购书是教育部的款，物权自然是教育部的，不是郑振铎能做主的，故郑振铎一直与教育部交涉，希望能准许影印，化身千万，以防原书于万一。后来，在郑振铎的催促下，教育部答应出版，商务支付 1000 元版税和送书十部。由于王云五时在香港、武汉奔波，张元济多次联络，最终年底得到明确回复，王云五自然同意张的努力与主张。

但在出版时，郑振铎却反对用排版出版。作为纯书生和学者的郑振铎视《脉望馆钞校本古今杂剧》为生命，当然希望商务全套影印此书，以保证原貌。张元济对郑主张全套影印出版，十分慎重，由于此时商务处于困顿，更主要的还是坚持他一贯的严谨出版的方式，建议剔除《元曲选》已有的内容，把未刻、未传篇目整理面世，没必要把品质甚差的全部抄本原貌影印。郑振铎尊敬前辈，又对书反复研究，认可张元济“其中有通用本，可以撤出不印”的主张，整理工作按照张元济的计划进行，请王季烈做最后的总校工作，商务承担出版。张本人予以复校。

1939年初，王季烈住在大连。收到张元济信后，表示欣喜，并接受整理任务。最后确定了144种未见流传的孤本，书名定为《孤本元明杂剧》。整理工作过程中，王季烈正在病中，张元济安排姜佐禹、胡文楷作具体校勘，事务操作和排印由丁英桂负责，自己总其成。后来，王季烈因病手术，移居北平，在病中完成了整理和看校样、写提要等工作。其间，另一位小说戏曲专家孙楷弟曾专程从北平到上海借看照片，加以研究，对整理工作大有贡献。王季烈不愧为戏曲专家，手眼极高，张元济在捧读过《渑池会》、《东墙记》校本后，直称："精密整饬，钦佩无既。当交所派校员奉为圭臬。"①

1941年秋天，在张元济的积极组织下，精选《脉望馆钞校本古今杂剧》144种的《孤本元明杂剧》用排印、线装方式出版，共32册，终于抢在太平洋战争爆发前出版印成350部。沉埋数百年的民族瑰宝，在这烽火弥漫的岁月得以重见天日并整理出版。张元济特为此赋诗："人间法曲几消歇，百卷元明尚有书。点定千秋不朽业，吴兴而后是吴趋。"自注曰："《也是园元明杂剧》沉埋已久，忽发现于上海，涵芬楼假得原本，君为之选定二百四十种，亲自雠校，景印流通，臧氏《元曲选》后此为嗣响。书以人存，并堪寿世矣。"②

当时社会经济萧条，不敢多印，学人闻之，趋之若鹜，一销而空。该书的出版为商务窒息已久的出版印刷业务带来一丝生机，也为张王二老的病体带去了"良药"。

---

① 《张元济全集》第1卷，商务印书馆2007年版，第247页。

② 《张元济全集》第4卷，商务印书馆2008年版，第109页。

（二）代笔《宝礼堂宋本书录》

张元济代笔结撰《宝礼堂宋本书录》，在过去几十年一直罕为人所知或认可，直至《张元济全集》出版时正式收入，才最终确定为其所撰。

关于《宝礼堂宋本书录》，当年出版时署名潘宗周，因而曾引起过作者之争。其实这本是张元济手笔。旧时学者为官员、为藏家请托而代笔乃是惯例，如《粤雅堂丛书》署名伍崇曜，而捉刀者是谭莹；缪荃孙前后为张之洞编《书目问答》，为盛宣怀愚斋藏书，为刘承幹嘉业堂藏书编目，都是其例。实际上，张元济在《宝礼堂宋本书录》的序言中曾明言："余尝登宝礼之堂，纵观所藏，琳琅满目，如游群玉之府，簿而录之以诏来者。虽曰流略之绪馀，抑亦艺林之秉烛矣。"[①] 他是成书而循例不署名，意在传书并奖掖藏家，这种以文化公心而舍名的作法，完全符合张元济行事风格。

1939 年 9 月 4 日，他在致汪兆镛的信中说："贵同乡潘君明训，虽厕身阛阓，而耽嗜宋刻古籍，与弟谬托同好，属为代编书录，荏苒两年，始克蒇事。书成两月，而潘君忽而已下世。今寄呈一部，伏乞督存。其中必多纰缪，尚祈指教为幸。"[②] 见证过此书出版过程的郑振铎，1941 年在《宝礼堂宋本书目》题跋中写道："《书录》出张菊生先生手，甫印就，潘明训君即下世，其嗣君乃封存之，故传世绝罕。"[③] 同年 10 月 23 日，郑振铎致蒋复璁的信中又说："潘氏《书录》为菊

① 《张元济全集》第 7 卷，商务印书馆 2008 年版，第 109 页。

② 《张元济全集》第 3 卷，商务印书馆 2007 年版，第 155—156 页。

③ 《西谛书话 · 西谛题跋》，三联书店 1983 年版，第 615 页。

老手编，不可购得(潘氏封存不售)，故不能寄上。”① 由此可知，此书应该是潘氏托请张元济代笔，所以他自己也当作私作，还不时在张元济所拟稿中摇曳其笔，介绍收藏经过及与张元济讨论鉴藏之事，但他也并非“不著一字”，然而虽有掠美，究为雅学，值得分剖，不可视为潘宗周窃作。今日书名归主，亦为正论。当然，潘宗周虽嗜好宋版书，但其鉴别水平、版本目录学造诣是无法与张元济相比的，他不可能编出若此专业之作，否则《宝礼堂宋本书录》至少不会达到现在这样的学术价值。所以该书当为张元济所撰，但张元济在出版时仍署名潘宗周且无异辞，这是对潘氏传文献的表彰。

潘宗周，广东南海人，字明训，生于1867年，逝于1939年，曾充任上海英租界工部局总办。他中年始收书，专藏宋版，收获颇丰，一时号称藏书巨擘。其中得诸袁克文的南宋光宗绍熙三年的三山黄唐本《礼记正义》70卷，海内传为孤帙。潘宗周获此瑰宝，并同获南宋建安余仁仲刊《春秋公羊经传解诂》，因名之曰“宝礼堂”。

潘宗周素与张元济交厚，早在1918年，他们就相交，1920年，潘曾罕见地邀请张元济至其藏书楼“大观楼”一览秘藏宋本，他十分敬重张元济的为人，每有贾人挟书登门求售，辄就张元济“考其真赝，评其高下，苟为善本，重值勿吝。但非宋刻，则不屑措意。”② 潘宗周财力丰厚，张元济得见古本无力购买，亦叹“今有力者惟潘明训”，所以全力帮助之。20余年内，潘明训竟获宋本111种、元本6种，计1088册，自谓“综其所得，亦略与尧圃相埒”。潘宗周所收宋本，均储之于工部局保险柜，秘不示人，外间难得一见，

① 《文献》，2001年第4期。

② 《张元济全集》第8卷，商务印书馆2009年版，第12页。

但对张元济则完全不同，每书均请他过目。宝礼堂所收书，什九是张元济鉴别后才购进的，如果没有张元济的帮助，潘宗周宝礼堂就不会成为江南的著名藏书室，潘宗周也不会成为一个如此富厚的藏书家。

潘宗周与张元济久积书缘，今再请张元济代撰《书录》，一是传其本，二是扬其名。对此请托，张元济了然于胸，虽已是70岁的长者，而且自己已动手整理积稿——《涵芬楼烬余书录》，但他知道藏家书聚书散之必然，为此，替曾经用心之秘藏加以谱录，也是一种责任，于是，他把自己的著述再次搁置，动手代笔。由于每书皆曾鉴识，且以他在版本鉴别及古籍校勘上的造诣及对潘宗周藏书的特殊了解，撰写《宝礼堂宋本书录》也是易为之事。所以，张元济得以在一年中而且在事情繁多的情况下结撰完成并安排出版。

《宝礼堂宋本书录》著录潘宗周所藏宋元本典籍并加以解题。该书按经、史、子、集四部排列，共收宋版书111种，其中经部21种、史部26种、子部24种、集部40种，另附元本6种。每种均先作提要，考该书之流传、刊刻之授受、举其优劣，次载先贤题跋题识，再次述版式、刻工姓名避讳以及藏印。《宝礼堂宋本书录》明标“刻工姓名”一项，全面罗列刻工姓名，即使单字也不遗漏，这是旧来版本目录从未有过的体例，也是版本目录学上一个极有意义的发明，为当代讲版本学者所祖法，其他如“版式”“宋讳”“藏印”诸项也详细登录，这就使版本著录更细致、更清晰了。

《宝礼堂宋本书录》是一部超越前贤的版本学经典之作，固然依赖于潘氏所藏之丰厚，更得力于张元济数十年之阅历与学识。因此，张元济依托此书的撰述，条例版本鉴别之法，为后世讲版本者造一经典之作。无论就体例还是就考订来衡量，该《目录》都堪称典范的善本目录，在版本学史上具有不朽价值，当然这部善本书录也反映张元济在版本目录学上的卓越成就以及学术贡献。

（三）出版《校史随笔》

张元济极端重视《百衲本二十四史》的校勘工作，十数年间，所获异本奇书尤多，若觅幸得后无论片楮只卷，他都亟校录存。在他亲自领导下，最后写成校勘记百数十册。《百衲本二十四史》最终全部完成后，在傅增湘、李宣龚等人的催促下，商务在上海几乎停业的情况下，张元济仍归纳、条理，写成《校史随笔》，1938 年 9 月出版。

张元济《校史随笔》自序：

> 曩余读王光禄《十七史商榷》、钱宫詹《二十二史考异》，颇疑今本正史之不可信。会禁网既弛，异书时出，因发重校正史之愿。闻有旧本，辗转请托，就地摄影，影本既成，随读随校，有可疑者，辄录存之，每毕一史，即摘要以书于后。商务印书馆既覆印旧本行世，先后八载，中经兵燹，幸观厥成。余始终其事，与同人共成《校勘记》百数十册。文字烦冗，亟待整理，际兹世变，异日能续印否，殊未敢言。友人傅沅叔贻书，属先以诸史后跋别行，余重违其意。

他十分看重此书的编纂，在《校史随笔》中记载：

> 数月以来，重加检阅，觉后跋所遗材料尚属不少，略加整理，仿王鸣盛《十七史商榷》、赵翼《廿一史札记》之例，共成百数十条，十年心血，不无敝帚千金之意，以视近事名教授家草草抄撮欺人之作，似胜一筹。①

张元济在《校史随笔》中，特意强调是傅增湘催促其为之。正是在傅增湘的反复督促下，张元济才将校史成果归纳条理而成的数万字整理为《校史随笔》，这份成果当然要给对他帮助最大的老友欣赏，故特请傅增湘为此书作序。傅以亲见屡闻，记录了张元济校史及成书的艰辛：

> 当创议之初，或疑古本传世日稀，诸史颇难求备，且卷帙繁重，沿袭滋纷。造端既闳，杀青匪易。君独奋厉图维，引为己责。招延同志，驰书四出，又复舟车远迈，周历江海、大都，北上燕京，东抵日本，所至官私库藏，列肆冷摊，靡不恣意览阅。耳目闻见，籍记于册。海内故家，闻风景附，咸出箧藏，助成盛举。于是广罗众本，拔取殊尤。远者写仿以归，近者投瓻见假。而编排待定，端绪至纷。宋刻旧少完编，则另征残卷，秘籍也不再出，则取资覆刊。一史而同备数刻，必录其古者；无刻而兼用传钞，必选其精者。或合并异刻，乃完一书，或续获初镌，而弃前帙。凡此甄择之功，皆再三矜审而始定。今观《随笔》所载，凡一百六十四则，视原稿当不及十之一，而博识雅载，洪纤毕

① 《张元济全集》第9卷，商务印书馆2011年版，第712页。

举，凡所疑窒，悉为疏通证明，遇有舛讹，得以随文匡正，至于逸文、夺叶，亦皆援据众本，广采旁搜，期于信今而传后，其诣力所到，时与王、钱诸人之说相阐发，而精审且或过之。盖君所采获者，皆前人未见之书，故所论定者，多发千古未发之覆。①

傅增湘于《百衲本二十四史》，不仅共谋，而于校史，则与张元济同趣，所以能发张元济秘辛，亦可当史文。而所评，诚非过誉。

蔡元培曾致函张元济云："购得大著《校史随笔》，拜读一过，虽未及检各史对勘，而正讹补夺，厘然有当于心。若举百数十册之校勘记，次第整理印行，则吾哥博观精观之成绩，所以嘉惠学子者，益无限量，曷胜企盼。"② 直到1958年，他才将《校勘记》存稿厘定为定本20种75册，未定稿两种18册，留作参考者20种74册，一直存放在商务，后出借中华书局。1987年，商务百年大庆，才整理出版《百衲本二十四史校勘记》。遗憾的是，由于《校勘记》没有得到好的保护，仅存16种，佚亡了7种。③

张元济晚年校史，于校勘异本所获之多，迥异先贤与时人，得之则亟校录之，积稿盈筐，但他总是因事而忙，常常忘记个人著述，年迫70，才在老友督促下，亲自条理结撰《校史随笔》。这不仅是张元济学术代表作，竟然也是他个人学术著作的首刊，然其时已近70岁，出版则在1938年9月。关于《百衲本二十四史》校勘记，胡适是最

① 《张元济全集》第9卷，商务印书馆2011年版，第709—711页。

② 高平叔：《蔡元培年谱长编》（第四卷），人民教育出版社1998年版，第494页。

③ 王绍曾：《〈百衲本二十四史校勘记〉整理缘起》，《目录版本校勘学论集》，第802—811页。

早建议的人之一：

> 惟先生的校勘记，功力最勤，功用最大，千万不可不早日发刊。若能以每种校勘记附于每一史之后，则此书之功用可以增加不止百倍。盖普通学者很少能得殿本者，即有之亦很少能细细用此百衲本互校。校勘之学是专门事业，非人人所能为，专家以其所得嘉惠学者，则一人之功力可供无穷人之用，然后可望后来学者能超过校史的工作而作进一步的事业。①

如果说《宝礼堂宋本书录》是张元济关于版本学方面的经典之作，那《校史随笔》则是他对校勘学的巨大贡献，与得人之助而成的《涵芬楼烬余书目》、《涉园群书题跋集录》以及遗存的大量朋友函札，使之成为20世纪无可比肩的文献大家。这虽是他矢志专心出版的副产品，但这实证出在每个巨大工程的背后，其实是他深厚的学术支撑和广搜天下的艰难付出。所以真正的大出版家，必然是大学问家，没有广博专深的学问根基，不可能规划、创造、参与有着开创性、标志性价值和意义的大工程、大项目，更不可能成为标志性产品与后人景仰的文化符号。这也是张元济成为现代出版的顶峰式人物的内在因素。

（四）创建合众图书馆

为他人忙成为张元济的文化特征与道德品格。刚整理完《宝礼堂

① 张人凤、柳和城编：《张元济年谱长编》，上海交通大学出版社2011年版，第849页。

宋本书录》，尚未交付出版，上海已燃起战火。这时，他突然担心好友叶景葵的藏书，因为它们就在战火迫近之地。为了使叶景葵的藏品不毁于战乱，年逾七旬的张元济挺身而出，冒着危险急匆匆赶到邻近战区的沪西兆丰别墅——好友叶景葵藏书之所，而此时，叶景葵因兴业银行公事远在武汉。在隆隆炮火声中，张元济不怕牺牲，全力以赴进行鉴别、整理，工作持续了近三月，至 12 月 23 日鉴别完毕，图书获全。

叶景葵早在通艺学堂时曾追随张元济，后为银行家，但喜藏书，“尤笃好稿本、校本”，于版本鉴别造诣颇深，撰有《卷庵题跋》，“鉴别前人墨迹最精审”，他是张元济最好的朋友之一。

面对张元济的真诚帮助，“今于危险之下为其整理藏书，感激莫名，思忖所以”。叶景葵知道张元济想重振恢复东方图书馆的愿望，但时局已不允许，条件更不能，于是他首次向张元济表述：“今岁室人物故，私计不再购书，拟将难得之本，一为整比，捐入可以共信之图书馆。”① 这是叶捐建图书馆最早的萌发，尚没有完整具体明确的目标和计划。“敝藏书籍，承公鉴别，刻已全部保存，将来事定后，拟选择可以有保存之价值者，诸公再为鉴定，编一清目，想亦大雅所乐闻也”。② 还有一件事更加激发了叶景葵的决断：原来他的女婿陈仲勉也是银行家，曾任职杭州中国银行襄理，与他有同好，也爱收藏名人稿本、校本。他似乎得到传人，但不幸的是，抗战刚起，在躲战火避难途中，女婿全家三代连人带车落入水中，未获幸免。叶景葵晚年既赋悼亡，又添后代全部惨死之痛，深感物是人非，而他自己仍在战乱

① 沈津：《顾廷龙年谱》，上海古籍出版社 2004 年版，第 63 页。

② 沈津：《顾廷龙年谱》，上海古籍出版社 2004 年版，第 64 页。

中奔走业务，于钟情的收藏无暇顾及，念念所及，他终于萌发了捐书建馆以传典籍的设想。

叶之所以捐办合众图书馆，一则是自己兴趣所至，一则也是为了实现张元济的心愿，东方图书馆毁而未建，时势艰难，所藏之本处于风雨飘摇之中，危亡的时代能尽力的只有为其寻找栖居之所。

避免耗尽精力与财富搜罗的典籍被湮灭或流失国外是叶景葵的最后心愿。这一主张立刻点燃了张元济心中的火种，张元济见过太多的藏书家积聚一生、片刻散尽的悲剧，虽然他已有过几十万册积聚化为灰烬的惨痛，但承载着民族生命与智慧的文献必须保存传承下去，这是他的不二选择。所以他当然赞成其事，既为老友达成夙愿，更可延续张元济的东方图书馆之梦。

在又一次新的文化事业议定并开创之际，张元济已老矣。何人来坚守、主持这样的文化伟业，是他们这批文化老人考虑的核心问题。叶景葵、张元济把寻找主持图书馆理想人选的目光，一起投注到了时在北方的中青年学者顾廷龙身上。

1939年3月，叶景葵致信顾廷龙：

> “弟因鉴于古籍沦亡，国内公立图书馆基本薄弱，政潮暗淡，将来必致有图书而无馆，私人更无论，是以发愿建一合众图书馆，弟自捐财产十万，加募十万，又得租界中心地二亩，惟尚建筑基金，拟先租屋一所作筹备处。”①

---

① 沈津：《顾廷龙年谱》，上海古籍出版社2004年版，第82页。

顾廷龙（1904—1998 年），字起潜，江苏苏州人，早年就读于上海国民大学、持志大学，1931 年进入燕京大学研究院国文系。1932 年毕业，获文学硕士，旋即应燕大图书馆馆长洪业之邀，担任图书馆古籍采购工作和哈佛大学哈佛燕京图书馆驻北平采访处主任。叶数次致信相邀，让顾怦然心动，张元济的来函，更坚定了他南来的决心。于是，他放下了燕京图书馆履席丰厚的位置，毅然南下，与长者们开辟草莱，共创图书馆事业。

1939 年 5 月，张元济、叶景葵、陈陶遗共同发起，创建私立图书馆——合众图书馆，同时租定所在地。7 月 17 日，顾廷龙到馆，8 月正式成立，同时设立董事会，陈陶遗任董事长，张元济、叶景葵、陈叔通、李宣龚任董事。1946 年，张元济任董事长，顾廷龙为总干事，顾时年 36 岁。

为了早日办馆，他们立刻在法租界租馆筹建，后由叶景葵捐资建馆舍于长乐路 746 号。这也是近代以来有固定自有物业的首家私立图书馆。馆舍由陈叔通设计，经过三年的努力，而于 1941 年 9 月建成。1942 年底藏书移入并开馆。从租赁到筑馆，从整理私家捐献到采购图书，从服务高等学术研究到刊刻《合众图书馆丛书》，合众图书馆真正成了一方学术净土和文化空间，堪称上海“孤岛”时期建设并成长起来的一朵文化奇葩。作为合众图书馆的发起人和捐资者的叶景葵，则完全视此馆之建乃张元济之精神物化，所撰《涉园图咏题跋》中特叙其心迹：

菊翁搜罗文献，黾勉四十余年，既为涵芬楼收集全国图书，树立东方一馆之基础，不幸毁于兵祸。今更以一府一县一家之世宝公之于众，是给谏之精神传之菊翁，菊翁之精神传之公众。[①]

叶虽追溯张元济祖德，实则追随张元济之足迹而习染其精神，终于擎众人之力，筑成文化之基。

自从合众图书馆确定捐献之后，张元济心中一块石头落地了。“良以世间宝物，秘诸私室，总不及纳诸公家之能久存。”所以，“悉以归于合众图书馆，丐起潜为我护持，俾不至复有散失。”他还把存放在馆中的藏品，尤其是他个人的资料、信札、馆事日记，包括友人函札，均妥交合众图书馆。

在张元济的号召下，发起人捐藏不用说，十年间，合众图书馆最巨大的成就是劝募和接受了一大批品质高的名家捐献，如瞿兑之、蒋抑卮、叶恭绰、潘景郑、周志辅、顾颉刚、胡朴安等人的捐献。[②]至公私合营时，已多达 50 万册古籍，金石拓片 15000 多种，其余新书不在统计范围之内。这样的聚合文献，在中国图书馆建设史上从没有出现过，不仅真正保护了一位又一位藏书大家的珍藏，也使一大批寄托着文化幽光的学术文献得以生存于天壤之间，等待着后人的取资利用。

张元济对合众图书馆各家捐献很重视，顾廷龙很早就一边整理，一边计划着编写各家专藏书目。经过多年努力，虽然顺利完成了主要捐献者的捐书编目九种[③]，张元济为这些印本亲自题签和序跋。几乎

---

① 《卷盦书跋》，上海古籍出版社 2006 年版，第 107 页。

② 第一种即《张氏涉园书目》，其余八种为：《叶氏遐庵书目》、《叶氏卷盦书目》、《蒋氏凡将草堂书目》、《李氏硕果亭书目》、《胡氏朴学斋书目》、《顾颉刚书目》、《潘氏宝山楼书目》、《周志辅书目》。

③ 商务的元老蒋维乔，曾主持上海当时很具规模的鸿英图书馆，却把自己日记的手稿捐献给了合众图书馆。

所有的大宗捐献都完成了整理和编目工作，但是限于条件，当时只能油印，无法广为传播。其他捐藏目录，到1953年合并时也没有得到整理。

新中国成立前的十年，合众图书馆虽然始终处在一个半封闭的文化世界中，但外部的剧变和捐藏的扩张，让其陷入困境之中，尤其在临近解放时，完全处于被占和无以为继的地步。先是陈陶遗去世，张元济不得不接任董事长。随后捐助人叶景葵因病突发去世，更让合众图书馆处于倒闭的边缘。为了坚守这份事业，张元济奋不顾身地支持、帮助顾廷龙渡过难关，使合众图书馆起死回生。

对于这个在“孤岛”上诞生的图书馆，张元济倾注了许多心血。创办之初，“数日必来馆一视”。张树源曾有这样一段记述：“1949年初，图书馆经费所存无多，而揆公于4月28日因心脏病突发逝世，使起潜彷徨无措。父亲与拔丈安慰说：一切由俩人设法筹措。为此，父亲去拜访了一位纱业巨子，好像姓江，名字似叫尚达，已记不清了。此公慨捐一笔巨资，使图书馆得以维持下去。”①

在此合众图书馆最危急关头，张元济以老迈之躯，亲自为合众图书馆的存亡奔走呼号，帮助顾廷龙挺过了最难熬的一段日子，挽救了合众图书馆。新中国成立前夕，国民党军队企图占领合众，张元济以83岁高龄，奋不顾身前去护卫，得以保全。此时前后，合众图书馆原来每年一次董事会改为几乎是每月一次，主持其事者是张元济、顾廷龙。真正具体工作人员只有三四人，新中国成立后增至九人。

合众图书馆创办，用于存私家旧友之藏，开始以避散失为目的，

---

① 张树年：《张元济往事》，东方出版社2015年版，第181—182页。

其后又化私为公，由专业收藏变为系统整理，并进而传刻珍本，成《合众图书馆丛书》。老一辈的情感不仅从中得以继承，且发扬光大。最终，东方图书馆的复兴重建之梦在张元济心中淡出，合众图书馆之建立与发展，成为他一生致力于图书馆事业、积累文献的文化空间，最终筑成上海图书馆之基，张元济的又一文化梦想终于画上了完美句号。

在此期间，张元济不仅以其精神和具体的捐献立馆，还如当年培养支持王云五一样，器重顾廷龙，为顾廷龙与潘景郑《明代版本图录》的编纂贡献了独特的资料与学术。

这本书编定时，正是日军侵华、上海沦陷时期，社会动荡，藏书流散，搜辑颇为不易，然而却得到了张元济、叶景葵等人慨然帮助。张、叶将各自珍藏的明代版本出借，使顾、潘二人得以在两年内顺利完成这部古籍版本鉴定名著，这无疑为《图录》选本的精善打下了基础。

1941 年 10 月，顾廷龙将即将编定的《明代版本图录》书稿呈给张元济审定。张在认真读过后，10 月 3 日致函顾廷龙，对这本书推崇备至："大著《明代版本图录》亦捧读一过，琳琅溢目，信为必传，自惭谫陋，不能赞一辞。"①

《明代版本图录》1944 年初出版了，选本之精善、注录之精当，至今仍被奉为古籍版本鉴定之圭臬，罕有出其右者。在古籍版本鉴定学上，《明代版本图录》的地位是不言而喻的，而张元济对此的支持帮助甚至直接参与功不可没。

---

① 《张元济全集》第 3 卷，商务印书馆 2007 年版，第 41 页。

一个伟大的人，不仅仅是个人的事业取得成功，还能培养、寻找、继承他伟大事业和理想的人，使其坚持发扬下去，这才能真正称得上成功和伟大。张元济一生中把他的事业先后交给了两个人。一个是王云五，年仅 34 岁的他接掌编译所。随后的 25 年，他在张元济全力扶持下，把商务拓展、发展为国内出版业老大，而且终其一生。张元济把他开创的另一项现代文化事业——私立合众图书馆交给了刚满 36 岁的顾廷龙，终成他的伟大。

（五）主导“文献保存同志会”

上海沦为“孤岛”后，华东地区的古籍善本遭到了一次空前的散失，不仅日本人在掠夺，美国人也开始觊觎。郑振铎经由抢救《脉望馆钞校本古今杂剧》这件事联想到自己书的散失。看到目前国内的情况，他想到，只有国家行动，依托大家，才能承负起历史的重担。他先找到父挚辈的张元济，和他商议，发起一场抢救文献运动，购书由政府拨款支持。张元济听了郑振铎的设想，有了《古今杂剧》由国家出资购书的先例，心里有底，他思忖也只有用此法，方可不使文献散失。1939 年底，由郑振铎起草，张元济具名，向国民政府上报了有关文献抢救方案。

联名信一上，时任教育部副部长朱家骅、陈立夫分别复电，表彰张元济关心文献的精神，建议其先动手组织，政府再想办法解决经费问题。事当国难军兴，哪有经费进行这项抢救工作？要把散失的古籍保护抢救，又都是收藏级的，即使在承平时期，也是一件不容易的事。但也许是机缘巧合，由中英庚款拨付的建设中央图书馆的 180 万元，在前期仅花费十万元，因时局动荡转移，图书馆建设的事就搁了下来。朱家骅不仅是一位簪缨之家，也是张元济故交朱祖谋之子，曾在南京失陷前抢运了13000多箱古物。在面临中华典籍大量外流的形势下，他决定以中英庚款董事长身份，同中央图书馆合作来开展此事。他先安排4万元资金抢救古籍，工作主要地区一是上海，二是香港。上海方面由郑振铎负责，香港方面由叶恭绰负责。同时，安排中央图书馆筹备处处长蒋复璁到上海秘密行事。

1940年1月14日，化名"蒋明叔"的蒋复璁，受朱家骅委托来到了张元济的家，年轻的蒋复璁乃蒋光煦曾孙，张元济旧友蒋百里之侄。先前他们已经为印行《四库全书》珍本进行过很好的合作，给张元济留下了很好的印象。蒋复璁此行专程拜访张元济，希望张元济主持其事。但当时张元济正忙于合众图书馆的建设和《脉望馆钞校本古今杂剧》的校勘，加之身体多病日衰，所以他辞了主事之职，推荐了精于收藏的光华大学张寿镛主持，这样，工作安排就有了保障。

蒋复璁甫离开上海复命，张元济、郑振铎、何炳松、张寿镛、张凤举五人于1月19日在张元济家里开会决定，成立民间组织——文献保存同志会，以该会的名义开展工作，为避人耳目，购书以涵芬楼、暨南大学、光华大学的名义进行，因为何炳松、郑振铎均在暨南大学任教，张寿镛是光华大学的创办人。张元济作为文献会发起人，主要为所搜善本掌眼，这对郑振铎而言是最好的扶持，具体事务也不用去打扰张元济。于是确定，郑振铎负责访书，张元济负责鉴定，张寿镛、何炳松负责经费保管。后来又有李宣龚、徐森玉协助工作。

郑振铎以旺盛的生命力和过人胆识，提出具体的文献保存计划，并草拟了《文献保存同志会办事细则》十条，张元济十分赞同。事情一定，郑振铎就拉上张元济到苏州。看刘世珩的玉海楼观书，张元济为之一一审定，一次就选定了100余种。玉海楼藏书成为文献保存同志会最早购进对象，首战告捷。为了保卫中华民族文献，大家携手工作得非常和谐。郑振铎差不多每天写信给张元济等老先生，向他们请教和商量有关问题。

在当时华东绝大多数藏书大家处于困境，日、美等国悬鹄求书情况下，郑振铎诸人尽量多收购藏书。虽然连库房也没有，经费更有限，梦想与目标、愿望相背，但他们想尽了办法，其中最重要的一条，就是直接找求售的藏书家接触，摆脱中间方，尽量劝从藏书家能自守则自守，急于求售以纾困者则购之。

清末民初以来的私家藏书群体有两个很重要的特征，一是规模大，是前代所不及的；二是各擅一门，独具特色。近代藏书家们和自古以来的藏书家一样，大都是正直、有道德的文人，在国难当头的时代，逐利之辈很少，爱国之人居多。因已有皕宋楼售与日人的前车之鉴，故一生的钟爱之物，自然也不会轻与外人。而且，关于藏书大家哪个不知张元济的盛名，文献保存同志会之所以能直接商之藏家，且聚合当时最负盛名的各家精品，与张元济的道德文章和故交名望不无关系。

文献保存会最重大的成就是收购了嘉业堂和适园两大藏家的精品。适园、嘉业堂和密韵楼的主人是20年代华东地区的三大藏书家，他们个个都是张元济的至交。密韵楼已在1927年归于涵芬楼，成为商务印书馆藏书的主干。因此，保护抢救无以自存的嘉业堂与适园成为文献会的重要使命。

嘉业堂藏书的获得，是这场抢救运动的重要事件。1940年夏天，刘承幹散书的消息传出后，日本人以60万元的价格竞购。随之，伪满、美国也加入竞购之中。郑振铎急在心头，设法找到了掌管嘉业堂的老伙计施韵秋，拿到36册抄本目录，随后送交张元济审定。张元济对嘉业堂藏书了然于胸，自然全力支持。最终，在郑振铎的努力之下，并经刘承幹同意，精选汰芜之后，得明刊本有一二百余部，抄校本三十余部。1941年4月，以255000元之巨款得以购入，从而使嘉业堂大宗文献没有流出国门。

文献保存同志会在获得嘉业堂精品收藏后不久，1941年底，再下一城，购得张氏适园。张氏适园后人张芹圃(乃熊）自知书难自守，也有散出之意。在多方努力下，以70万元获得其中精华，包括宋本88部、元本740部、明本407部，其中黄丕烈跋本101部，是藏品中之极品。张氏三代的积累几乎得以不散。

经过两年的努力，同志会还先后洽购了莫伯骥五十万卷楼、宗子戴咫园、潘祖荫滂喜斋、沈曾植海日楼、刘体智远碧楼、李文田泰华楼、邓实风雨楼、丁祖荫湘素楼、铁琴铜剑楼等大批善本，共计善本4864部,48000多册，购藏范围也从华东达及华南。能在两年时间内，购下如此众多的善本古籍，让处于危机的近代藏书巨家精品，几乎全部留存。

这是多么巨大的一个成就。这项历时两年的抢救工作，成了最有成效的文化救亡事件，对今天和未来产生难以估量的作用。在日本帝国主义疯狂掠夺中华文化遗产的情况下，张、郑诸公为防止古籍珍本外流立下了汗马功劳。郑振铎曾自豪地叙述这次抢救工作的成就：“所收书时间太短，从二十九年（1940年）的春天开始，到三十年（1941年）的冬天，即12月8日太平洋战争爆发后，前后不到两年的工夫。但在这两年里，我们抢救了，搜罗了很不少文献。我们创立了整个国家图书馆。”

1941 年底，太平洋战争爆发，日本也占领了租界，文献同志会工作被迫突然中止购书，而全力以赴保持留上海之藏品。这批珍籍先后存放上海、香港和重庆三处。国民党退居台湾后，将此批图书运到台湾，“中央图书馆”的馆藏就是以此为基础而建立的，也是该馆最有价值和规模的藏品。

四、最后的抗争

（一）文化抗战

1945 年 8 月，日本宣布无条件向盟国投降，抗战胜利，是年，张元济已是近 80 岁的老人了。胜利之后，复兴商务，重振总馆成为首务。由于王云五几年来在后方主持，重庆商务的出版运转情况保持良好，事业蓬勃发展。王云五成为大后方的出版物市场主要供应者，甚至连美国《纽约时报》也誉其为抗战“提供文化子弹”的人。期间，王云五也为上海商务馆的生存输血贡款不少，这种维系全馆生存并在抗战中艰难崛起的贡献，对商务而言是莫大的功臣。抗战一结束，张元济和上海商务本部上千人期盼王云五回归上海，再施展雄风，但年近六旬的王云五此时却对参政抱有很大的兴趣，有意脱离商务进入政界。这使张元济是何等的失望，更使张元济感到难堪的是，王云五人未回上海，先要求调查沦陷期内商务参加“五联”承印教科书一事，并坚持免去代经理韦傅卿的职务。

关于日伪时期的“五联”，据当事人曹冰严回忆，1941 年初各家书局启封后，日方“兴亚院”两次召集商务等书局负责人谈话，胁迫与日本书商合营，合并成立所谓“中国出版配给会社”。经各书店设法拖延，直至 6 月方始成立一有名无实之“中国出版公司筹备委员会”，做过两季伪教科书的发行业务。1943 年 6 月 1 日，商务上海办事处与中华、世界、大东、开明等五家书店出资，并向同业招募一部分股金，另行发起组织中国联合出版公司，即“五联”。经理即由商务发行所所长曹冰严担任。主要业务为继续中国出版配给公司的“临时国定教科书总配给处”南京政府国定教科书的编印与出版工作。唯一要说有政治关联的活动，就是为南京汪伪政府编印发行国定教科书，但没有任何能证明这些教科书确实亲日的证据。

上海沦陷区的重要出版机构在受到胁迫之下，为求生存而不得不有限地妥协的状态，与“附逆”完全是两回事。张元济这几年深味个中苦辛，不得不出来分责。随后又发生两件事让张、王产生过矛盾。一是复员后人员的任用，王云五主张对附伪人员进行清除，而对重庆有功人士予以重用。张元济则从实情出发，做具体分析，希望王云五回上海后具体解决。但王此时已身居政坛，俩人为此反复通信讨论。张元济主持商务董事会，基本上采取谨慎行事的方式，以避免更多的压力和麻烦，但王云五则坚持自己的主张，并遥命其事：“沦陷期内上海商务印书馆竟与数家出版业合组所谓‘五联出版公司’，承印伪组织核定之教科书，有协助敌伪散布毒素之嫌，董事会却仍留在上海，决定与敌伪同流合污。”王云五这种说法，实际缘于战争开始时沪、港两处员工不愿随迁内地以保证生产的反应，他留渝期间，一面要求调查此事，一面要求免去代经理韦傅卿的职务。强权的主观意志时时显现，为此，王云五还一次写了长达4000字的信给了张元济。为了能让王云五继续回来主持大政，复兴商务。最后，张元济做了让步，他给王云五写信说，“傅卿事如此严重，实出意料之外。联合出版，本系庆林任内之事，傅卿不过继承，庆林确曾报告董事会，具载议案，此时若由董事会开除傅卿代理经理，明是诿过于人，弟于心殊觉不安，故与伯嘉再三斟酌。”

抗战胜利后，王云五指派李泽彰全权代表自己至上海总理一切，已显示执意“摆脱商务责任”，[①] 对总馆方面多次的敦请莅沪指挥，王云五概以书信、电报等方式响应。张元济的妥协与坚持这次完全没有达到促王回沪主持复兴的目的。从1945年8月16日，王云五致函张元济，商量复员相关事宜开始，至1946年9月24日新任总经理朱经农到馆视事为止，近一年的时间，王云五出现在总馆只有唯一的一次——1946年5月的辞职之行。

1946年3月，王云五从重庆回到上海，5月，当面向张元济提出辞职，张元济再次反复相劝无果，1946年5月2日，商务董事会会议对于王云五拟辞总经理职事讨论后，最后议决“王总经理辞职关系重大，万难照允，惟为顾念其目前参与国政，本公司业务不克亲自主持，特推请李拔可经理暂行代理总经理职务”。[②]

张元济在这样的情况下，只好保留时居南京并开始在国民政府中视事的王云五总经理一职，暂由年老多病的李宣龚代行具体事务，张

① 王云五：《岫庐八十自述》，台湾商务印书馆1966年版，第344页。

② 商务印书馆董事会第462次会议记录，详见张人凤、柳和城编：《张元济年谱长编》，上海交通大学出版社2011年版，第1242页。

元济也作为董事长复出。对此，张元济的失望可想而知。但他心中更苦，对没有了王云五主持的商务，张元济难以揣测其前途。

但张元济仍然对王云五主政商务有所期待，希冀其能打消辞职的念头，继续领导商务出版事业。不料王云五的态度早已坚定不移："我的最大决心，就是等到抗战胜利，把商务书馆的责任交还董事会，我断断不再留恋。"① 其实他是不顾一切地把事务与责任交给老者。

1947 年 11 月 26 日，卸去公职后的王云五携眷由南京飞往广州，张元济也知王云五再也无法复位。12 月 24 日，王云五接到张元济自上海的来信："谓公此时正宜韬晦，不敢复以董事相溷。"表示不再选其为董事。闻此，王云五不免心中怅然，若有所失，1948 年 2 月由广州迁居香港。自此，王云五第二次离开商务印书馆，一个带给他生命辉煌的平台，一个展示其能力的文化龙头机关。

不过，张元济毕竟是王云五心中不可替代的长者和朋友。他自港去台后，多次撰文谈张元济，无不情深意切。

王云五自 1921 年底出任商务印书馆编译所所长，到 1946 年 5 月去职，在商务印书馆度过了 25 年的峥嵘岁月。从商务的创业和发展而言，他与张元济是前后相继的两任统帅、舵手；从文化史的角度讲，两人都是文化巨匠、出版大家。但是，二人同中有异，张元济是一个有新思想的旧学家、有理想的文化人，王云五则是一个文化企业奇才、无与伦比的出版家。

王云五对企业管理观念超前，最早引进当时西方最流行的泰勒

① 王云五：《岫庐八十自述》，台湾商务印书馆 1966 年版，第 348 页。

科学管理法，并急切地在他的阵地上实施，以期使得中国现代企业更进一步。结果屡试屡败，最终也没有真正实施。但他对企业的掌控管理，尤其是危机管理，可谓取得了惊人的成就。时代和命运让他几次迎接极限的挑战，但他都以惊人的毅力和艰苦卓绝的奋斗，使苦难的企业重生，发展扩张，一手塑造出了一个带有强烈的王云五色彩的商务印书馆，当然也使商务持续辉煌了几十年。换句话说，王云五是一个多面手，他身上没有传统文人的固执，却拥有渊博的知识和强势、胆识等现代企业强人的色彩。

王云五的出版主张对张元济既有继承，也有发展。张元济重在教育建设，王云五则力在普及教育，这是时势使然，但二者在精神层面上可谓一脉相承。张元济致力于引进西学，传播新知，以改变封建社会之后的中国，王云五更是大力推广，尤以《万有文库》为极致。虽然张元济从处世、言论上均主张、支持学术独立，但并没有，也没来得及真正实施学术独立的主张，没有取得较显著的成果。而王云五因时而动，主张学术独立，且真正切实地推进。这也是王云五同样成为文化巨擘的时代因素和文化业绩。

作为继任者，王云五的压力、责任都远大于张元济，所幸王云五在处世方法上也与张元济有颇为相似之处，那就是不喜社会活动，完全忘我地投身在馆务和事业之中。他没有去做领袖式的人物，也没有参与政治活动和党派事务，他一次又一次地力挽危局。为商务印书馆奋不顾身是他二人共同的真实写照！张元济是王云五这一切努力之中重要的精神支撑，自不待言。

张元济投身出版，怀抱着个人的理想，勇于承担起开启民智、传承文化的使命和责任，其所追求和达到的目的是伟大的，可以代表一个时代。王云五进入商务，首先是个人自信，依赖个人努力，并发挥个人才能，顽强地实现了从毁灭到复兴。他更多承担的是企业的责任和使命。当然，抗战中对抗战文化的宣传，也具有浓厚的民族色彩，但从整体而言，他更多的是对企业的担当，比起张元济所追求的境界则相隔一层。

他们最大的不同就是，张元济把商务印书馆当成自己一生的事业，王云五则把此当作生命历程中的一部分，他要让自己的生命有更广、更宽的维度。尽管时势和命运让他三次坚守商务印书馆，占据了他大半生，但他也几次主动舍弃另择，并不能如张元济一般固守，坚守一生，从未弃事，这就是事业的选择。

（二）馆务弥艰

在商务危亡之秋，在王云五离开之后，张、王两人理想的对象是杨端六，但此时杨身患高血压，无法起任。1946 年 5 月，商务董事会提议李宣龚担任总经理。此时，任用身体日益凋残的李宣龚，不过是应景而已。1946 年 7 月，胡适做完了八年的驻美大使回国，一踏入上海，即拜见张元济。张元济顿感机会又来了，直接提出胡适来馆主持工作，胡适只好向他解释自己无法委身商务印书馆。

这时的胡适已非 20 多年前的胡适，国内党政、学界对他寄予了殷切的期待，张元济只有无奈地理解。但是，胡适却也十分眷顾商务的事业，忖度之余，向张元济推荐了在哥伦比亚大学的同学、时任教育部副部长的朱经农出掌馆务，并负责协调各方面的关系。胡适二度为张元济荐人，终告成功，纾解了燃眉之急。

朱经农曾进商务做过编辑，此时出任教育部次长，算是老资格的人选。但他直到同意履职过去了近一年，1947年9月，朱经农才上任。之前一切由李宣龚主持，朱经农到任，他才卸下这副重担，历经数年之久的多次辞职正式得以通过。

但朱经农到任后，并不以复兴商务为念，始终三心二意，时间精力主要花在光华大学校长一事上，而且管理措施均不甚得力、虽然他奋力推出《新中学生文库》，并筹措资金为馆纾困，但基本不到馆视事。这不仅使家大业广、沉疴难起的商务景况日渐不佳，而且到了破产的边缘。

朱经农对商务印书馆的出版计划消极对待，还有一方面原因就是他不懂得出版经营，且缺乏兴趣，他自己承认出任商务总经理是“不得其门而入”。因此，他上任后乏善可陈，商务每况愈下。

王云五离职之前，张元济对“复兴艰巨”，应当说还是充满信心的。在朱经农无法专心馆务的情况下，张元济不得不像“一·二八”以后那样，于1947年夏天再次投入商务的馆务之中。1948年7月，因奉派出席联合国教科文组织第三次大会，有心无力又到处兼职，使名义上干了两年总经理的朱经农向张元济交了辞呈。张元济早知朱经农尸位素餐，以为此时朱经农如出国，更是空领其事，便同意了朱经农辞职请求，另议选举夏瑞芳之子夏鹏为总经理。后夏鹏亦坚辞，改举谢仁冰，不成，又举陈夙之。三年间，商务始终没有得力的执事者，不仅错失了复兴的时机，更消耗了王云五抗战期间积累的资本。对此，张元济也是踌躇难安。绝望之余，张元济不得不以老迈之躯，奋不顾身地苦苦支撑着商务残局，并再次拉上已经辞职，此时已是七旬老翁的李宣龚。从行政到业务，从出版计划到人事安排，从筹措出版资金到调解劳资纠纷，等等，他们无不费心费神。这都是张元济、李宣龚无可奈何的选择，因为此时也只有李宣龚可以协助张元济了，尽管李身体并不好。所有大事，张元济只有找李宣龚商议，连董事会也只能在李宅召开。1948 年 5 月，张元济在写给李宣龚的信中写道："公司事，弟既负其责，不能不尽人力之所能及，公与叔翁即邪许相将，或能胜此魔力，鼓舞之辞寄托善厚望也。"商务历史上任用如此高龄任职主事的，唯有此时。

又是这位李宣龚，成了张元济最后的依赖者。张元济虽一生执掌商务，但从没有真正担任过总经理。他的宏伟事业、理想之所以得以实现，计划和巨大工程之所以能有效运行并实现，得益于他拥有一支梦幻般的团队和一生相随的几位朋友。他们是商务运营和发展不可或缺的"协助管理者"。

这个梦幻团队前期最主要的成员包括夏瑞芳、高梦旦、李宣龚、陈叔通、王云五。后期则只有李宣龚了。这位一心为了商务、不求名利的重要人物，也是高梦旦故去后真正实现张元济计划的中坚力量。"毕生关怀馆务外，长期与张老比肩共事者，仅拔翁一人。"他是 1913 年，由高梦旦介绍进入商务，他进入商务后再没有离开过，奋斗了 40 年，从事经营工作，与高梦旦、张元济形成三驾马车，共同促进商务发展。

内部动荡不已，外部则内战惨烈，在此内外交困的情况下，商务维持尚且困难重重，却仍为整个文化界和读书界奉献出了很多优秀的精神产品。为了商务，张元济付出了他所有的智慧和最后的激情，正是在他的精心擘画下，商务在近乎绝境的悲惨状况下，依然得到了文化界有识之士的全力支持。1945 年至 1948 年，出版了一系列至今仍有影响的著作，这些著作包括：陈寅恪的《隋唐制度渊源略论稿》、《唐代政治史述论稿》，全汉昇的《唐宋运河与帝国》，连横的《台湾通史》，冯友兰的《新原道》、《新事论》，萧一山的《清代史》，潘光旦的《明清两代嘉兴的望族》及译著《性心理学》，王力的《中国现代语法》，罗根泽的《中国文学批评史》，陈恭禄的《中国史》，孙本文的《社会学原理》，林语堂的《啼笑皆非》等。此外，张元济还推动出版了《景印元明善本丛书》、宋本《宛陵集》、影宋本《稼轩词》，以及由叶恭绰编选的《广东丛书》等。1947 年，积极地设立台湾分馆，以期让受日本文化影响的中国人能够尽早得到中国文化的洗礼，并且负起台湾地区教育文化的功能。

（三）刍荛之言

国内战争的不断加剧，和平恢复无望，军费开支居高不下，巨大的财政赤字造成通货恶性膨胀、物价猛涨、经济衰退、原材料价格飞涨、货币贬值、营业萎缩，使商务积累的实力迅速趋向崩塌。“公司年终负债已经达三百亿，再不努力，前途殊为可虑。”但就是在这样的情况下，“仍坚持至少日出新书一种，多则四五种。”

张元济本想着抗战胜利了，可以重振商务了，但他的激情立刻被眼前的境况浇灭了，一切都不可能了。经过漫长抗战后的社会状况使他感到的不仅是困难重重，而且是愈加不愉快，甚至产生反感。于是有时就会打破沉默，出之以公开的社会批评。

1947 年 5 月，上海学生进行反内战的宣传示威，国民党上海警备司令部逮捕了大批学生。6 月 3 日，陈叔通联合张元济、唐文治、李宣龚、叶景葵、张国淦、胡藻青、项兰生、钱自严、陈汉弟等老人共同具名，致函上海市市长吴国桢、上海警备司令宣铁吾，要求立即释放被捕学生，在社会上引起强烈反响。这就是有名的十老上书，其主角是张、陈两人。此举引起了社会广泛关注，也是久不问政治的张元济罕见的举措之一。信的开端说他们年纪很大，早已退休，不愿涉足政治，然而学潮是一种特殊情况，因为学潮“有远因，有近因，远因至为复杂，姑置不论。近因则不过学校以内问题，亦有因生活高涨，痛齿切肤而推源于内战，此要为尽人所同情”。这封信严厉地批评了政府的做法。国民党当局迫于舆论和张元济诸人的名望，不得不将被捕学生释放。

1948 年 4 月，张元济当选中央研究院第一届院士，第一届院士中包括许多著名的科学家和学者，如胡适、赵元任、陈寅恪、陈垣、冯友兰等，张元济为最长者。早在 1947 年 5 月，胡适就向傅斯年推荐院士名单“提出三位老前辈”：张元济、傅增湘、吴敬恒。胡适的首倡得到一致的公认。

南京中央研究院召开第一次院士大会，张元济作为院士应邀参加。9 月 23 日大会举行开幕式，国民党许多军政要员都参加了，蒋介石也来到现场。致辞开始，张元济年最长，被推为第一个致辞，他说道：

抗战胜利，我们以为这遭可以和平，可以好好地改造我们的国家了，谁知道又发生了不断的内战。这不是外御其侮，竟是兄弟阋于墙。我以为这战争实在是可以不必的。根本上说来都是想把国家好好的改造，替人民谋些福利，但是看法不同，取径不同。都是一家的人，有什么不可以坐下来商量的？但是战端一开，完全是意气用事，非拼个你死我活不可。这是多么痛心的事情。

我们要保全我们的国家，要和平！我们要复兴我们的民族，要和平！我们为国家为民族要研究种种的学术，更要和平。[①]

张元济以一个文化人的道义和良心，一改过去对时事的沉默，由低调走向激越，对蒋介石及国民党的内战政策提出了尖锐的指控。

张元济以前所未有的直白和情怀，向世人表达了他的心声，中外各大媒体纷纷发表其讲话，引起了不同的反响，但战争并未休止。无论是对整个民族、对商务，还是对张元济个人来说，那都是一个极其不幸的年代。“兄弟阋于墙”，对于一个饱经沧桑和挚爱自己民族国家的文化人而言，不啻一种精神摧残。

① 《张元济全集》第5卷，商务印书馆2008年版，第226—227页。

尾　声

文化余痕

——梦想的超越与遗憾（1950—1959）

1949 年以后，张元济仍担任商务印书馆董事长。9 月，新政协开会，张元济在其子张树年陪同下北上，出席政协会议开幕式，期间与毛泽东、周恩来及文化界诸人士晤谈。他虽然参政议政，但心系馆业，10 月，他利用开会之机与诸多故友，当时多居中央文化出版领导要职的郑振铎、胡愈之等人商议馆务，力图推动商务印书馆新生。

在政协会议的一个多月里，张元济和郑振铎在会上会下多次见面并畅谈，其间谈得最多的是今后商务印书馆的出版工作。政协会议结束后他返上海，张元济被任为华东军政委员会委员，出席上海市第二届各界人民代表会议。不久，他在商务印书馆工会大会上演说时突然跌倒，又因长期患糖尿病而致半身瘫痪。

张元济自偏瘫后常年卧床，他却顽强地编校了《涵芬楼烬余书录》一书，这是对“一·二八”劫难后残余的涵芬楼所藏珍本古籍精华进行著录，故称“烬余”。张元济当年为商务收购古籍的安全起见，将5000册宋、元善本寄存于租界金城银行保管库，故而使之逃过了一·二八事变和几场浩劫。对涵芬楼幸存书的著录，一直是张元济心中的一件大事。从1934年起，张元济陆续对这批劫后余生的宋、元善本进行整理，时断时续，一直没有定稿。抗战前夕曾着手写定，因故中辍，后顾廷龙南下主持合众图书馆时，张元济曾交给他，但一直没有写定。经李宣龚的多次催促，张元济第三次着手整理，终得顾廷龙之助而再次启动，并于1949年才交商务制版。但不久，张元济中风，半年后，张元济神智才稍有复原。神智稍稍清醒后，他最挂念的就是《涵芬楼烬余书录》一稿没有完成，于是在病榻上托付给顾廷龙料理。此后，顾廷龙几乎每天都去张元济家，坐在张元济病榻之侧，讨论书稿内容，商讨字句，排定目录，到1951年初终于编成。4月，顾廷龙亲自到商务安排排校之事，并按张元济之意代为撰后序、题书名。5月出版，前后花费了十个月时间。

《涵芬楼烬余书录》共计收录宋本93部、元刊89部、明刊156部、抄校本190部、稿本17部。按经、史、子、集排列，附有《涵芬楼原存善本草目》。《涵芬楼烬余书录》在1951年出版时，张元济在序言中特别写道：“馆友李拔可督促再四，前岁始付制版，工仅及半，余以病阻，事遒中辍，拔可复约顾子起潜赓续为之。”假如没有李宣龚自始至终的推动和努力，以及顾廷龙后来的襄助，张元济不可能最终亲手完成《涵芬楼烬余书录》。书名“烬余”旨在“志痛”，张元济于文献传承之情之意尽在其中，也是近代文化史的实证。此书的出版，不仅了却了张元济的一大心愿，也为版本学、目录学及至文化史留下了珍贵的史料。

《涵芬楼烬余书录》是张元济继《宝礼堂宋本书录》之后留给我们的一部目录文献学经典。该目录以记录递藏为主，首重版本特征，兼有张元济的叙考，实际是涵芬楼藏书积聚数十年之精魂，也是张元济之寄托，更是文献学、藏书史之巨著。当然，顾廷龙通过核定、编排这部著作，不仅从一位大师身上学到了最为有价值的绝学，成为张元济从事古籍方面的真正继承者，也在文献目录学方面达到了一个新的高度。

张元济回上海后，11 月 3 日致信茅盾，专谈他拟在商务印书馆成立出版委员会，维持好出版业务和资产，他心中属意的对象是欲请茅盾主持新商务。茅盾 14 日回信婉辞，转荐郑振铎自代，并提及商务欲出《新民主丛书》诸事，“已商诸振铎兄，甚为赞同”。张元济得信甚慰。但此时茅盾和郑振铎都实在太忙了。再说，作为即将在文化部担任领导职务的他们，也不便去当时尚属私营的商务任职。所以，郑振铎后来也未主持商务出版工作。不过，作为一个老编辑，一个爱书人，郑振铎仍然尽可能地为帮助商务发展而贡献自己的力量。

新中国成立后，郑振铎主要负责全国有关文物和图书馆、博物馆方面的工作。作为一个行家领导人，他当然希望由国家来主导文物收藏。郑振铎委派文物局副局长王冶秋去动员张元济将涵芬楼幸存的善本书献给国家。张元济听后完全同意，尽自己的力量支持郑振铎的工作，首先捐赠的是他的私人藏品。由于早在抗战前，他和朋友们的大部分个人藏品已经捐献给了合众图书馆，他自己已经无所秘藏了，所以并没有太大宗的捐赠，但还是努力于此。1952 年 8 月 21 日，张元济致信郑振铎，提到：

清初龚鼎孳、孙承泽，均可称文学家，为先九世祖书有屏条，常悬挂在客座壁上。又有前明遗民澹归和尚为先八世祖及七世本生（祖）亦书有屏幅，中有《水龙吟词》，系澹归寿，八世祖之作，载入《遍行堂续集》中。现均拟捐送贵会。①

后郑振铎派上海市文管会吕贞白亲自到张元济宅，领取了这 4 件有 300 多年历史的文物。这批书捐出后，张元济又主动提到：

家藏元儒谢先生应芳手书佛经六种，书法极精，历六百年，金纸如新。藏之私邸，决非长策，合亦献归国有。"先九世祖讳惟赤，于清初中试顺治甲午科顺天乡试举人，当时领有鹿鸣宴银质杯盘各一事，制作甚精。藏之寒家，适满三百年。此为国家典章数百年之遗物，窃愿归诸国有"。②

这些都充分表现了张元济对郑振铎工作的支持，也是可谓竭尽所藏。

他不仅尽可能清点故物，把自己的所藏捐干净了，还联络、动员朋友进行捐献。1951 年夏，张元济还在病中，南洋公学的同事赵从潘的儿子赵敦甫在南京发现李清照与赵明诚合著的《金石录》宋嘉祐

① 《张元济全集》第 2 卷，商务印书馆 2007 年版，第 519 页。
② 《张元济全集》第 2 卷，商务印书馆 2007 年版，第 521 页。

初刻本30卷。赵敦甫专程赴上海请张元济鉴定题记，张元济认真研究后并写就了长达1300字的跋，叮嘱赵敦甫献给国家。赵敦甫将张的长信面呈于郑振铎，将《金石录》献给北京图书馆。

1952年，以商务印书馆董事会的名义，通过郑振铎向北京图书馆捐赠涵芬楼旧藏《永乐大典》25册。张元济早年收得的《翁心存手书日记》25册也与《永乐大典》一道，捐献于北京图书馆。①

1953年，东方图书馆宣告解散。《涵芬楼烬余书录》所著录的共计547部珍贵文献，均捐献于北京图书馆。②

1953年6月18日，私立合众图书馆正式捐赠给上海市人民政府。1953年最后一天，在召开了第十五届合众图书馆董事会后，1954年起合众图书馆正式改名为上海市历史文献图书馆，顾廷龙任馆长。创办并发展了14年的合众图书馆名义上结束了，事业上却重获新生。

1958年，以鸿英、明复、历史文献合并而成上海图书馆。张元济的志业，顾廷龙的努力，终于奠定了上海图书馆的基础。可喜的是，合众图书馆的新生，在张元济生命的最后一年看到了。

1952年，商务印书馆出版部迁往北京。1954年，批准实行公私合营。同时，商务印书馆与高等教育出版社合并。至此，如陈叔通1954年1月28日致张元济书信所云："五十七年事业可有交代，实即有了结束，股东在某一时间仍有利可图。以后公以文史馆馆长例为，商务印书馆董事长之例切勿过问。"

---

① 商务所藏《永乐大典》二十五册，其中"水"字《水经注》二十卷，是《水经注》四十卷的前半部，民国初年为傅增湘所得，后售予蒋汝藻密韵楼收藏。1926年随密韵楼藏书一起为涵芬楼所收，成为商务所收中的珍品。

② 参见赵而昌：《于细微处见精神——记丁英桂先生》，《商务印书馆九十五年》，第152页。

新中国成立后，出身商务的郑振铎主管社会文化、文物工作，十分关心其业务的发展。几次商务业务改进，张元济已卧病在床，郑振铎都参加了。郑振铎曾与商务有关负责人谈，希望他们继承张元济当年影印《四部丛刊》的伟业，有系统地影印一些珍贵的古籍，希望出版完成《四部丛刊》四编，并愿意从北京各馆及机关借取善本。张元济闻之十分鼓舞。但张元济自忖时局变化，也只能筹备其事，一则精力人手不够，二则不合时宜。①

郑振铎利用兼任中科院文学研究所所长之便，组织了“古本戏曲丛刊编刊委员会”，陆续原式影印国内各图书馆和专家所藏罕见曲本，供戏曲工作者研究，名为《古本戏曲丛刊》。具体印刷工作仍交由商务担任，并点名要丁英桂主持。1954 年出版第一辑。《脉望馆钞校本古今杂剧》全书品种收入第四辑中，于 1958 年出版，圆满地实现了他 20 年前将其全部影印的愿望。这套书的出版工作，郑振铎均十分关注，每册校样他都要亲自检查，无误后才签字让印刷出版。10 月 16 日，郑振铎上午赶写了《古本戏曲丛刊》四辑序，这是他最后一篇文章。第二天他就随文化代表团取道苏联到阿富汗访问，结果飞机失事。谁也不会想到，精力充沛、生龙活虎的郑振铎就这样因公牺牲了！年底，商务《古本戏曲丛刊》四辑出版时曾影印其手迹置于卷首，以资纪念。据张元济的家人说，知郑振铎失事，张元济当时悲痛万分，但已病重卧床，无以握管，未能写下悼念文字。

1956 年，张元济 90 岁，亲友们为他举办盛大寿辰活动。北京、

① 张元济致顾廷龙信：“前日郑振铎兄来言，商务宣续出《四部丛刊》四编，竭力鼓舞，并言当在京中各图书馆，各机关代借善本，未知商务人才物力如何？弟目精力不给，姑妄筹备”。《张元济全集》第 3 卷，商务印书馆 2007 年版，第 52 页。

上海方面陈叔通、李维汉、柯庆施、郭沫若、叶圣陶、胡愈之等国家重要领导人纷纷致信，其中郑振铎的祝词不仅精到，而且饱含郑振铎的学术情怀和敬仰之情：

近六七十年来，文献图书之得以保守毋失，不至蹈皕宋之覆辙者，赖有南北公私诸藏之网罗散佚耳，而涵芬楼尤为其中巨擘。张菊生先生阐旧学，启新知，于中国学术贡献甚大，而其精力所萃，犹在涵芬楼。不仅能聚之，且能传播之。今士子辈胥能乎?《四部丛刊》、《百衲本二十四史》以研讨古学者，皆出先生赐也。①

沈雁冰祝词道：

从戊戌以后，菊生先生致力于文化事业，创办商务印书馆，在中国于是始有近代化的出版事业。商务印书馆在介绍西洋的科学、文学，在保存和传播中国古典文学和其他学术著作方面，都有过重大的贡献。将来的历史将记录菊生先生这些对于祖国文化的贡献。②

顾廷龙献上了一份对张元济最为有意义的礼物，就是整理汇集了张元济学术精华，集录张元济关于《四部丛刊》前三编、《百衲本二十四史》跋文及其他散见的古籍序跋文字，囊括了他从 28 岁到 90

① 张人凤、柳和城编:《张元济年谱长编》，上海交通大学出版社 2011 年版，第 1419 页。
② 张人凤、柳和城编:《张元济年谱长编》，上海交通大学出版社 2011 年版，第 1422 页。

岁长达64年的关于典籍版本考校的文字，共230多篇，成《涉园序跋集录》，共计有15万多字。居病床的张元济看到自己一生心血所系，当然是欣喜不已。此书于1957年由上海古典文化出版社出版，也是他生前见到的自己出版的最后一部作品，是当今为止目录学的代表著作。

有意思的是，由于海峡两岸睽隔，时在台湾的王云五，在他去世前，同样是92岁的高龄，花精力编成了《涉园序跋集录》同题作品，台湾商务印书馆1979年8月出版，并且为之写了一篇跋，其中写道：

> 自时厥后，菊老继续广搜善本，妥为编辑，付诸景印。迄于大陆沦陷，都二百三十余种。每书皆由菊老就其专精版本学之长才，意义加以考证。兹经同人依四部次序，集其所为序跋三百余篇，汇刊为一册，颜曰《涉园序跋集录》，读此不仅可知菊老在其直接间接主持本馆之下所刊行之善本，且可借此获得版本学之精要也。

这一篇跋是王云五最后一篇文章，写完此文20天后，他就离开了人世。

为了传承张元济的文献、学术贡献，顾廷龙之前在奋力助编《涵芬楼烬余书录》之外，于1953年编印了张元济《合众图书馆张氏涉园书目》。如今《涉园序跋集录》又成，而且张元济及身得见以上三书，堪称传张元济文献一生、学术一生的扛鼎之作。20世纪80年代，顾廷龙又整理了张元济遗稿《郘亭知见传本书目》。

1957年，商务印书馆恢复独立建制。张元济虽然仍然代表资方担任董事长，但他感觉使命已经完成，也许真放下了，他赋诗道："愿留老眼视新国，我尚能为百岁人。"① 乐观与达观之情，跃然笔端。

1957年，为支持商务的工作，郑振铎向来京的史久芸建议，对《百衲本二十四史》加以标点、影印出版。同时，还建议商务印行《册府元龟》，缩印《太平御览》，重编《学生国学丛书》，足见其对商务出版复兴的关注和帮助。同年，《续古逸丛书》在顾廷龙、赵万里的支持下，得以恢复出版。宋本《杜工部集》成为丛书第47种，以纪念商务建馆60周年，此书由顾廷龙为张元济代作跋语，这可能也是张元济最后一篇文字。②1958年，《缩印百衲本二十四史》由商务出版，6月20日，郑振铎为即将出版的《缩印百衲本二十四史》写序，又一次高度肯定了张元济当年主编影印《百衲本二十四史》的重要意义。

张元济半个世纪所开拓和创立的项目，在昔日同事后生，今朝中流砥柱的支持、参与、推动下，再次发出文化的幽光，不仅延续其文化生命，更兼感于学术文化界。

1959年8月14日，张元济病逝于上海华东医院，逝后，骨灰安葬于上海联义山庄公墓。

世所谓仁者寿，张元济活了93岁，"乃身已见太平来"，是他的长寿，使中国文化的发展得以获得了一份幸运和机遇。人虽辞世，他所开创的现代出版业在沉寂中积聚力量，走向未来，他始终站在现代出版的前列，为后代所楷法、所研究、所敬重。

---

① 《张元济全集》第4卷，商务印书馆2008年版，第252页。

② 《张元济全集》第10卷，商务印书馆2010年版，第170—172页。

结 语

向文化圣人致敬

古往今来，中国人对先哲往圣有一种无比钦敬之情，其思想、行为一直成为滋养人们精神的源泉。

真正的圣贤，之所以被后人尊为圣贤，乃是他们或在生命的历程中尝尽艰难，而不屈不挠地求大道、立大业；或为匡扶天下正道人心而手足胼胝，不舍其行；或为赓续前代传统，阐扬思想文化而冥搜千古，孤诣上下。

更进一层，中国历史上被人尊为圣贤者，大抵一生历尽艰辛，不是在乱世中发奋图强，就是在艰难中不屈不挠，而且能在得意中清醒自守，一以贯之，乃其乐道忘身之精神。他们自觉地肩负起人类的使命，甘于承担着社会的责任，乃至汲汲于一试身手，挽狂澜于既倒，匡大厦之将倾。为此，不惜舍生取义、志学忘忧。宋哲张载曾倡言："为天地立心，为生民立命，为往圣继绝学，为万世开太平"，是也。

然自孔子、孟子、朱熹、王阳明以来，是不是罕有圣哲出现于世了？

张元济历经清朝、北洋与国民政府及新中国成立，身经这样复杂、动乱之世，又遭革职、馆毁及外寇入侵与内战不已之苦，但他却以悲悯之情怀、接续民族之精魂、阐扬华夏文化之幽光、便利世人之研求与讲诵，继承孔子删《诗》、《书》、朱熹阐儒学之伟业，脱离宦海，编新课本以启民智，译西学以厚国人，贡献给一代又一代嗷嗷待哺之学童，使其不再在陈文腐辞下求知，而在古今中外新学中获解。给文化以生命的活力，给世人以智识的坦途，至若其造馆、育人，苦心孤诣，以致废著述而不刊，守正义、保气节而拒敌伪、仇强寇，以修身为其正道，以人格为其标高，发为心声，润泽万众，数十年间，时贤奉他为"泰山北斗"，其文化业绩如江河大海，我们视其为"文化圣人"！

奉张元济为"圣人"者，昉于胡适："陆贾的'圣者不空言，贤者不虚生'的人生观最近于他处世的积极精神。"[①] 胡适与张元济相交相亲逾 30 载。张元济 70 寿诞，胡适以领袖群众之身，与蔡元培、王云五一起征集《张菊生先生七十生日纪念论文》，在《启》中说：

> 张先生是富于新思想的旧学家，也是能实践新道德的老绅士，他兼有学者和事业家特长。他早年就敝屣虚荣，致力文化事业，服劳工所不能服的劳，不计成败，不顾毁誉。三十余年如一

① 胡适、蔡元培、王云五编：《述陆贾的思想》，《张菊生先生七十生日纪念论文集》，商务印书馆 2011 年版，第 88 页。

日；所以能把一个小印刷店提到全国第一个出版家的地位。他在学术方面本有很广博的兴趣、很渊深的造诣。涵芬楼所印古籍，皆是他所提倡指示。退休以后，十年之中，他全力校勘全史，其搜罗之勤，功力之细密，皆见于他的《百衲本二十四史》跋文及校勘记。这一件伟大的工作在他七十岁生日之后，大致可以完成。中国学术史上最可纪念的一件事。①

是啊！在张元济主持下，商务印书馆编译出版了大量介绍西方思想文化的书籍，人们似乎由此不难得到印象，张元济一定是有着“西化”色彩的人物，但是同样真实的是，其人其事又对传统文化典籍文献的保存和流通，表现出异乎寻常的热情。就持守传统的人生原则而言，他确乎属于时代变迁中的旧人物，就“与时俱进”“适应潮流”而言，他又完全是个新人物。

胡适《写在孔子诞辰之后》一文中说：“凡受过这个世界的新文化的震撼最大的人物，他们的人格，都可以上比一切时代的圣贤，不但没有愧色，还往往超越前人。”② 胡适认为人格可以上比圣贤的列名中，张元济、蔡元培、高梦旦皆是其选。

同时，吴经熊《过去立宪运动的回顾及此次制宪的意义》引言中写道：

在最近的中国里，拿四十年左右的光阴，从事于专一事业

---

① 胡适、蔡元培、王云五编：《张菊生先生七十生日纪念论文集》卷首，商务印书馆2001年版。

② 胡适、蔡元培、王云五编：《张菊生先生七十生日纪念论文集》卷首，商务印书馆2001年版。

的，除了孙中山先生之致力于国民革命而外，实不多观。像菊生先生那样的惨淡经营印刷事业，总算是有数的人物。“有非常之人，乃可成非常之事。”天下的事体，没有那一桩是可以逃脱因果律的。有张菊生先生辈之苦心毅力，乃有商务印书馆今日之发达，犹之乎有孙中山先生之领导奋斗，与夫国民党之继续努力，才可及中国于宪政之域[①]。

吴经熊是论，将张元济事功及精神与孙中山比肩。最近以来，出版文化学者曾发出过“张元济不可追”“张元济不可学”[②] 的浩叹。作者写完此稿，作为一个也从事出版 30 年，究心学习张元济者，以“向文化圣人致敬”作为本书的结语。

张元济漫长的出版人生和巨大的文化成就，在 20 世纪的现代中国出版史上留下了难以比肩的财富与成就，而其核心当是时代文化发展关注的课题。

首先，是他自觉地承担文化传承的使命感。中国之所以伟大，就在于创造了无比灿烂辉煌的文化，这些文化得益于一代又一代的传播和发展。

张元济一生都在谋求国家文化之建设，主要表现在四个方面：一是扶助教育，以促成社会大众之变革，以弥补政府尚没有建设基础教育之缺陷，进而主导基础教育；二是译介西方思想、学术，通

---

①　胡适、蔡元培、王云五编：《张菊生先生七十生日纪念论文集》，商务印书馆 2001 年版，第 191 页。

②　张元济研究会、张元济图书馆：《张元济研究论文集——纪念张元济先生 140 周年暨第三届学术思想研讨会论文集》中国文史出版社 2009 年版。

过知识和思想的引入，让国人得以窥晓固有文明之外的智识；三是搜罗抢救传承故籍，一方面筑图书馆以贮之，开国内规模化图书馆的先河，一方面则亟谋刻传，厚福便利世人无限；四是着力于现代出版平台与产业的建设，包括图书、期刊产品及营销网络、生产水平等，在落后而贫困的时代催生了一个傲视工商界的、规模化的文化企业。

张元济是从维新走向启蒙道路的。在官场，作为年轻的翰林，他思考和探索的即是大清的维新。但被革职南下永不叙用后，他才真正摆脱桎梏，以坚定的目标——教育救国，结合一大批志同道合的人，用极短的时间，改变了中国整个基础教育的面貌。随着事业的展开与发展，他在沟通中西文化、传承民族文献上尽心尽力。

为了实现伟大的理想，他首先想到的是，让志同道合的朋友一起参与进来。在他的感召下，许多朋友成了彼此一生的同事。与此同时，他在奋斗和拓展的过程中，不断在社会上寻找志同道合的朋友，那些从科场、官场中走出来的维新派朋友，成了他开拓现代教育的中坚力量。维新渐进是他们共同的主张，教育救国是他们的不二选择，蔡元培、黄炎培等人都因此而一生相与。以译书、教育为事业，探索、实践中华民族的现代启蒙：办南洋公学，译介西书，创办商务印书馆编译所，矢志以昌明教育为己任。

张元济除了参与戊戌变法时处于政治的风口浪尖之上，一生几乎始终没有再出现在重大政治活动的前列。作为民间人物，他似乎也没有进入主流社会，但他的事业和成就留给历史的正是那个时期的主流和核心。这给了我们以重大的启发：一个人是否处于核心或主流地位并不重要，如他所从事的事业及取得的成就能经得起历史的考验，那他必然走入历史的主流。

张元济在20世纪为传承文化所付出的努力并取得的成就，不仅超越前贤，而且他存亡续绝之功、搜奇寻秘之力，辅之以精深的学识功力，构建了既普惠学林，又让人更加热爱先贤的系列文化标志产品：《四部丛刊》、《百衲本二十四史》、《续古逸丛书》等。在他所处那个动荡而又衰败的年代，他用一生的心血和商务印书馆巨大的投入，使中华文化的宝贵遗产得以化身百千。“睹乔木而思故乡，考文献而爱旧邦”，《四部丛刊启》中开篇这两句话，真切地表达了他对传统文化的深厚情怀。正是他这种情怀及近半个世纪的努力，使中国文化在西学大潮的冲击中，不仅旧学未灭，反而培元固本，泽及后代。

他考证传统经典古籍版本，校勘文字，判断是非，正是继承了乾嘉乃至千年来实事求是的学术传统，以高超深邃的学术造诣对经典进行梳理、考证，以求还古书以旧貌，展经典以新姿，真正地让人文学术研究科学化、现代化。应该说，张元济是通过自己的便利条件，集合一切资源，用科学的方法作用于典籍，然后加以出版，为人文学术研究筑基，也为经典古籍续命。因此，张元济堪称现代学术进步与发展的奠基者，当时乃至其后的学术研究都是借助于他的努力而更深入、全面地进行阐发，他所付出的一切，正是现代学术文化进步与发展的基础，无人可比。

其次，是他的博采众长，兼收并蓄。张元济除了在他所擅长的领域深耕到极致外，对他所不甚熟悉的领域、学科同样博采广取，并以长期化、规模化发展为要务，使得有价值的文化创造和时代新知，都汇聚在商务这个平台。张元济不仅没有限以疆域，而且将其归整壮大，使之专业化、系统化，成为最广泛地为世人拓展知识的疆域，为学术提供有意义与价值的标高。

商务在张元济领导下，从一个巨大的产品生产流通企业向文化品牌企业拓展并取得辉煌成就。商务产品线广，层次丰富，充分满足社会各阶层的需求，并便利于读者使用，最终达成了他“谋国家文化上之建设”的梦想。

所以，今天检点商务印书馆新中国成立前的书目，我们就会瞠目结舌，产品群是如此的宽广，宽广到几乎有专业和兴趣诉求者均能感到惊讶和满足。对于学术研究者而言，几乎都离不开，或必须从其出版过的学术著作中寻找出发点或支点，否则将陷入空中楼阁。

第三，是他对后学奖掖和人才的重视和期许。“此是良田好耕植，有秋收获仗群才。”从舍身维新至投身书业，张元济终生不悔，晚年在病榻上赋此诗赠商务同人，其言非仅是对出版后辈而言，更当作对有志于文化传承者的期许。他以一生的追求努力告勉后辈，他所坚守的“书林”，“此是良田好耕植”，既洋溢着一种自豪，也是一种启发和引领。“有秋收获仗群才”，他以一生实证出，出版之要在群才努力。张元济从进入商务那一刻开始，核心工作就是寻找人才，包括志同道合、学有专长、个性突出者。在这方面，他完全不像一位老成持重者，更像一位“胆大妄为者”，也许是他有过人的自信、超强的阅人本领，总领英才自不必说，所以他敢用奇才、怪才。为了商务印书馆的发展，他敢于识人、用人，更敢于突破陈规，以身作则，固守自我，率领这支队伍由小到大，后来发展到几千人的规模，或让他们脱颖而出，或让他们力尽所能。正是因为他数十年广揽群才，商务这个大家庭才一度成为上海乃至中国的文化中心。更为可敬的是，他广揽人才而不领袖群伦，他以成就他人为乐而不以盟主自居，那些被他赏识过、共事过的英才，无不终生敬重、感恩于他、如胡适、王云五、罗家伦乃至后辈郑振铎、胡愈之。

张元济有着慧眼识英才的本领，堪称文化界的伯乐，在张元济的吸引、奖励、推举之下，一批批德才兼备的人才进入新兴的出版业，给商务的发展带来了极大的动力。一大批后来足以与其比肩的风云人物，不少受到过他的恩泽和帮助；更有一大批人才，从闪亮登上商务这个舞台而华丽转身，投入到政界、学术界、文化界，成为社会的中坚力量。这便是张元济之所以成就了世纪文化大业的基础。

在文化出版领域，最大的资源和价值是人。如果说，教育学术界需要术业有专攻的学者大师，那么，出版界则离不开有胆识和谋略的领导人物。出版业需要的是具有文化特色的产业化运作，没有一批又一批文化创业精英加盟、坚守，不可能成就一个大出版，也不可能坚守文化品牌。

第四，是他坚韧不拔与艰苦卓绝的奋斗精神。作为社会名流和文化巨匠，张元济的成就达到了前人所不能及，后人也难以达到的地步，这与他坚韧不拔的努力和长期的卓绝奋斗分不开。一套《四部丛刊》，从 1908 年开始拟构，一直到 1948 年，还在力推四编、五编；一部《百衲本二十史》，竟是在他退休之后，解除杂务之时完成，为此还曾把自己家改为校史处，夜以继日地带着帮手，前后经营 20 年。为印行《四库全书》，他告乞皇室，打通政府，协商业界，奔波南北无数次，任何挫折都没让他放下过。临终之前，他还在为一本新发现的宋版《金石录》而念兹在兹。他以常人没有的资源、眼光，更以常人没有的毅力，最终垒成了一座又一座文化丰碑。

张元济因感慨古书之流亡和朋友藏书之散佚而筑馆聚书，为文献存续尽力，不期亘古未有的灾难却落到了他的头上。灾难对他的事业与生命是一个最大的打击，也是对中国文化生命无以挽回的戗害。抗战期间，他与文献保存同志会奋力抢救各种文献以及联合叶景葵创立私立合众图书馆，更让人看出了他永不服输、百折不回的保护文化的精神。至于他丰厚的学养和广博的见识，以及留下的题跋文字和校勘记，已成为学术界不可或缺的文献名著，就连他与友朋、同道函札往来、谈学论道的片言只语都是独一无二的学术文献。这样一位不世出的大家，一直被掩盖在他更广大的教育开创者和世纪出版巨擘的盛名之下，只有专业工作者才予以关注、利用。

真正的出版领袖，除了自身学养丰富，眼光如炬外，更重要的是卓越的人品和自我牺牲的精神！因为过去中国是官方统属文化，所以对于文化产品规划、文化活动策划以及社会资源组合的工作，除了少数爱文尚智的皇帝，如宋徽宗、清高宗，乐于领导组织外，很少有人如此倾力于为文化而担当。清中期以来，出现过阮元、曾国藩等少数几位巨宦，是推动重大文化教育项目的人，但毕竟那是他们宦务杂繁的余事。而近代以来，知识界，尤其是学界仿效西方组织社团机构从事文化事业，虽已领先一步，但毕竟还很幼稚或在不断发展中，各方面功能建设不足，尤其是他们本身的追求与相适应的外在条件严重不匹配。张元济敏锐地抓住这点，把产品与文化规划及资源建设的目光迅速投掷在不断涌现的新兴的现代文化机构中，甚至催生了一些新机构，为商务的发展找寻到全新的文化力量，所以商务曾成为北京大型的出版部，共学社、尚志学会成果的转化者。他甚至于邀请梁启超、胡适利用他们的资源、眼光在北平设立第二编译所，将当时社会英才视为商务的“文化眼”。

就是这样，他全新的思路和超前的眼光以及谦和的性格，让商务成为那个时代的文化中心。不过，在这个持续发展并不断巩固的最大文化出版中心，张元济以谦守之姿，以不可隐然的社会贤达的身份，连续进行一个又一个活力无限的文化举措，而没有自我设计为追名趋利的文化人物，反而成为他那个时代人们高山仰止的典范。无论新学耆旧，都以与张元济相识、相交为荣，他们不仅是把他当作德高望重的文化前辈，文化教育大业的开拓者，更视之为隐身的文化领袖，无不乐于在领袖所关注重视的范围内与之求知求真，奋力耕耘。

无论多么优秀的个体的伟大理想，只有通过群体的认可和参与才能真正得以实现，也必须通过社会的广泛合作才能达成。在 20 世纪社会环境变幻不已及经济条件十分薄弱之时，幸运的是有商务这样大型而又具实力的文化平台，更为重要的是有张元济这样的文化伯乐和文化使命与责任的担当者。他也领悟和感知到这个时代文化道统的不绝如缕和新生力量的异军突起，所以，他将新旧资讯和成果，中外文化与学术，熔于一炉，让现代出版及文化建设在一个动乱而贫困的时代得以大放光彩，从而使一批卓越的文化硕果得以问世，一批又一批人才得以成长，并使商务文化天地不断扩大，再扩大。

如果说专业的知识作品是写作者立言的工具，那巨型文化项目则是出版家的追求、学识与表达，也是文化品德的物化，更是真正出版家的核心价值和文化特征。张元济不仅以漫长的一生耕耘在出版领域，也以一个又一个大型项目、文化工程完成了他出版人生的征程和累积，并最终通过社会或市场的传导，在人们的脑海中发酵。他播撒的是知识与文明的种子，达成了社会的改变与进步，确立了现代出版业的典范与平台，这便是出版家张元济无人能及之处。

第五，他勇于自我牺牲而忘却名利。张元济是一个学贯中西、满腹经纶的文人，自古以来，哪个文人不是拼命著书立说以展己学，传世扬名？而作为一生出版过数万种图书、无数报纸杂志的他，60岁前却几乎没有出版个人著作，也没有刻意撰写过专著，但他却指导编写《四部丛刊书录》、《丛书集成百种提要》、《国藏善本提要》等；有之，则仅一册几万字的《中华民族的人格》写于抗战期间。不过为存文献，却为人代笔了《宝礼堂宋本书录》。直到70岁之后，他才在朋友的督促与帮助下，完成了《校史随笔》、《涵芬楼烬余书录》、《涉园序跋集录》。

这是为什么？因为他有太多的事务要处理，太多的好书要出版，完全顾不上自己专心著述。今天有幸看到他的后人整理他的文集，达十卷之多，这其中除了几种是专著外，都是零散文字，而且罕有长篇之文。幸运的是，他为工作、为朋友商学论事而留下了大量的工作文本，才得以承载下他的渊博学识和深邃思想。“为他人作嫁衣裳”是当代人对出版职业精神的赞誉，张元济就是这样完全牺牲自我，践行为他人作嫁衣裳的典范。今天，检点整理《张元济全集》，这些作品他生前几乎没有问世，但今天集中起来，可以说20世纪以来，没有任何一位文献收藏大家的成果能与之相上下，这是他留给我们最有价值的学术文化作品。

商务印书馆的盛业兴而毁，毁而又兴；遍布环球的网络结而断，断而又结。但其品牌魅力和“馆格”却在历史的进程中日益凸现，在人们的心中活化，让无数人今天一见到“商务印书馆”这五个字就心中温暖，一读到商务的出版物就心生信赖，这无不溯及张元济的文化恩泽。他为文化传播所付出的心血和努力，代代相传，连绵不绝，因为这已成为文化出版界的共同追求和理想寄存。

张元济生活的那个时代，忧患意识和爱国主义更加紧密地联系在一起。如何在忧患之中找到明确的奋斗方向，并起而行之，方为正途。爱国志士徒然叹息，甚至愤懑，终是无济于事；只有那些真正探索实践的人，才能从忧患之中解放出来，真正有所贡献于时代与社会。张元济从教育救国到传承故籍，拼尽一生，就是他从甲午海战到戊戌变法后的奋进中做出的选择，张元济的爱国情怀更多地表现在文化的奋斗上。

张元济 90 多年的人生中，社会变革、动荡前所未有，他以宽大的胸怀和入世的态度，亲身经历、参与、了解、观察，思想从未僵化，视野极其广泛，因而成就了独特的人生。

张元济一生处于最动荡的时代，政权多次变革，外族入侵，也是国内经济最凋敝的时期，但他却以文化传承作为最高使命，以开启民智为出版方向，建立了不朽的文化功勋，推动了社会的发展进步，留下了一个文化的标高，这便是他生命的物化、心智的奇迹、文化的伟大。

商务印书馆以开启民智为先导，以译介西学为己任。但本土文化资源极其丰富，在外侮强侵、文化沉沦的情况下，张元济在壮年时期乃至晚年完全投身于其中，所谋者非仅是学术，实是保文救亡，让文化传承在这个苦难的时代。他依托他的资源和学术水平，利用商务的平台和技术优势，致力于艰苦卓绝的文化建设，其意义和作用不应限于出版，也是文化的大局，而且对现代化出版发展的价值与目标寻找，也不无示范和指导意义。

是他，以坚毅的精神，召唤了众多的朋友，一起为中国文化的命运和前途而竭力。他虽性格倔强，但是非分明，精于商道，目光如炬，爱憎分明，却不失亲情。

是他，以广博的学问，吸纳了当代社会的知识英雄和文化大家，把最多的文化资源和最新知识贡献给了商务印书馆。

是他，以专业的出版水平和高标准的作业方式，吸纳了各式各样的知识创造者和传播者，最终通过商务这个庞大的机器和无远弗届的网络，传播着东西文化的新知与启示。

所以，张元济是一个伟大的出版家，也是一个文化巨擘，如只谈他关于出版的成就，不足以真正认识了解他；但只有从出版角度，才能真正抓住他的核心！他的精神是永恒的。

有志者，追随张元济是一种人生的选择！或许无法达到其高度和维度，但正确的方向和道路将决定追随者一生。如果不舍光阴，总能在新时代的机遇下，做出张元济所不曾为也不可为的事业，成为民族出版产业的贡献者和拓展者。

这也是今天和以后所有以文化事业为使命的出版者的责任！

张元济编辑出版大事年表

1867 年

10 月 25 日，出生于广州。

1897 年　30 岁

创设通艺学堂。

2 月 11 日，商务印书馆创业于上海。

1898 年　31 岁

商务印书馆出版《华英初阶》、《华英进阶》（谢洪赉译注）。

严复译《天演论》（[英] 赫胥黎著），湖北沔阳卢氏木刻印行；其后由商务印书馆出版（1905）。

1899 年　32 岁

离京赴沪，进南洋公学，任译书院院长，与严复商讨《原富》出版事。

商务印书馆出版《商务印书馆华英字典》（据邝富灼所编《华英字典》修订）。

1900 年　33 岁

与严复商讨《原富》甲部出版。

商务印书馆收购日本人在上海经营的修文印刷局。

1901 年　34 岁

任南洋公学代总理，开办附属小学、公学特班，后辞代总理职。

与蔡元培筹办《开先报》（后改名《外交报》）。

应夏瑞芳邀，入股商务印书馆。

与沈曾植商讨翻译《日本法规大全》。

为严复译《原富》一书编制编年、地名、人名表。

1902 年　35 岁

《外交报》创刊。

商务印书馆设印刷所、编译所、发行所。

辞南洋公学职，正式加入商务印书馆，开始组织编新教科书。

聘蔡元培为编译所所长；高凤岐进馆、夏曾佑进馆。

译印《帝国丛书》。

1903 年　36 岁

出任商务印书馆编译所所长。

10 月，正式成立商务印书馆有限公司，吸收日资，改进印刷。设第一个分馆于汉口。

编印小学《最新教科书》。夏曾佑《中国历史教科书》出版。

创刊《绣像小说》半月刊，主编李伯元。

译印《说部丛书》。

出版蔡元培译《哲学要领》（[德] 科培尔著）、严复译《群学肄言》（[英]

斯宾塞著）、林纾等译《伊索寓言》。

1904 年　37 岁

《东方杂志》创刊。

出版《最新小学国文教科书》，编订《最新修身教科书》。

涵芬楼创办。

创刊《东方杂志》。

编印《女子小学教科书》。

出版伍光建、杜亚泉等编译《最新中学教科书》。

出版马建忠《马氏文通》。

出版严复《英文汉诂》（我国第一部汉字横排书）。

1905 年　38 岁

出版严复译《天演论》。

出版《最新国文教科书》十册。

出版《日俄战纪》二十四册。

1906 年　39 岁

出版严复译《法意》。出版蔡元培译《妖怪学讲义（总论）》（[日] 井上圆了著）。出版《说部丛书》第一、二、三集。

1907 年　40 岁

商务印书馆出版印刷所、编译所闸北宝山路新厦落成。

蔡元培应聘为商务印书馆编译书籍。

约林纾编选《中国国文读本》，伍光建白话文译小说。

出版《汉译日本法规大全》、《列国政要》三十二册。

1908年　41岁

开始编纂《辞源》。

出版《英华大辞典》（颜骏人（惠庆）主编）、《物理学语汇》、《化学语汇》。

1909年　42岁

设立图书馆，名为“涵芬楼”，设商业补习学校、艺徒学校。

创办《教育杂志》。

出版蔡元培译《伦理学原理》。

开始出版《简易国文教科书》。

1910年　43岁

创刊《小说月报》、《图书汇报》。

出版蔡元培《中国伦理学史》、章士钊《中等国文典》。

1911年　44岁

创刊《少年杂志》（1931年停刊）。

创刊《政法杂志》（1915年停刊）。

出版《痛史》。

被推选为中国教育会首任会长。

辑印《海盐张氏涉园丛刊》。

1912年　45岁

编印《共和国教科书》。

开始收集全国方志。

出版《新字典》。

1913 年　46 岁

出版《高等小学女子新国文教科书》。

蔡元培二次游欧，应聘为商务印书馆译书。

1914 年　47 岁

《学生杂志》创刊。

1915 年　48 岁

出版《辞源》。

拟议出版《四部丛刊》。

商务内部协调编译、发行、印刷三所工作的总务处成立。陈叔通主持总务处。

创刊《妇女杂志》、《英文杂志》。办函授学社。兼任社长。

1916 年　49 岁

任经理。

出版《涵芬楼秘笈》第一辑。

1917 年　50 岁

参与发起创办中华职业教育社。

与蔡元培商议北大合作出版事。

发行《科学》杂志。

商讨《四库全书》出版事。

1918 年　51 岁

主编《戊戌六君子遗集》出版。

拟出版《百衲本资治通鉴》。

夏季，两赴北京，与北京大学诸君接洽新书出版事宜，并商借印《道藏》事。

出版《尚志学会丛书》、《北京大学丛书》。

1919年　52岁

五四运动爆发，改进《教育杂志》、《东方杂志》，调整主编。

编印《四部丛刊》初编，1922年出完。收书323种，8548卷。

出版《续古逸丛书》第一种。

1920年　53岁

改任监理职。

赴北京商讨影印《四库全书》事。

《小说月报》、《妇女杂志》改组。

出版《世界丛书》（蔡元培、蒋梦麟、陶孟和主编）。

编印《新法教科书》，采用语体文和新式标点符号，生字加注注音字母。

1921年　54岁

出版《中国人名大辞典》、《中国医学大辞典》、《共学社丛书》等。

《小说月报》十二卷一期起全面革新，由沈雁冰主编。

出版《中国人名大辞典》、《中国医学大辞典》、《共学社丛书》。

沈雁冰、郑振铎、叶圣陶、王统照、许地山、孙伏园等12人发起组织文学研究会，编印丛书。

1922年　55岁

为设厂事赴香港、广州。又赴京、津访书购书。

助张宗祥补抄文澜阁《四库全书》。

1923年　56岁

《四部丛刊》（初编）出齐。

《百科小丛书》开始出版。

与梁启超、丁文江等人发起成立古物研究会。

影印《正统道藏》出版。

1924年　57岁

为纪念商务印书馆创业30周年，向清室借印文渊阁《四库全书》，因北洋政府交涉受阻。

筹办东方图书馆。

1925年　58岁

与北洋政府重议出版文渊阁《四库全书》，因战而停运。

1926年　59岁

涵芬楼改为东方图书馆对外开放。

辞监理并退休，任董事长。

重印《四部丛刊》并拟续编。

访常熟瞿启甲，商借古书。

1927年　60岁

致力于校辑二十四史。

1928年　61岁

以中华学艺社名誉社员名义与郑贞文赴日本访求古书，历时一个半月。

吴梅编《奢摩他室曲丛》第一、二集出版。

1929年　62岁

拟编《百衲本二十四史》，商务开始编印《汉译世界名著丛书》。

总经理鲍咸昌（1864—1929）病逝。何炳松任编译所所长。

《中华学艺社辑印古书》开始出版。

《四部丛刊》（初编）更换底本重印。

1930年　63岁

商务设立校史处，辑印《百衲本二十四史》发售预约。

1931年　64岁

校阅诸史并撰写跋语。

严译八种辑印成《严译名著丛刊》。

1932年　65岁

一·二八事变发生，日军轰炸闸北，商务印书馆总厂及编译所、东方图书馆、尚公小学均遭轰炸，焚毁多年积累之书籍善本，商务被迫停业。投入善后工作。八月复业，实行日出新书一种。

编印《大学丛书》。

出版《辞源·续编》。

着手编《涵芬楼烬余书录》。

1933年　66岁

成立东方图书馆复兴委员会，任主席。

筹备辑影《四库全书珍本》。

影印北平图书馆所藏善本十二种。

选印故宫博物院《宛委别藏》四十种。

1934年　67岁

东方图书馆复兴委员会接受德国驻沪总领事代表德国各著名学术团体捐赠图书三千余册。

商务印书馆印刷厂香港分厂新厦建成于北角。

出版《四部丛刊续编》。

出版《四库全书珍本初集》。

影印《嘉庆重修一统志》、《六省通志》(湖南、浙江、广东、畿辅、湖北、山东)。

开始规划《丛书集成》。

1935年　68岁

《四部丛刊三编》开始印行。

东方图书馆复兴委员会接受法国公益慈善会捐赠法文图书一千余种。

1936年　69岁

出版《四部丛刊三编》。

筹划《国藏善本丛刊》。

影印《缩本四部丛刊》初编。

1937年　70岁

抗日战争全面爆发，上海沦陷。商务印书馆总管理处迁长沙，在上海、香港设办事处，留沪主持董事会。设总管理处于长沙。

出版《中华民族的人格》。

出版《张菊生先生七十生日纪念论文集》。

编印《元明善本丛书》十种。

《百衲本二十四史》出齐。

1938 年　71 岁

出版《校史随笔》。

1939 年　72 岁

印行《辞源》正续编合订本。

与叶景葵、陈陶遗等发起筹组合众图书馆。

1940 年　73 岁

参与发起文献保存同志会，协助郑振铎等在沪抢救散出之古籍。

为潘明训撰写《宝礼堂宋本书录》。

1941 年　74 岁

太平洋战争爆发。沪、港货栈和印刷厂被日军劫持，《东方杂志》停刊，将大量藏书捐赠合众图书馆。

议印《广东丛书》。

出版《孤本元明杂剧》。

1947 年　80 岁

筹编《辞源简编》。

1948 年　81 岁

发表《刍荛之言》，刊于《中国建设》杂志。

1949 年　82 岁

节选之《节本康熙字典》出版。

1950 年　83 岁

被选举为董事长。

整理《涵芬楼烬余书录》。

出版《辞源》改编本。

1951 年　84 岁

商务印书馆编审部迁京，捐献馆藏《永乐大典》二十一册于国家。

出版《涵芬楼烬余书录》。

1952 年　85 岁

撰《追述戊戌政变杂咏》十八首。

1957 年　90 岁

上海古典文学出版社出版《涉园序跋集录》一书。

撰《续古逸丛书》最后一种《宋本杜工部集跋》。

1959 年　92 岁

8 月 14 日在上海逝世。

参考文献

张元济、傅增湘编：《张元济傅增湘论书尺牍》，商务印书馆 1983 年版。

包天笑：《钏影楼回忆录》，中国大百科全书出版社 2009 年版。

《蔡元培全集》，中华书局 1988 年版。

陈福康：《郑振铎传》，十月文艺出版社 1994 年版。

陈福康：《郑振铎年谱》，三秦出版社 2008 年版。

陈建民：《智民之梦——张元济传》，四川人民出版社 1995 年版。

陈原：《陈原出版文集》，中国书籍出版社 1995 年版。

陈原：《记胡愈之》，三联书店 1995 年版。

[法] 戴仁：《上海商务印书馆》（1897—1949），商务印书馆 2000 年版。

丁文红、赵丰田：《梁启超年谱长编》，上海人民出版社 1983 年版。

房鑫亮：《忠诚笃敬——何炳松传》，浙江人民出版社 2006 年版。

高叔平：《蔡元培年谱长编》，人民教育出版社 1999 年版。

《顾廷龙文集》，上海科学技术文献出版社 2002 年版。

郭大风：《王云五评传》，上海书店 1999 年版。

郭汾阳、丁东:《书局旧踪》，江西教育出版社 1999 年版。

海盐县政协文史资料委员会、张元济图书馆编:《出版大家张元济——张元济研究论文集》，学林出版社 2006 年版。

韩锦勤:《王云五与台湾商务印书馆》(1965—1979)，花木兰文化工作坊 2005 年版。

胡适、蔡元培、王云五编:《张菊生先生七十生日纪念论文集》，商务印书馆 2001 年版。

《胡适文集》，北京大学出版社 1998 年版。

胡颂平:《胡适之先生晚年谈话录》，新星出版社 2006 年版。

胡颂平编著:《胡适之先生年谱长编初稿》，台湾联经出版事业公司 1984 年版。

黄曙辉整理:《李宣龚诗文集》，华东师范大学出版社 2009 年版。

《黄炎培日记》，华文出版社 2008 年版。

黄炎培自述:《八十年来》，文汇出版社 2000 年版。

吉少甫:《中国出版简史》，学林出版社 1991 年版。

蒋梦麟:《西潮与新潮》，东方出版社 2006 年版。

金炳亮:《文化奇人王云五》，广东人民出版社 2006 年版。

劳祖德整理:《郑孝胥日记》，中华书局 1993 年版。

李家驹:《商务印书馆与近代知识文化的传播》，商务印书馆 2005 年版。

李西宁:《人淡如菊·张元济》，山东画报出版社 1998 年版。

刘曾兆:《清末民初的商务印书馆——以编译所为中心之研究》(1902—1932)，花木兰文化工作坊 2005 年版。

刘小明整理:《顾廷龙学述》，浙江人民出版社 2000 年版。

刘寅生、房鑫亮编:《何炳松文集》，商务印书馆 1990 年版。

柳和城:《孙毓修评传》，上海人民出版社 2011 年版。

柳和城:《张元济传》，南京大学出版社 1996 年版。

茅盾:《我走过的路》，人民文学出版社 1981 年版。

孟宝椓:《春风桃李——从交通大学走出的文化名人》，上海交通大学出版社 2006 年版。

沈津:《顾廷龙年谱》，上海古籍出版社 2004 年版。

史春风:《商务印书馆与中国近代文化》，北京大学出版社 2006 年版。

《商务印书馆百年大事记》，商务印书馆 1997 年版。

《商务印书馆馆史资料》（新 1、2、3、4、5 期）

《商务印书馆九十年》（1897—1987），商务印书馆 1987 年版。

《商务印书馆九十五年》（1897—1992），商务印书馆 1992 年版。

《商务印书馆图书目录》（1897—1949），商务印书馆 1981 年版。

《商务印书馆图书目录》（1949—1980），商务印书馆 1981 年版。

《商务印书馆一百年》，商务印书馆 1997 年版。

《商务印书馆一百一十年》，商务印书馆 2007 年版。

唐德刚译注:《胡适口述自传》，华东师范大学出版社 1993 年版。

田建业、姚铭尧、任元彪:《杜亚泉文选》，华东师大出版社 1993 年版。

汪家熔:《大变动时代的建设者——张元济传》，四川人民出版社 1985 年版。

汪家熔:《近代出版人的文化追求》，广西教育出版社 2003 年版。

汪家熔:《民族魂——教科书的变迁》，商务印书馆 2008 年版。

汪家熔:《商务印书馆史及其他》，中国书籍出版社 1998 年版。

王建辉:《出版与近代文明》，河南大学出版社 2006 年版。

王建辉:《王建辉自选集》，华中理工大学出版社 1999 年版。

王建辉:《文化的商务》，商务印书馆 2001 年版。

王绍曾:《近代出版家张元济》（增加本），商务印书馆 1995 年版。

王绍曾:《目录版本校勘学论集》，上海古籍出版社 2005 年版。

王寿南主编:《我所认识的王云五先生》，台湾商务印书馆 1976 年版。

王英:《一代名人张元济》，济南出版社 1992 年版。

王云五:《旧学新探》，学林出版社 1998 年版。

王云五:《商务印书馆与新教育年谱》，台湾商务印书馆 1973 年版。

王云五:《岫庐八十自述》，台湾商务印书馆 1966 年版。

王云五:《岫庐论教育》，台湾商务印书馆 1965 年版。

王云五:《岫庐论学》，台湾商务印书馆 1975 年版。

王云五:《岫庐序跋集编》，台湾商务印书馆 1979 年版。

《王云五文集》，江西教育出版社 2008 年版。

吴方:《仁智的山水——张元济传》，上海文艺出版社 1994 年版。

吴相:《从印刷作坊到出版重镇》，广西教育出版社 1999 年版。

项文惠:《嘉业堂主——刘承幹传》，浙江人民出版社 2005 年版。

《新字典》，商务印书馆 2007 年版。

徐临江:《郑孝胥的前半生评传》，学林出版社 2003 年版。

颜惠庆著，吴建庸、李宝臣、叶凤美译:《颜惠庆自传——一位民国元老的历史记忆》，商务印书馆 2003 年版。

杨光编:《最后的名士——近代名人自述》，黄山书社 2008 年版。

杨扬:《商务印书馆——民间出版业的兴衰》，上海教育出版社 2000 年版。

[新西兰] 叶宋曼瑛著、张人凤等译:《从翰林到出版学家——张元济的生平与事业》，香港商务印书馆 1992 年版。

《艺风堂友朋书札》，上海古籍出版社 1980 年版。

俞筱尧、刘彦捷编:《陆费逵与中华书局》，中华书局 2002 年版。

《袁同礼文集》，国家图书馆出版社 2010 年版。

张静庐:《在出版界二十年》，江苏教育出版社 2005 年版。

张人凤:《张元济研究论文集》，上海辞书出版社 2007 年版。

张人凤:《智民之师——张元济》，山东画报出版社 1998 年版。

张人凤编:《张元济全集》，商务印书馆 2007—2010 年版。

张人凤、柳和城编:《张元济年谱长编》，上海交通大学出版社 2011 年版。

张荣华:《张元济评传》，百花洲文艺出版社 1997 年版。

张树年:《张元济往事》，东方出版社 2015 年版。

张树年编:《张元济友朋书札》，上海古籍出版社 1987 年版。

张学继:《出版巨擘——张元济传》，浙江人民出版社 2003 年版。

张元济研究会、张元济图书馆:《张元济研究论文集——纪念张元济先生诞辰 140 周年暨第三届学术思想研讨会论文集》，中国文史出版社 2009 年版。

《张宗祥文集》，浙江古籍出版社 2013 年版。

赵俊迈:《瑞雪流芳——民国大出版家夏瑞芳》，台湾商务印书馆 2014 年版。

《郑振铎全集》，花山文艺出版社 1998 年版。

中华书局编辑部:《回忆中华书局》，中华书局 2012 年版。

中华书局编辑部:《中华书局百年大事记》，中华书局 2012 年版。

周其厚:《中华书局与近代文化》，中华书局 2007 年版。

周武:《张元济——书卷人生》，上海教育出版社 1999 年版。

朱联保:《近现代上海出版业印象记》，学林出版社 1993 年版。

邹振环:《译林旧踪》，江西教育出版社 2000 年版。

后　记

随着《张元济全集》十卷本和《张元济年谱长编》（上下册）两大基础性工程的面世，张元济的史料公开达到了一个新的高度，为我们学习、研究张元济带来巨大的便利。

应人民出版社之约，从出版的角度再写《中国出版家·张元济》，对我而言不仅是再次学习研究的机会，也是一个已从事出版与研究工作 30 年的人的兴趣与责任。

30 年前我来到北京工作，就和商务印书馆在同一办公楼内，几乎一直没有离开过“商务印书馆”。21 世纪初，得缘从事张元济一生最着力而没有完成的一项事业——影印出版《四库全书》，因而开始搜集、研究这位文化前辈的一切。2006 年完成的《东方书魂》，正是以张元济和商务印书馆前 50 年发展史为题材的一次写作。其后，有感于历史文学报告表述之不足，我又陆续拟写《张元济和他的朋友》，希冀从文化和出版的角度，展现张元济所创造的文化伟业，探索他的文化世界，了解那个时代文化的发展与贡献。

本书写作之前，以张元济为传主的作品甚多，研究成果也不断涌现，本人愿接受并重新撰写此传。虽得史料新获之便，然而本人更觉得有责任和意愿向社会提供一个了解、学习张元济及商务印书馆的读本，同时也与自己投身出版工作并经历各种出版活动所获感受、阅历相结合，得出一个不同视角的出版家的形象与精神。

正如张元济有许多事业没有完成一样，续写“张元济传”必将是今后仍然不会停止的工作。本人努力而艰难地综合前贤所述，不无掠美之处。史料及研究成果浩繁，所叙必有遗珠，而张元济一生所关涉时代、人物、大事之广之久，非常规之学识、功力所能达到，所论必有不当。世人皆知“张元济不可学”，“张元济不可追”，但“张元济必可述”。我的初步努力只是一种自我学习和用情表达。

此书及上述两书都得到诸多朋友支持，在此不一一具名致谢！

期待出版界有志者努力追随张元济的事业！此乃本书作者真正的素愿！

2016 年末，作者识于北京西山林语

统　　筹：贺　畅
责任编辑：汪　逸
封面设计：肖　辉　胡欣欣
版式设计：汪　莹

图书在版编目（CIP）数据

中国出版家．张元济／卢仁龙　著．—北京：人民出版社，2017.2
（中国出版家丛书／柳斌杰主编）
ISBN 978－7－01－016902－6

I．①中…　II．①卢…　III．①张元济（1867~1959）－生平事迹　IV．① K825.42

中国版本图书馆 CIP 数据核字（2016）第 255999 号

中国出版家·张元济
ZHONGGUO CHUBANJIA ZHANG YUANJI

卢仁龙　著

人民出版社　出版发行
（100706　北京市东城区隆福寺街 99 号）

北京盛通印刷股份有限公司印刷　新华书店经销

2017 年 2 月第 1 版　2017 年 2 月北京第 1 次印刷
开本：710 毫米 ×1000 毫米 1/16　印张：27
字数：327 千字

ISBN 978－7－01－016902－6　定价：76.00 元

邮购地址 100706　北京市东城区隆福寺街 99 号
人民东方图书销售中心　电话：（010）65250042　65289539